心理密码

XINLI

MI

庞晓明 著

燕山大学出版社
·秦皇岛·

图书在版编目（CIP）数据

心理密码 / 庞晓明著. —秦皇岛：燕山大学出版社，2019.10（2026.1 重印）

ISBN 978-7-81142-966-4

Ⅰ. ①心… Ⅱ. ①庞… Ⅲ. ①心理学—通俗读物 Ⅳ. ①B84-49

中国版本图书馆 CIP 数据核字（2019）第 256428 号

心理密码

庞晓明 著

出 版 人：陈 玉
责任编辑：唐 雷
封面设计：吴 波
出版发行：燕山大学出版社 YANSHAN UNIVERSITY PRESS
地 址：河北省秦皇岛市河北大街西段 438 号
邮政编码：066004
电 话：0335-8387555
印 刷：廊坊市印艺阁数字科技有限公司
经 销：全国新华书店

开 本：700mm×1000mm 1/16 印 张：24.25 字 数：305 千字
版 次：2019 年 10 月第 1 版 印 次：2026 年 1 月第 2 次印刷
书 号：ISBN 978-7-81142-966-4
定 价：88.00 元

序 Preface 言

心理学是一门科学，这意味着心理学研究的方法与自然科学研究类似。凡是被称为科学的学科，其研究对象一定是指向未知领域的。在形式上，表现为通过挖掘已知概念的含义并建立新概念体系的过程。每个人都有自己的心理，但是研究人的心理共性特征的心理学未必了解很多。或许对普通人来说，还会有一种神秘感，这种感觉经常被人心隔肚皮之类的老观念所加强。然而，心理作为一种精神性存在并不如人们想象的那么难以理解，它甚至不是人类特有的现象，动物也会有心理活动。因此，心理学在其本质意义上就应当是一种通俗心理学。普通人只要会说话，能识文断字，就应当可以理解和学习。毕竟，心理学研究的也是我们自己的心理的学问。我们每个人对自己或另一个人的某些想法，都有领会的能力。如果没有这一能力，人就无法进行自我反思或反省，人与人的交往也无法持续下去。从这个思路来看，作为研究心理的心理学就应当是研究自己和他人“想了什么”“怎样想的”以及“为什么会这样想”的学问。当然，动物与人的心理是有区别的，但这种区别不是本质的，而只是规模、复杂度的不同而已。解读人的心理的目的在于服务人类，解答人们在生活中遇到的各种心理疑难问题，从而使人们生活得更明白，目标更明确，更有意义感和幸福感。人有七情六欲，喜怒哀乐的情绪每时每刻都伴随在每个人的左右。人的情绪和心理的变化与人的身体健康的关系密不可分。现代医学已经证实，在影响人的健康的三大因素——运动、饮食和心理中，人的心理和情绪的变化影响最大。因此，调节好自己的心理和情绪，是保持身体健康最重要的前提。没有一个健康的身体，人生的任何乐趣都无从谈起。

本书的写作目的在于去除心理现象的神秘性，为读者达及觉悟的境界开辟一条路径。相信这本书会带给读者不一样的阅读体验，助力读者在心理上拥有一个积极向上的人生观和人格，在事业上取得成功，在生活上更加幸福。

目录 Contents

第一章

自我实现的心理边界

内容提示：

人生的终极意义在于自我生命价值的实现。人的交往理性主导了人的行为和心理，交往理性对生命的最大意义在于追求自我的实现，扬升生命的价值。

◎追求自我价值的扬升

生命通过对外来信息刺激的反应形成相应的心理和活动形式。生命力体现在反应形式和强度上。每种生命都有自己独特的心理和活动形式。对人来说，视野就是接收信息的管道，每个人具有的生命活动反应形式都是不同的。这也意味着视野决定了生命的活动空间和方式的不同。寿命是生命反应的纵向指标，自由是生命反应的横向指标，两者形成一定比例关系……树木接收的信息就是阳光、湿度、土壤等，造就树的寿命可以很长，但它的自由度有限，因此它的生命反应依然是一个定数。越原始的生物所承载的生命力定数越高。动物所能承载的生命力定数比植物低，但它的自由度却比植物高，因此寿命会缩短。按定数逻辑，人是退化的产物而不是进化的结果。只有按自由的逻辑推演，进化才有可能……自由是空间概念，寿命是时间概念，只有在这两个概念下，才可能理解人的生命特征，才能更好地保护好、享受好我们自己的生命……

一个人的视野决定了这个人活动的自由度，自由度规定了人在时空中的活动范围，这也意味着视野和自由度是一个正相关的递进关系。一个人的视野越广阔，心理空间越博大，他的自由度就会越高。视野决定了人的经验知觉的性质和规模。过去我们常听这样一句话："读万卷书，行万里路。"这句话揭示了人获得知识的两种途径。读书增加抽象知识或理性知识，行万里路增加人的经验知识和感性能力。实际上，人的知识系统来源还有一个更重要的方面也是更根本的方面，就是人类大脑的创造能力。用自己的精神能量去创造新的理解和知识，尤其是人文社会知识。其实我们想一下作者的写作过程就会明白这一点，他们写出来的书籍，虽然也会参考其他人的著作，但是一定也包括了他们自己对生活的观察和心得。这种具有个性化的观察心得，是人类知识宝库当中的最重要的一部分。一本书与另一本书，在内容上不可能完全相同，其独特性和唯一性是显而易见的。思想的独特性是自由精神的一个标志。

※※

追求自我的实现，扬升生命价值，在意识层面表现为一种个体意识与集体意识的辩证结构。单纯的个人意识将会导致个人主义的自私的选择，单纯的集体意识将会导致个性的丧失。因此，追求自我生命价值的实现最重要的就是处理好意识结构内部诸要素的关系。为了一个“自认为”的崇高目标，牺牲个体生命，是无私、集体意识或他者高于自我意识的结果。个体的生命性征是由生物遗传基因决定的，性征的变化是由社会文化基因决定的。一个现实的生命，是基因的遗传和变异功能共同发挥作用的结果，先天遗传因素的影响大于后天变异因素的影响。遗传因素提供了人的生命性征的基础结构，包括心理结构，但是这个基础结构在人的社会文化活动中时刻发生着改变，在这一过程中形成新的特征的文化基因。这个新的文化基因，加入原有的生物基因序列中，改变了现实的生命基因的特性。现实的生命基因通过繁衍，将生命性征遗传给下一代。在这里，我们可以领悟到变异决定着生命的进化。文化基因是变异的决定性因素，文化基因是在人的自由活动中形成的。活动空间和性质构成了一个现实的人的自由精神所能达及的范围和高度。追求自由是人种进化和社会进化的根本动力。进化通过将人的行为和活动丰富化、空间的扩展和对原有模式的不断超越而实现。

世界是不断变化的，个人只有不断适应这种变化，不断改变自己，才能形成独特的对外部信息的反应方式和活动方式，才能形成独特的文化基因。社会组织就像是一部机器，它的组成人员就像是这部机器上的一个螺丝钉。社会组织的规范趋于限制和控制个人的活动，个人处于螺丝钉的位置自然会感受到压抑。如果为了适应环境而形成螺丝钉的精神品质，那么这个品质就会通过遗传基因遗传给下一代。显然这个遗传没有考虑基因变异的因素，上一代的文化基因会原封不动地拷贝到下一代身上。这时我们就会发现，人种进化和社会进化并没有发生。在恶劣的生存条件下，没有进化，就意味着退化的开始。推崇和提倡个体追求自我价值的实现，无论是对个体还是人类的进化都是不二的选择。螺丝钉品质是一种社会品质，这意味着，这个社会中的人都是趋向千人一面的，个性趋向不断衰退。没有个性，就只能将上一代的文化特性拷贝到其后代身上，就会逐渐丧失独立的人格，成为人种延续的工具，就会形成一代不如一代的格局。人的个性形成与对环境刺激信息的反应方式深度相关。一个母亲，如果她是一个胆小怕事的人，那么她的这种品性就会遗传给以她为师的子女。文化基因的遗传是通过模仿机制完成的。有个成语叫沐猴而冠，引申意思就是说一个猴子不断地学人样，时间长了，它的行为举止也会变得和人相似。小孩子模仿大人的行为是自然而然的，是在日常接触中一点一滴形成的。在一个请客送礼盛行的人情社会成长起来的孩子，长大之后他会自然而然地习惯于请客送礼，习惯于拉关系走后门。而这一传统文化的恶俗与现代法治精神是格格不入的。因此可以说，这种文化遗传，将使下一代继续成为时代的落伍者，下一代需要付出更大的努力才有可能适应现代生活，适应不了，就会被淘汰。群体的规则习俗和制度，对个体的精神能量的释放具有严重的压抑效果，但是人的追求自我实现的精神品质正是在这种压抑中成长的。所谓不在沉默中爆发就在沉默中灭亡。

※※

从哲学视角解释个体追求自我实现的心理，通常会把这种心理看成人的自由精神的体现。首先，自由应当被理解成一种人的活动。人的活动是与他的内在认知、感觉、目标联系在一起的，人的活动的目的性是人的活动自由的内在根据。其次，自由应当被理解成自由自在的劳动，在货币社会就是指生产性活动。劳动产品是人的创造性的体现。现实的资本主义的生产方式为人类实现自由劳动提供了物质条件。最后，自由还应当被理解成人的消费活动。消费活动体现了按自己意愿和需要消费的特征。当然，在货币社会，只有那些有钱人，才可以做到自由地消费。对大多数人来说，距离自由消费的目标还很遥远，但随着科技的进步，生产的发展，每个人自由消费的可能性会大大地增加。只要社会制度做出相应的调整，每个人自由消费的权利得到保障，自由消费的理想就有可能实现。劳动者共享劳动成果，是每个人自由消费的前提，也是社会进化的一个标志。一个人的生活目标，是通过人的活动和行为来表达的。譬如说，一个青年学生，他想考研究生，于是他买书，参加各种培训班，准备入学考试。在这一过程中，首先要在他在内心产生一个愿望，即考研究生。这个愿望推动他做了一个计划。为了实现这个目标，他要采取一系列的行动。这些活动与他的目标一致，是他的自由意志选择的结果。这种行为与目标的一致性，是清晰可见的。但是，如果有一个人说他要为一个理想的社会奋斗终身，那么，这个目标与个人行为的联系就是模糊的，很难与他个人的具体行为联系起来。没有人能对这个理想的社会做出统一的解释和描述，每个人都有权利对这个未来社会的理想进行建构和想象。对未来社会经典的想象是，在理想社会物质产品的分配原则是按需分配。这意味着在想象的社会，人们想要什么就有什么，即使社会生产体系暂时还没有提供这样的产品，但是只要人们能想到，就一定会被生产出来，因为那时的科学技术非常发达。人们用很少的时间进行生产，就可以提供所有人的自由消费所消耗的物质产品。人们有大量的空余时间，可以自由支配。人的自由精神在那个想象的社会中将得到空前的释放。这是一个理想的社会形态，个体当然可以把它当成一种生活目标。但是这个目标与考研究生的目标是不一样的，因为你无法对你的行为和活动做出规划，并付诸实施。你根本不知道在现实中应当做点什么才能实现这个目标。如果人们知道走什么样的道路可以进入这样一个社会，理想的社会可能早就实现了。

历史的现实是，的确有人将未来社会的理想当成社会动员的工具，也的确有许多人相信了这种想象的社会可以实现。但是，20世纪的历史告诉我们，此路不通。想象的美好社会能否实现，最终要由历史来做验证。个人的理想与社会的理想的性质不同，如上面所说的那个要考研究生的大学生，只要他足够努力，就有可能考上，也许他没考上，但却不能否认这个目标有实现的现实可能性。因为研究生的生存状态是一种社会现实，对个体来说，那不是一个谁都没见过的想象的目标，而是许多人都看到过或感受过的现实存在。

如果将考研活动看成个人向想象的社会努力的一个具体行动，那么，理想就成为个人考研究生的动力。假如这种意义的赋予，会使你读书读得更起劲，当然很好。但是你考上研究生，也并不表示理想的社会就一定能实现，没考上也并不意味着理想的社会就不能实现，两者之间没有必然的联系。就像以前读书人经常念叨的“书中自有黄金屋，书中自有颜如玉”一样，这种想法只是在给自己坚持读书提供动力。读书人中一辈子穷酸的人很多，读书人娶个丑老婆的也多得是，两者之间没一点关系，只是防止读书时犯困而已。想一想未来社会的美好生活，其作用在于对当下的清苦生活增加一些耐受力。但也有一个风险，就是美好生活想多了，会对现实产生更多的不满。另一个风险是，理想和现实之间差别越大，放弃理想的可能性也会加大。面对无奈的现实，人们在心理上反而会以为是理想骗了他们，这是为他们在现实中的失败所能找到的最好理由。理论上说，美好的想象有调节平衡自己情绪的作用，不过作用有限。人毕竟生活在现实中，现实的感性刺激，时时在提示着理想的虚构性。幻觉中美女和黄金在眼前晃动，不论多么逼真，也不会变成现实。而且，但凡是幻觉总归有破灭的时刻。幻觉破灭之后，该干啥还得干啥。在网上许多网友对这种人有一句忠告：洗洗睡吧！

抽象的理想信念依靠人的主观意志力支撑才能维持，但是行为知觉和感觉直接与这种抽象的信念进行着顽强的斗争，最终的结果一定是感觉完胜信念。譬如说，在一个深夜，你坐在一张书桌旁，窗外是满天的星星，而你在昏暗的灯光下背诵英语单词。枯燥的单词，让你产生了困意。这时，你为了克服困倦，想想美女黄金，再想想美好的、要啥有啥的理想社会，我敢保证，你的困倦倒是克服了，但你再坚持背单词也不太可能了。最大的可能，你会到校园附近，找一家卡拉OK厅跳跳舞唱唱歌放松一下自己的神经。或者到小摊上去吃夜宵，或者去看场电影，这就是感觉完胜理想信念的表现。企图通过对美好社会的想象，来增加自己对清苦的读书生活的忍受力，的确有一些自欺欺人的味道。

※※

人的意志力对人的活动和行为目标的实现起着决定性的作用。意志力与人对目标的信念是联系在一起的，目标越远大，需要的意志力就越大，否则就只是十足的幻想。一旦对目标的信心崩塌，他的意志力也会立即塌陷，他的行为的连续性就会中断。通常意志力的表现就是忍耐性，就是对当下的痛苦行为知觉的一种忍耐。忍耐的时间越长，就说明意志力越强。意志力越强，取得人生成就的可能性就越大。一个人在艰苦的环境中表现出来的意志力越强大，取得的人生成就也越大，这是不争的事实。但是一个想象的目标过于高远，其意志力无法支撑其目标的实现，目标的虚幻性就会向意识呈现。当主体意识到目标的虚幻性之后，由虚幻性支撑的意志力就会随之塌陷。一个远大的理想目标，如果不能和行为知觉达成一致，最终都会被经验知觉所击败。理想在现实面前的破灭就是必然的现象。人毕竟是肉身，意志力的极限不可能超越肉身的限制。如果把这个肉身想象成由钢铁炼成的，具有无坚不摧的意志力，那就只有通过死亡与之抗衡。然而死亡并不是当初追求美好社会的目标，如果以死亡为代价去追求理想，那就走向了理想的反面。

※※

意志力，是通过克服现实的困难来表达的。目标远大，大到个体终其一生都无法达到，那么这就为意志力创造出一个悖论，那就是意志必须超越死亡，这个目标才可能实现。但是，这个逻辑显然是荒唐的。一个终其一生都无法实现的目标，他要克服的困难，就是死亡。只有获得永生，这一目标才有可能实现。这是主观唯心主义的经典心态。宗教的产生和存在就利用了人类的这种心态。在有些文化中，培养出一些意志力极强的人物，他们习惯于别人对自己高呼“万岁”，这种超越人生极限的愿望，是维持大众追随他们的一个逻辑基础。然而万岁只是一种主观愿望，高喊万岁的人，除非神志不清或精神错乱才会相信世界上有能活万岁的人。因为政治正确而说假话，好像人人都相信似的，这是很可笑的行为。那些高呼万岁的人，高呼时热泪盈眶，好像是发自内心。但是，其情感的虚假性却是不容置疑的，即使这种虚假性其本人并没意识到，也是不可否认的。因为这种虚假性是一种社会无意识效果。在这里，我们会看到一种所谓的虚假的自由。虚假的自由是由虚假意识或者谎言意识支撑起来的。自由的活动，本来是源于人的本性的真诚的意识，但是在动力层面，真诚的自我意识被虚假的意识取代。这两种意识在本质上是截然不同的，但在形式上，却有着完全相同的外表。然而，在任何社会中，被法律保障的只是形式的自由，这意味着虚假的自由也可以得到法律的保障，只要这种虚假性还没有被揭穿。

如何辨别一个人的行为是由他的真诚的自我意识支撑还是由他的谎言意识支撑？这是一个智慧的技术活。古人讲听其言观其行。然而，这只是一个原则性的标准，具体到某个人的行为还要具体问题具体分析。

在奉行社会达尔文主义原则的社会，强者的自由就是动物的自由，而不是人的自由。弱者的自由就是造反和革命的自由，是非理性的自由。无论强者还是弱者都奉行同一原则——顺我者昌逆我者亡。然而，无论是强者的自由还是弱者的自由都是不可持续的。因为人类活动和行为的进化是以追求经验的快乐和幸福为目标的。秩序与和谐的生活才是使人愉悦的根本途径，相互搏杀，只会逞一时之快，无法达到人的内心持久的快乐。内心的快乐是人精神生活的根本诉求，幸福感是人生体验的终极目标。当然，在现实中我们每个人能得到的都是短暂的幸福感，即使那些成功人士也不例外。卖火柴的小女孩，在燃烧的火焰里，看到了美好的世界，她内心里体验到了幸福是什么。理性地说，作为终极目标的幸福感，只是将人的一生中的幸福感片段相加而已。

※※

追求自我价值的实现，是推动社会进步的重要精神动力。个人与社会的关系是辩证的。个体的自由权利，是由社会提供和保障的。无疑，行使个人的自由权利要遵守法律制度。但同时，个体追求自我的实现，也在推动着社会规范和意识形态的变化。不同的社会，由于文化习俗制度的差异，对个人自由权利的规定有很大的差异。但总体来说，各国社会及法律对个人自由权利越来越持宽容态度。许多在原来不被承认的个人权利，在现代社会中都给予法律的支持。这表明，社会在朝着更加开放、开明、宽容的方向发展。当然，各国社会进化的程度和速度是不同的。因此，我们看到现代的各国社会，依然表现出很强的个性特征，各国的法律规定存在很大的差异，有些规定甚至截然相反。

个人的自由权利和个人能力的自由而全面的发展，是随着现代资本主义生产方式的确立以及适应这种生产方式的契约关系的形成而发展起来的。按照马克思的分类，在前资本主义阶段，人与人的关系形式以人对人的依赖关系为主。人的依赖关系适应了资本主义史前阶段的生产方式。在农业发展起来之后，地主与农民之间的关系，比奴隶主与奴隶主的关系创造出更高的生产力。农民对地主的依赖关系程度减弱，农民的自由活动空间有了明显的发展。而到了资本主义生产关系阶段，工人与企业家的关系变成了完全的契约关系，这种契约关系是建立在形式平等的基础之上的，这是建立在货币经济基础之上的一种新的人与人之间的关系。这种契约关系给劳动者的劳动自由和解放开辟了一个更加广阔的空间。随着生产力水平的提高，工人劳动时间的缩短和空余时间的增加，工人自由活动的空间空前地扩大。劳动者有了合法权利，接受教育培训从事自己喜欢的活动，使人类的文明形式有了前所未有的扩展，人类活动空间的扩大超越了以往的几千年文明史。

启蒙运动为什么会提出天赋人权、生而平等的问题？这是和资本主义生产方式所要求的契约关系相一致的。企业家与工人在法律上确立了平等的地位，虽然他们在社会生产过程中，利益分配并不真的平等，但随着生产力和科学技术的进步，工人阶级受教育的程度也大大提高了，这种文化水平的提升，为工人阶级进入政治领域和文化领域提供了前提条件。劳动阶层的空余时间的增长和收入的增加，是劳动者自由和全面发展的前提条件。

人类的自由活动空间是由自然环境和社会环境提供的，同时人的自由活动也受到自然、社会环境以及人的智慧的现实水平的限制。首先，自然环境提供了人的活动空间，人类不可能超越自然环境去寻找自由，这是由人类活动的自然属性决定的。其次，社会规范和法律规定了人的活动的社会性特征，社会性是发展出来的人性。人的生存离不开人与人之间的交往与关系。最后，人的自由活动也受自身的自然限制和智慧及心理水平发展程度的限制，人不可能超越自己的心理水平去思考。敢想敢干是人的自由活动的一个特征，但个体的所思所想所能达到的高度则受到他的自身能力的限制。人的身体在与自然环境的互动中，形成自身的生存形态，无论在规模和能量等级上都是相对固定的。人不可能超越自身的自然条件活动。人类活动的形式和内容的扩展，都是随着人类智慧水平的提高而实现的。在一定的历史阶段，人的智力水平是存在一定限度的。人不可能超越自身的智慧水平从事创造性的生产活动。

人的生产生活方式局限了人的自由活动空间和性质。但是，我们知道，生产方式和生活方式也是在不断变化的。推动这个变化的动力来源于人的大脑。而大脑的发育程度，取决于大脑与自然和社会环境的互动以及在这个过程中的不断调整和选择。衡量大脑的发育水平，一是看人的想象力所达到的高度，二是看大脑中思想的构思方式。这两方面也同时构成了个人在特定历史时期特有的心理方式。心理方式是在与自然和社会环境的信息刺激—反应的互动过程中形成的。就一个现实的个体来说，他的大脑想象力和心理方式，取决于两个因素：一是先天因素，即大脑的天生的意识结构与意识素质，也就是说，遗传因素在其中起着决定性作用，另一个是后天因素，即自然与社会环境的性质。

自由，是自我意识深层的心理诉求。如果这种诉求不付出行动，就只是一种想象。作为一种想象的自由，是精神存在的一种形式，意识能指是无限的，也就是说人什么都可以想。但事实上，每一个人都做不到什么都可以想。因为，思想是有前提条件的，没有外部信息的刺激，他就不会思想。大脑的自我运动，当然可以理解为一种自我的本能性的思想行为，但是这个大脑的本能性的运动形式，实际上是大脑对外部信息的应答方式。因此，纯粹的大脑的自我运动是不存在的。自由，通常是被理解为一种行动的自由，而人的行为和行动都伴随着心理的相应运动，心理是行为的先导。作为心理表达形式的言论自由，在许多国家的宪法中被规定为人的基本权利。然而，在现实中，一个人不可能想什么就说什么，这和他自己所接受的文化价值观念有关，和他所在的社会文化有关。超越了文化和社会规范，这个社会成员就不能、不愿或者不敢说出来。如果和社会规范相抵触，即使敢于说出来，也不会有听众。说话的目的就是影响人，展示自己的思想，吸引眼球。如果没有听众，那就是自说自话，没有任何社会意义。

◎本我、自我、超我的辩证法

精神分析学将人的行为主体分为本我、自我和超我。这种分类意味着，通过人的语言表达的心理，包含了三个维度。本我、自我和超我是对主体内涵的一次结构性扩充，使主体成为一个立体概念。

我们在理解人的语言时，要辨别出语言是出自哪一个“我”。自由精神也要分为本我的自由、自我的自由和超我的自由。本我的自由，是由人的本能冲动决定的，是动物本能的延续，并作为人的一种自然权利得到社会承认。自我的自由，是指从自我利益出发，自主决定从事相关的活动。自私的行为也是一种自由，但与自我维护自己合法权利的自由是有区别的。自私行为通常是不考虑他人的利益的，是侵害了其他人的合法权利的行为，被社会道德和法律所不容。而维护自己的合法权利的行为是正义的，能够得到法律的支持和保障。超我的自由，是行为主体以社会和集体利益为最高的行为准则，经常表现为利他主义倾向，也可以称为道德之我。在形式上，超我的自由是真正的自由，没有社会和法制的限制，甚至是为社会所提倡的。但是这类行为会产生一个目的与手段是否匹配的问题：在主观上是为了集体或他人的利益，在行为上却做着相反的事情。比如家暴的父母对待子女的态度，在主观上是为了孩子好，但在行为上却伤害了孩子。家暴的手段可以完成他的愿望吗？不能。因此，为了实现目标，就要讲求手段的合理性。不择手段与不择手段要达成的目标内含了巨大的冲突，实际上是一个逻辑的悖论。手段的合理性高于目标的合理性，这是现代社会承认的普遍性原则，目的就是防止以崇高的名义对他人的权利造成伤害。

恋爱自由、婚姻自由就是自己决定恋爱和婚姻的权利。一个社会或一种文化对男女交往容纳和宽容的程度，是这个社会和文化发展程度和水平的一个指标。显然按照这个标准，人类社会的文化建设还有很长的路要走。马克思将人的自由全面的发展，看成人类未来社会的发展方向。男女交往的自由，可以看成马克思所主张的人类自由解放的一个方面。在这个意义上，我们可以期待中国社会会越来越自由。

※※

追求自由权利，一般是社会上的非主流人群或个人，因为与众不同才会更敏感和感受到压力。只有那些感觉到压抑的人群，才会有要求自由的冲动和想法。但是少数人的诉求如果引发大多数人的共鸣，就会形成争取自由权利的社会运动。追求自由一旦形成社会运动，并得到社会的认同和许可，就会在法律制度上得到反映。法律对自由权利的确认，就是对人的新的活动空间有效性的确认，从而推动社会朝着人的全面自由发展的方向进化。社会的统治阶级，对自由权利的诉求不那么强烈，因为他们本身是社会的上层。他们如果要求自由，通常是指他们代表社会向自然的挑战。他们的物质欲望受到自然资源和生产力水平的限制不能满足，也会感受到自己受到制约。这时，他们也会有要求自由的冲动。通过推动科学技术的发展，不断超越自然对人类生产力和对人类能力的限制，从而使人类文明向更智慧化的方向发展。社会统治阶级的欲望主要是社会控制，保持现有的社会秩序，才会保持住他们的既得利益。但是，如果统治阶层对被统治阶层的统治建立在不平等和压抑的基础上，那么这种统治或社会控制就永远也无法真实地实现，因为追求自由平等是每个自然人都会产生的欲望，是人性的一部分。

自信是自由精神的基础。但是对大多数人来说，自信的精神品质还不能说已经建立起来了，这在许多方面都能看出来。现代的网络写作，相对来说是公平的。作品凭着自身的魅力，赢得越来越多的读者，这件事本身就是对作品的最好的评价。网络的点击量，当然是指没有掺假的点击量，对作品的评价，实际上要比诺贝尔奖的评价高明得多。但是今天的人们，宁愿相信诺贝尔奖推荐的作品，也不相信网民的阅读量评出来的作品。这是人类崇拜权威的一种心理表现。相信中外权威就意味着对自己的不自信。不自信的人，就不可能是一个自由的人。自由的人首先要有自信，对自己的想法感受有一种天然的认同感。但是成年人对自己的自信往往比他在儿童时期的自信差了很多，这是社会教育的结果。儿童对自己的感受具有一种天然的判断能力，他对自己的感受和想法有一种自然的认同感，这种自然的认同感，在长大成人之后却逐渐衰弱甚至丧失了。这是绝大多数人在社会化过程当中必然经历的事情。

※※※

反抗精神当然是自由精神的一种体现，但是反抗精神因为是受到了社会规范和意识形态的强烈压制而激发出来的，因此不是建设性的，在很多时候是一种破坏性的力量。当然，我们可以说，反抗精神对现有的不合理的社会制度、规范、意识形态等具有一种摧毁的欲望，这种摧毁的欲望将为建构新社会新文明开辟出一条道路。

人类文明就是在破坏—建构这样一种循环过程中逐步发展起来的。人类文明摆脱这样一种循环，恐怕很难做到，这是一种自然规律。任何人为的努力，都无法摆脱人类的宿命。人类文明所能具有的最好的进化形式就是顺其自然，我坚信这一点。工业革命之后的人类历史，助长了人类的狂妄自大，而且这种狂妄自大有它的经验基础。这也是人类自由精神释放的一种有效形式，对文明发展来说是必要的。但是这种狂妄自大终究会在自然规律面前有所收敛，回归自然是一种必然的趋势。这就像人终归要化为泥土一样确定。

怀疑精神为什么说是自由精神的重要表现呢？因为当一个人对某件事情产生了疑问，通常是对大家有共识的事情，看出了不一样的问题，对众所周知的观念产生了不一样的想法。大家都认为是对的事情，他却敢于质疑它的正确性。怀疑精神是独立思考的表现，表达了主体的勇气和与众不同。这些特征都是自由精神表达的通常样式。具有怀疑精神的人，适合搞研究工作，他会比别人更善于思考，更容易做出新的发明和发现，因为他擅长批判心理，不迷信权威，不会轻易相信任何现成的答案，对真理有一种执着和热情，这是一个优秀的科研工作者应当具备的精神气质。

※※

本能之我将自然权利视为最高权利，本能需要具有绝对的优先意义。做这种选择时，主体考虑的不是社会利益、他人利益甚至不是自我的根本利益，而是当下的生命关切。如饥饿中的人，他为了一块面包会愿意与人拼命，或者枉顾一切道德规范去偷去抢。现代文明社会对人的自然权利给予足够的尊重。前些日子在报纸上看到一则新闻就是有关现代人如何对待人的自然权利的，这则新闻报道了意大利高等法院对一起盗窃案的判决。一个失业工人，因为偷窃超市的面包被警察抓个现行，地方法院判处他监禁三个月，但上诉到高等法院后，法官宣判无罪。法官认为一个人在生命权受到威胁时做出的违反法律的行为，不应视为违法。生命权优先的原则是宪法规定的。偷窃虽然违反法律，但犯罪嫌疑人的偷窃行为是为了维护自己的生命权利而做出的选择，他的行为符合宪法尊重个人生命权的规定。

利益之我对待权利的态度表面上看是利己主义的，但是因为遵守了社会规范，因此又与利己主义的原始意义区别开来，或许我们可以称之为理性的利己主义。人生在世，追求自己的利益是生存的前提，因此正常的社会不会把个人主义放在伦理的天平上说三道四。追求自己的利益是在社会中进行的，与他人的权利诉求发生冲突有时不可避免。利益之我一旦走极端就会对社会规范造成威胁，因此辨别个人权利的合理性和界线就成为追求自我实现的心理边界。

道德之我对待个人权利的态度超越了现代社会文明的发展水平，它是无私的，起码在理论上是如此。或者它的行为原则是以利他主义为主的，将个人的利益诉求置于最小的位置，所谓少私寡欲。不过，在现行的以保护个人权利为中心的法律体系中，道德之我的权利和权益也是在法律保护范围内的。道德之我的少私寡欲是一回事，社会对道德之我的利益进行有效维护是另一回事。道德之我是社会的良心，法律系统只有对他们的权利给予有效的保护，社会才会向道德社会的方向迈进。如果一个人出于道德之我的欲望所做出的个人选择得不到社会和法律制度的支持，那么这个人出于道德之我的欲望进行自由选择的动力就会减弱。一个人的道德感衰退似乎对社会道德无关紧要，但法律系统和社会道德体系是作用于每个人的，一个人的道德感衰退就可能预示着整个社会的道德衰退。

※※

追求自我价值实现的精神气质，是在他所在的生活环境当中形成的。无私的品质，与他的家庭环境文化氛围有着紧密的关系。一个民风淳朴的村庄，出刁民的概率就会很低；一个打架成风的集体，如一个学校，要想找出几个爱学习的学生，就会难上加难。民风淳朴的社群，一定有一批处事公正，为群众提供优质服务的公务人员。一个群体的领导作风对社会道德水平有着重要的影响力，领导者的作风领风气之先。一个单位、一个组织、一个社会的腐败之风盛行，它的领导难辞其咎。我们经常说一条鱼搅和得一锅腥，但并不是所有人都具有这个能力，只有这个群体当中具有强大影响力的人才可能把那个群体搅和得一锅腥，这是因为社会是以结构形态存在的。这就像一个人，脚坏了把它们锯了，人照样能活，可是脑袋掉了，就肯定得死。一个群体的领导者，他的个人品质，在某种程度上会影响到那个群体的所有人，不受那个领导影响的个体，需要他的意志力超强，否则他就没有能力拒绝那个领导的影响。领导不可怕，可怕的是每个人都变成了懦弱的人格。恩格斯说过，一个压迫其他民族的民族是无法获得自由的。以此判断我们可以推知，社会中一个阶层对另一个阶层还存在着剥削和压迫的时候，那么这个统治阶层也不会获得真正的自由。当社会中个人的权利没有保证的时候，这个社会也不可能是一个开化文明的社会。倒过来说，统治者的压迫人的本性不改，被统治者的反抗就是一个时间问题。在个人的自由被压抑到极点时，引爆集体反抗是必然的。当然，只有在社会中具有自由精神的个体人数达到一定规模比例，并通过某个偶然事件才能引爆。

自由精神可以分为理性的自由精神和非理性的自由精神。理性的自由精神一般而言是和平的和建设性的，非理性的自由精神则是暴力的和破坏性的。当理性的抗争长期无效后，理性抗争就会转化为非理性抗争。非理性的自由精神，对某些具体的个人或群体可能有益，他们可能借着社会革命的形势，上升为统治阶层。然而，我们应当看到，这种非理性的自由精神可能对一个民族造成持久的伤害，几百年也不一定能够平复，因为它会形成一个可以遗传的文化DNA。可是人类的自由精神被过度压抑必然会导致非理性的爆发。可见，人类文明的发展有其历史的宿命。人的自由精神，是人的生命生存的前提。人类文明的发展和进化，是人的自由精神和创造力推动的一种结果。人的创造力是人的自由精神的合理性的释放。如果不能理性地释放，自由精神就会以非理性的形式释放。懦弱的集体人格，是自由精神被严重压抑的一个表征，它只是人类自由精神的一个虚伪和歪曲的表达，距离自由精神的非理性爆发只有一步之遥。如果压抑到极致，人们常常会说忍无可忍，第一个忍字，就是一种懦弱的形式，到了不可忍的时候，就是非理性的爆发。当懦弱的人格还不足以求得生命的安全时，这个懦弱的人，要么屈服要么疯狂反抗。革命精神实际上就是疯狂反抗的一种形态。但我们不得不说，革命精神是自由精神的一种经典表达，虽然很遗憾它不是自由精神的理性表达。理性的自由精神是以生命价值作为最高价值的，人只有在活着的时候才谈得上理性，而革命精神却把死亡作为底线，不怕死亡成为革命精神的一种经典表达。革命精神追求的是超乎人的经验基础之上的超级理想主义，把经验中的生命价值看得一文不值，这与宗教看重死后的生活，在不同方向上达成一致。

◎人格的独立及其心理诉求

人格的独立是追求自由的前提，人之为人的一个标志就是人的独立性的确立。独立意识是在追求自由的过程中完成的，独立性在哲学上还可以用主体性来表达。通俗地说，独立性就是一种生活态度。万事不求人就是具有独立人格的人的一种典型心态。显然，这种态度有点夸张，谁在生活当中能做到万事不求人？没有人能做到。但作为一种精神取向却是值得赞美的。独立性作为人的一个标志，在法律上也给予了明确的界定。譬如说，对法律当事人行为能力的确定，就要考虑当事人有没有对自己的行为负责的能力。对青少年和成人的要求是不一样的，他们所负的法律责任也是不同的。少年犯罪因为当事人不具备完全的行为能力，在法律规定中就有免于处罚的规定。因此说独立性，不仅是个人的一种独立品质，也是社会生活所要求的。独立性的成长，是随着行为之我从幼儿到成年的成长过程完成的。与人的依赖感不同，独立性并不是与生俱来的，而是在后天的成长环境下逐渐发展起来的。依赖感随着年龄的增长会逐渐减弱，而独立感随着年龄的增加却会不断增强。独立谋生的本事，不仅作为一个人应该具有，即使作为一个动物也必然要拥有这种独立的谋取生存资源的本事，否则就无法生存下去。如果一个人在进入成年之后依然依赖大于独立，那就是性格的缺陷，甚至可以归于精神障碍症的范畴。人们常说靠山靠倒了、靠人靠跑了，依赖感太强在这个世界上就无法生存。一个人的独立意识，与这个人在世界上的谋生能力直接相关。如果一个人在任何环境当中都可以活得很好，那么他的独立性就是无与伦比的。在很早以前我就有一个观点：一个人在一种文化当中能够独立生存，这不是最有本事的，最有本事的是那些可以适应不同文化的人，在各种文化当中他都很适应，都可以活得很好，这种人才是最有本事的，他的独立性也是最强的。在现代社会，人与人的联系空前地方便，交通、通信、互联网等物质设施空前地发展，每个人都成为互联网络的一个节点。在这样的物质条件下要保持独立性是很不容易的，也因此会更加难得。因为在广泛的社会联系当中，人的独立性如果不够坚定，就很容易被不断变动的社会趋势所影响，很容易成为随着社会潮流不断摇摆的人。如果东一榔头西一棒槌，人生目标不断变化，最终就会一事无成。反过来说，人的生活越来越离不开社会联系，保持自己的独立性，才能成为社会网络当中的一个坚强的节点。只有成为一个稳定的坚强的节点，才能适应这种社会生活。也就是说，人的独立性是维持广泛的社会联系的一个基础，否则就无法在社会当中立足。一个人成为社会当中一个独立的个体，才可以获得更大的自由，才可以在广泛的社会联系当中如鱼得水。这就像鱼儿在大海当中生活一样，那里有广阔的空间，可以海阔凭鱼跃，获得空前的自由。

※※※

独立性对个人行为具有决定性意义。如果一个人的行为不是由他的独立的自由意志支配，而是听从他人的指令，就不构成自由权利，甚至都不具有法律意义。士兵去与别人作战，并不是他自己的主张，而是按上级的指令采取的行动，这就不是他的自由，他的行为就不具有独立性。在一个集体中，个人的独立性很难坚持，因为个人的行为通常会受到集体行为的影响。因此说，在集体中生活的个体，他的独立性是打了折扣的。但是在任何一个集体当中，我们都会看到有意志力超强的人，可以根据自己的价值观和意愿做出行为选择，与原来所在的集体走出完全不同的另一条道路。摆脱集体的行为选择，做出与众不同的选择，对任何人来说都是最艰难的过程。但当他跨出这一步，他就会活动在另一个更广阔的空间中，他的自由精神将会得到空前的释放。在这个过程当中，他为围观者树立了一个榜样。如果围观的人在他新开辟的道路上看到了自己想要的东西，他们就会跟随这个人，去开创新的事业。这时我们就会看到，围绕这个特立独行的人，就会形成一个新的集体。

理论上说，集体当中的每一个人都有自己的独立精神，只是这个独立精神没有表现出来而已。因此我们可以说，集体当中的个人的独立性是一种潜在的独立性。当他在这个集体中受到压迫或压抑，就会产生摆脱这个集体的想法和冲动。当他有足够的勇气、决心和意志力将他的想法付诸行动的时候，他就会成为我们刚才述及的那个人，成为一个追求自由的人。一般来说，特立独行的人在摆脱集体行动的时候，都会产生巨大的心理压力。当他感觉到已经无力改变集体行为原则时，就会选择逃避或另辟新路。这时，我们就要考虑这个集体的运行原则是不是已经出了问题，这个集体当中所形成的人际交往关系和文化是不是已经变得扭曲和压抑。如果大多数成员都感到了压抑，那么这个集体就是病态的集体，就会变得越来越脆弱，这个集体所应显示出来的活力和聚集的能量，就不能得到有效释放。这时，就需要改革，需要“刮骨疗毒”，需要“壮士断腕”。总之，要想这个集体恢复活力，就总得做点什么，否则这个集体就会像一个人一样，最后衰老病死甚至猝死。当然这个集体如果到了病入膏肓的地步，任何改革都无济于事，我们只有等它慢慢地死去。

在精神领域，人的意志力也是非常重要的。意志力是使人的活动保持连续性的保障。一个人做事情选择正确，不意味着一定能够成功，还要有足够的意志力，遇到任何困难有决心克服，永不言败，才有可能成功。有时候意志力比选择能力更重要，因为在选择时，一定是选择了自己喜欢的，但是在投入行动之后，在经验中会发现你的选择很痛苦，于是你就放弃了，或者重新选择。重新选择，是需要成本的。当你投入到一项新的活动当中去时，不可避免地会遇到许多困难。如果意志力不够强，还会像对待第一次选择那样对待第二次选择。其结果就是半途而废，一生碌碌无为就会成为一个自然的结局。就人生目标来说，其实是无所谓好坏高下的，你只要坚持，任何一种人生目标都会让你活得精彩。即使你没达到那个目标，只要你坚持那个目标奋斗一生，你的人生就是精彩的人生，你一定会比那种朝三暮四、不断变换人生目标的人，取得更好的人生成绩。

※※

自由精神的养成，有赖于个体自我的努力。任何人都生活在一种文化习俗制度和意识形态当中。无疑这些因素会制约自由个性的形成，但是只要你不断地突破这些限制，你的自由精神就会不断成长和强化。但这并不是说，你要和这些制约因素处处作对，而是要通过创造性的劳动，让所在的社会环境变得越来越宽容和文明。作为个体，对自由的追求，要与所在的社会环境形成良性互动，用你的宽容和尊重，为别人树立榜样。当轮到你进行选择时，如果与其他人发生冲突，就要在坚定地捍卫自己的合法权益的同时，不断地调整自己的行为方式，以一种创新的姿态，寻求自己与他人和平共处。也就是说，追求自由不能一意孤行，而要考虑选择的合理性和创新性。如一个好的企业家，与其他企业竞争，并不一定要争个你死我活。最好的竞争是选择不断创新，不断开辟新领域开发新产品，做到人无我有，人有我精，人精我变，总能引领潮流，开辟新道路。

勇敢地追求自由，在很多情况下是针对社会结构中处于被压迫的人群说的。因为越在社会结构的底层，他们的精神受到压抑的程度就会越深重。但是老子说，处下不为上，那意思是说，处于社会底层并不是一件坏事。社会底层的人们，在某种意义上，他们的自由度很高。譬如，在家庭关系中，父母对家庭的责任是最大的，孩子相对于父母就有较多的自由，他们可以无忧无虑地玩耍。但是父母不行，他们要考虑全家的生活来源和生活品质的改善。工人和企业家的关系也是如此，工人付出劳动赚取工资，其他事就可以不管了，但是企业家就不一样，企业家不仅要操心产品的生产，还要关心产品的销售，企业中大大小小的事情他都要操心，我们很难说企业家的自由度比工人更高。当然在资本主义生产的早期，工人的工资微薄，劳动时间长，工人群众没有闲暇时间从事自己喜欢的活动，几乎没有什么自由可言。但是经过工人运动的努力，现在的工人劳动时间一般都在每周 40 个小时左右，他们有时间从事自己喜欢的活动，发展自己的爱好。闲暇时间的增多，是人类自由度不断成长的一个标志。当然，企业家一旦赚足了钱，也可能选择自由活动，从事他们喜欢的工作。他们比工人有更多的闲暇时间和金钱，从事更广泛领域的活动。在现代社会有许多活动都是需要花钱的，如果没有足够的金钱，就无法自由消费。所以现实中，一个人的自由度与一个人的工作和收入高低有很大关系。

※※

不同的社会角色拥有不同的自由度。一个剧场当中形成的演员与观众的关系，两者拥有不同的自由度。演员在台上风光，但却需要台下长时间地排练，所谓台上10分钟台下10年功。一般而言，台上的表演是非常程序化的，要中规中矩，出半点差错就可能把演出给搞砸了，所以演员在台上要非常小心才行。你说演员有自由吗？当然没有！在台上，演员不可以按自己的自由意志去演出，所有表演都是在上台表演之前设计好的，不可能任由演员在台上随便创新，除非演员出错，需要他急中生智来补台，这时才可以看出演员的灵活性和临机反应能力。台下的观众就不一样了，他抠鼻子、挠耳朵，都是可以的。所以说，观众的自由度要比演员的自由度高得多，这就是当观众的好处。但是就观众和演员对剧场气氛的责任来说，台上的演员当然起到主要作用。演员的表现决定了观众的感受。演员演得好，观众感觉就好，回家就可以睡个好觉。如果演员把戏演砸了，把观众那一晚上的感觉也给毁掉了，夜里做噩梦就是大概率事件。不过，那些生性快乐的人，做美梦的可能性也有，美梦可以抵消看戏时消极的感受，以达到心理平衡。

◎自私心理与权利意识

权利意识不同于自私心理，前者注重合理性，后者是对合理性的僭越。

在人的意识中，权利意识是自然形成的，并与自私心理分开。我家邻居有个小姑娘，今年7岁。她给我讲过一件事，她每天中午都在校门口的小饭桌吃饭。吃面条时，她请老师给她加菜。老师说：“等着吧，后面还有那么多人呢！”可等别人打完了，菜也没了。我问她是否跟她妈妈说了这件事，她说“没有”，因为担心跟妈妈说，老师会责怪她。老师嘱咐过，学校的事不许和家里人说，有什么要求，直接跟老师讲。可是跟老师说了老师也不给解决问题，她也很无奈。听了这个故事，感觉现在孩子的成长环境实在令人担忧。

维护个人权利与自私行为是不同的，前者是法理上得到认可的个人利益，这意味着个人权利是受法律和社会保护的。任何侵害个人法定权利的行为，不仅被侵害人有权抗争，而且整个司法系统甚至整个社会，都应当帮助被侵害人维护其权利，谴责和惩处那个侵害人。而自私行为，不受法律保护，而且还要受到社会舆论的谴责，因为自私行为通常是以损害他人权利为前提的。

言论自由是一项公认的个人权利，但是如果这种表达冒犯了其他人的权利，那么这种表达就应该受到限制。限制并不意味着让人闭嘴，而是给言论自由划定界线。一个人的言论，只要出于他自己的真实想法，就应该得到保护，但前提是不能侵害到他人言论自由的权利。说话者要考虑他说话的内容，是不是有故意刺激他人信仰的侮辱性语言，如果有，法律就应该有限制相关言论的规定。言论自由和行为自由是有区别的。如果一个宗教团体的内部集会，他们在聚会当中将矛头指向另一个宗教团体，那么这种言论，只要没有引发社会冲突，就没有必要取消，而且事实上，这样的聚会警察也不太可能知道。问题是如果有人告密，警察应该怎么做？警察是装不知道，还是采取行动立即去阻止？如果要制止，录口供都很困难。按我的想法，如果他们的言论没有引发社会冲突，或者没有在非同一信仰的人群当中散布，警察就没有必要去管这些事情。但是如果他们在密谋向另一个宗教团体发动暴力进攻，那么警察就应该将其视为治安问题了。治安问题与所连带的宗教信仰问题需要区别开来。法律保障宗教信仰自由和言论自由，但是前提是不能在公开场合攻击别人。

※※※

能够自由地思想，并不是一件很容易的事情。在通常情况下，人的思想和心理受到既有的文化观念的严重影响和束缚。世界观、价值观、人生观，都会影响到人的思想自由。个人的思想受到外在因素的干扰，我们想事情的心理方式和所能想到的一些观点和想法，都不知不觉地会沿着已经形成的心理框架去展开。因此，追求自由思想就必须排除外来干扰。这里还有一个出发点的问题：只有从虚无的状态出发，才有可能自由地思想。但是个人的任何思想都是在具体情境中发动的，这意味着，任何思想都受到外来因素的干扰。人的大脑通常会围绕当下所关注和感兴趣的问题思考，而他的关注和兴趣点是由他的价值观和文化背景决定的。

争取自己的合理权利说起来容易，实行起来就难了。譬如说，一个单位领导对待员工要做到公平正义，这是他的职责所在。但是，不公正的现象随处可见。年终评奖，按照规则应当是谁干得好就评谁。可是有的领导很无耻，每年都是自己亲自当，而且要经过下属的举手表决。对于这样一个领导，你还会动员员工去爱他吗？领导对待员工不公正，会在员工心里产生对那个领导的讨厌和冷漠。也许，员工对领导的怨恨，在平时并不会表现出来，因为员工知道，如果表现出来，他们的利益就会遭到更大的损害，但是这个心理会一直存在，在时机成熟的时候，终究会爆发。所谓时机成熟，就是受害人在确定自己表达对领导的怨恨而不会有负面效果的时候。也许这个员工性格豁达开朗，对领导对他的不公正待遇不挂在心上，一如既往地干好自己的工作，一如既往地用宽大的胸怀来对待自己周围发生的各种不公正的事。这个时候，如果那个领导尚知廉耻，他就会对自己的行为感到羞愧，就有可能变得阳光一些、公正一些，自私心理就会收敛一些。但是那个领导如果是个无耻的人，其结果只有两个：一个是引发共愤，不将他调走或撤职就可能影响这个单位的正常运行，这时即使他有保护伞，上级鉴于自己的权威和利益可能受到威胁，也会处理他。二是自取灭亡，上帝要让他灭亡，就先让他疯狂。缺乏耻辱感，对一个领导来说就是一种非理性的表现，严重时可以用疯狂来形容。员工以宽大情怀对待自己受到的不公正，这本身无可挑剔。但我们也应当看到，豁达开朗虽然值得肯定，但是我们也不得不承认，缺乏维护自己合法权益的自觉意识也是一种人格缺陷。维护自己的合法权益需要勇气，这与自私完全不相干。首先应该承认一点，维护自己的合法权益不单纯是一个个人行为，更主要的，它还是一个社会行为。一个人在社会上生存，就有责任和义务，使这个社会向道德高尚的方向发展。社会的进步取决于社会当中每个成员的精神状态和行为方式。对自己的合法权益，不去争不去抢，无形中会助长不合理不道德的行为。不去争不去抢，表面上看是心理素质很高，不计较个人得失。但是，这种行为方式，不仅是对自己的不负责任，也是对其他社会成员的不负责任。因为领导的这种不公正，不仅是对某个人的不公正，也是对其他社会成员的不公正。他今天侵害了你的利益，明天就会侵害别人的利益。因此，我们会看到不计较个人得失的行为也有道德瑕疵，这就是对公众利益缺乏社会责任感，而这个责任是每个社会成员都应该承担起来的。就上面讲到的那个单位来说，员工对领导的不公正作为的容忍，也包含了这种不负责任的因素。也许这是出于他真的不在乎，对个人名利不斤斤计较，但是也有可能是他缺乏勇气，不敢和坏人坏事做斗争。担心遭到领导的报复。这种心理，依然有可能是自私心理在作祟，把自己的利益放在第一位，置公众利益于不顾。在传统观念当中，人们经常把维护自己的合理合法的权益与自私的心理混为一谈，这是一种认识上的混淆，这种认识上的错位会影响一个人自由精神的成长。自由精神的成长，应当建立在正义感的基础上，这种正义感表现在敢于承担起应尽的社会责任。因此我们可以说，个人行为的自我选择，如果不是建立在社会责任感和正义感基础之上，他的这种选择就不是社会提倡的。自我选择起码分为两种，一种是出于自然理性做出的自我选择，一种是出于社会理性做出的自我选择。如果与出于社会理性做出的自我选择产生冲突，那么这个自我选择就是自私的。出于社会理性做出的自我选择，一般来说都是符合社会需要的，同时也不会与自己的合法权利相冲突。出于自然理性做出的自我选择，很可能是自私的，因为这种选择可能潜藏了对他人的合法权益的侵害，但也有可能是为了实现和维护自己合理合法的权益做出的选择。在这种情况下，出于自然理性做出的选择就不能说是自私的。因为，这种选择也包含了维护社会正义的成分。因此，维护个人合法权益的行为选择，表面上看属于自然理性的自我选择，但是实质上也符合社会利益和社会正义。对自私行为、自身的合法权益、社会理性、自然理性等概念做出区分，是理解自由意志和自由选择的一把钥匙，是全面理解人类自由精神的一个前提条件。

※※

追求自我价值的实现，有时会与现行的社会规范相冲突。因为在个体的内心有一个行为准则，而这个准则可能与社会准则不一致。有两种选择可以解决个人的内在准则与社会准则的冲突问题：一是调整自己的行为准则，以适应社会准则。二是个体通过强大的意志力推动社会准则的改良。第二种情况只有在自我的内在行为准则与天地大道相一致时，才有可能发生。

在精神分析学视域，自由通常是指自我的自由。普通人会将自由理解为是个人主义和自由主义。自我的内在准则与社会规范有冲突，但却符合自然理性的原则。在形式上，这类行为与社会规范保持着一种和平共处的状态，但是自我在内心却有着自己的隐私和不愿为别人知晓的秘密。一个个人主义者关注的焦点就是自己的事情自己做主。在网上有句经典名句，就是“我的地盘儿我做主”。这句话反映了个人主义者所追求的自我实现的基本特征。自我在做个人选择时，自然考虑自己的感受多一些，而考虑环境和社会的利益少一些，否则我们就不能称他是一个个人主义者或者是自由主义者了。个人争取合理的自由权利的行为，如果和现有的社会规范冲突，就说明现有的社会规范不合理。但是个人的合理的自由权利一旦争取到法律的认可，社会规范也就会随之改变。工人阶级争取结社权、选举权、经济平等权，就可以理解为工人阶级争取自由权利的运动。事实上，工人运动在其最初发动时，都受到社会规范、法律体系和政府力量的严厉压制，但是经过抗争，工人阶级的诉求最终都得到了法律承认，保障工人群众的基本权利成为新的社会规范。

自私的人并不总能获得好处和利益。自私的心理一旦成为一种心理机制，并受其驱使，就会成为他的精神气质的一部分，就会变成一个永远也满足不了的饕餮之徒。这样的人不会有真正的幸福和快乐。当他们的索取超出环境所能给予他的物质需要和名誉需要时，就会在他们的环境当中引起强烈的反弹，这个时候，就是恶有恶报的时刻。他不仅不会得到他想要的，还会把他已经得到的失去。如果一个自私的领导，将不应该归他的荣誉纳入自己的名下，他的这个行为的可耻性就会成为他的那个团队同事们的共识。大家表面上不说，心里都有数。每个人心里都有一杆秤，所谓公道自在人心。那个领导心里想的是获得社会的承认，包括本单位同事的认可，但是他的自私心理暴露在大庭广众之下。他得到的报应就是没法控制别人的想法，他想获得别人的尊重，得到的却是别人的蔑视和看不起。这种情景，特别像是一丝不挂的皇帝，自以为穿着最漂亮的外衣，但其实什么也没穿，赤裸着身体在大街上行走，心里还以为别人对她的虚假的外衣很羡慕。这个人是不是很愚蠢？答案在每个人的心里。这算不算是一个报应呢？

※※

从长远角度来看，眼前有利的事情，在未来不一定是好事。如果他放弃了眼前的利益，成就了他人的名誉，帮助了他人，他早晚会得到那个人的回报，即使他不需要回报，这个回报也会以不同的形式落在他身上。假如那个领导将奖励给了那个应得的人，这个领导就会在他的环境当中博得公正的美名。这算不算一个回报呢？而他将他不该拥有的名利纳入自己的名下，对他名誉的损害，足以伤害到他以后的前途。自私的品质一旦成为一个人的行为主导原则，那么这个人就一定是潜在的腐败分子，违法乱纪获取利益的可能性就会增大。他的胆子会越来越大，被党纪国法处置的风险也会越来越大。他以一种侥幸的心理逃避法律的惩罚，这个心理使他内心常怀恐惧。这样的人生无论他取得多大的人生成就，当了多大的官，出了多大的名，也不会是幸福的。用这种阴暗心理生活的人，不仅会伤害到他的身体，还会伤害到他的灵魂。他出现意外伤害的可能性也会加大，得各种疾病的概率也会增加。这样的人一定是患得患失的人，是活在自我狭隘的思想空间的人。他在过马路或开车时，精神不集中的概率就会很大，我说这种话似乎有一点诅咒的意思，其实不是，这是以一种客观的态度进行的心理和行为分析得出的答案。

自私的心理与人的健康有着某种神秘的联系。表面上看，自私的行为伤害的是人的灵魂，与人的身体无关，但是人的心理对人身体的影响是巨大的。现在有研究数据显示，影响人的健康与长寿的因素中，心理因素占 50% 以上。这意味着，人的心理与人的各种疾病之间存在着很强的相关性。积极向上的心理有利于身体健康，消极阴暗的心理损害人的健康，可能引发各种疾病。其内在机制在于消极阴暗的心理是引发焦虑、紧张、歇斯底里等负面情绪的原因。自私心理一旦成为一种习惯就会快速积累负面情绪，最后积郁成疾。

◎自我选择的悖论

形式上的主动与内容上的被动是自由选择的悖论。在这里，我对某一著名运动员在一场世界大赛中中途退场事件进行了分析，借以说明自我选择的心理困境和悖论性质。刘某是著名运动员，他的名字家喻户晓，获得过各类世界大赛的金牌，但是他在一次重要赛事中，中途退场，给观众心里造成了巨大的心理冲击，对此人们议论纷纷。就这一事件本身来说，如果他是因为受伤不能完成比赛，中途退场不仅是正常的，还应得到鼓励。问题是，明明知道自己腿部有伤，不能完成比赛，为什么还会参加？中途退场的决定，如果不是出于他自己的本意，而是由于外在的压力，不得不以这种方式来排解，那么他的这个决定，就不是出于他的自由意志，而是社会强加给他的选择。如果广告商给他压力，他不出场就降低广告收入，为了名人的商业价值，选择这种退场方式，他就将本来是合理的自由选择的权利，变成了某种强制的权利。在这一选择中，有维护自己合法权益的成分，也有自私的不道德的成分。这一做法本无可厚非，问题是，他本可以选择不出场，但广告商要求他出场，否则他的身价就会降低。从广告商方面来说，这一要求也是合理的，是在评估了这位著名运动员的广告价值之后做出了出场的约定，按约定要求他出场。如果在不知道伤痛情况下做出的约定，那么在得知这位著名运动员不能完成比赛的情况下，解除广告合同，也无可厚非。现在的问题是，在签订广告合同的时候，这个运动员的服务团队，是不是确知他的伤痛可能导致他不能完成比赛。如果这个团队隐瞒了这位著名运动员的伤痛，和广告商签订了出场合同，他为了履行合同的义务，才做出了这样的选择，从法律意义上讲，他并没有违反合同约定。但是从他的身体状况来考虑，违约能否界定为一种不可抗力？如果可以，那么违约责任就不会让他失去太多的金钱，但是广告商不会轻易让步。如果这位著名运动员在签订合同时，譬如他签订的是长期合同，对自己不能出场的可能性没有明确的预期，那么不可抗力就应当可以成立。但是如果在签订合同时，他本人对自己的伤痛最终导致不能出场的结果心知肚明，他就应该将这种可能性，在广告商签合同时讲清楚，他没有讲清楚，就有欺诈的成分。而他的团队包括他的教练，对他的伤痛的性质应当比他本人了解得更清楚。为了商业利益，他们有可能掩盖了某些实际情况，从而维持他的名人价值，这样做的可能性非常大，但是需要证据支持，而取证恐怕会有很大的难度。因为对于他的伤痛的认知，很难通过医疗鉴定来获得。按照市场经济的原则，他为了商业利益决定参加奥运会，这是他主观意志的选择，别人无权干涉。那么，在这里我们就应该讨论，为了商业利益而不顾自己的身体的伤痛是否道德？这个问题，如果是单纯的个人问题，是无所谓道德问题的，是出于他的自由意志的选择。但是在这个案例中，很明显社会因素对他的影响是巨大的。在形式上，他的选择是自己的决定。但是，他的教练团队的利益和个人的利益已经捆绑在了一起。如果他单从自己的利益出发，做出不参赛的决定，那么他的团队的利益就得不到有效的保障。广告商和上级领导以及观众对他的期待，都可能在他的心理上造成压力，在做出选择的时候，他不可能不考虑这些社会因素的影响。那么在这些社会因素影响的条件下做出的个人选择和决定，有多少成分属于他的个人自由意志的意愿呢？这是一个值得质疑的问题。人们常说，人在江湖身不由己。这句话在描述这个运动员做出是否出场以及以什么方式出场的抉择时的心情特别恰当。我们会看到一个心理上的悖论，那就是形式上的自由意志的选择，在实质上却是被动的选择。在这里我们看到了社会对个人自由意志的压抑，以及由此造成的人的心理的扭曲。一个人坚守自己的自由意志是多么艰难，在许多情况下，几乎就是不可能的。

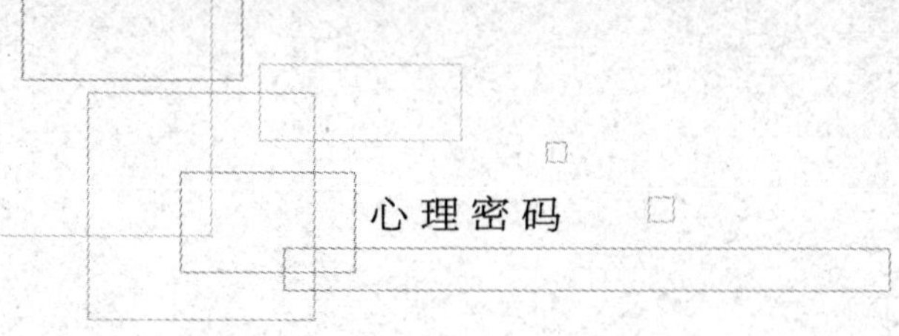

◎现代生产体制对个人心理空间的挤压

现代生产体制在挤压了个人心理空间的同时又通过劳动生产率的提高增加了个人的闲暇时间，为自由的实现提供了更大的可能性，这是一个悖论。

人的自由在现代社会面临空前的挑战。一方面自由精神推动了科学技术的飞速发展，另一方面由科学技术支撑起来的现代生产体制给人的自由精神的释放造成巨大的难题，自由创新空间越来越狭窄，并形成人的自由选择的困境。艺术的发展是现代社会中人的能力发展的一个显著形式，但艺术的发展却是现代社会生产体系对人性压抑的结果。人对自由的诉求转向对艺术的追求。艺术成为自由的一个宣泄口。艺术家通过追求超现实主义的艺术形式释放压抑的情绪，艺术活动的扩张是由于人的精神受到压抑，这是明显的悖论。我们不得不用悖论式的语言来定义艺术，艺术运用理性形式来表达人的非理性情绪。艺术与生活的分裂，意味着人的精神的分裂。因此，艺术家寻求艺术回归生活，让艺术成为生活的一部分。在诗歌创作中也出现同样的取向。一些诗作者，反对将他们的创作看作出于纯娱乐的目的，他们更倾向认为他们的创作具有明确的反体制压迫的倾向和作用。

在资本主义的市场条件下，大多数工人的创造力都被消解和压抑。社会分裂成高收入者和低收入者、演员和观众、生产者和消费者。这种消费主义生活对人的自由精神是一个严重的挑战。先锋艺术家们不愿成为社会需要的追逐权力和金钱的人，工作对他们来说，只会导致极度的无聊。他们要结束这种无聊，要让艺术主导生活，让每一天都成为节日！工业革命以来的社会经历了商品社会、消费社会、媒介社会，现在已经进入自媒体时代。新的社会模式由媒体、消费和生产主导，而在马克思时代，社会是由生产主导。这种次序的转变导致了社会性质和文化的改变。由于这种变化，人们追求自由的方式也发生了改变。马克思强调人类解放要通过生产的发展和阶级斗争来实现。在新时代，通过城市生活艺术化和日常生活的文化革命才能安慰人类压抑的心灵。眼花缭乱的各类商品支配着人们的生活，媒介与广告是成为人们日常生活的感觉来源。人们的活动伴随着意识，大脑中的任何意象都是对现实状况的图解。通过休闲、消费、服务和娱乐活动及相关设施所获得的图像，具有一种愉快的性质。这种愉快是对社会现实的经验性反应。但从理论视角观察，这种愉快却具有一种麻醉的效果。消费主义的娱乐活动对人的大脑的刺激是一种“持久的鸦片效应”，麻木了人们的灵魂。

随着现代社会生产力的发展，社会关系的表现形式发生了改变。但是，这种变化只是人的感知方式的改变。生产关系是抽象的，是对痛苦的工厂劳动的一种概括。但是随着生产力的发展，劳动时间的缩短和生活消费水平的提升，人们对劳动的痛苦感已经大大降低，对生产关系等看不见摸不着的抽象关系不再感兴趣，只对消费生活中的实物形式的刺激感兴趣，其结果就是人们将关注点转向自身的感受。主观感受如意念、记忆等越来越成为支配人们思想活动的主要方面，而人的社会关系如果不转化为思想图像就很难发挥其作用。日常活动在人们心目中造成的经验意象是虚幻的，但人们却愿意将它当成真实的东西。经验意象只是意念造成的视觉形象。视觉形象与大脑的自我构图能力直接相关。虽然我们知道幻觉能力源于外物的刺激，但当这种刺激达到一定规模时，就会在大脑的结构中留下印迹，这些印迹就会在大脑自主运动的条件下，表现为一种主动的性质，就像梦境一样。梦就是大脑自主运动的结果。当大脑的自主构境活动占据主导地位时，主体就表现出对外在的真实刺激物的漠视。如果将艺术形式融入日常生活，就可以实现对生活与艺术进行双重革命。一方面，通过将主观建构的艺术形式融入生活当中，从而使生活艺术化；另一方面，将社会生活的集体实践作为艺术创作的灵感源泉，不断创新艺术形式。通过这种努力克服人类意识单一化和工具化的趋势。

※※

在现代社会中，符号的作用胜过实物，摹本胜过原本，现象胜过本质。在这个时代，幻象才是神圣的，人们对社会真实不再感兴趣。现代生产为生活造就了难以计数的感官形象刺激物。这些刺激物的高度聚积，最终填满了人的感觉空间。人的感知能力的差异性将为一个趋同的意向所取代。面对相同的商品，人们将产生大体相同的情感和意象，这也是商品本身的要求。在生产方面，面对个性化的需求，也会以个性化的方式加以满足。在让人眼花缭乱的商品中，人们尽可以“自由”地想象，然而你最终会发现，无论你的想法多么离奇，你想要的就在你面前——只要你有足够的金钱。这似乎是两个不同的趋向，但结果却是一个关于自由的悖论：自由被无限的自由选择取代了，人们的自由选择权利在无限多的可能性中丧失了。“真实”的想象，在大脑的意识中隐退，成为无意识的一个对应物。现实世界以主观意象的形式进入人的大脑中，成为意识世界中独立的形象。人的意识活动就是在这种主观的意识世界中展开的。思想活动一旦形成独立的倾向，就会进行自我刺激和自我追逐游戏，而不会顾及原初形象产生的客观条件、环境和刺激物。这种情境不仅是对现实世界的颠倒反映，而且还是对来自客观的现实信息所做的自我化改造，就像大脑在梦中所从事的工作一样。如梦者听到一阵马达声，他的大脑就会根据自己的无意识意愿进行储存和加工，将马达的声音信息加工成可视的与之有联想关系的图像——如奔跑的马。在梦中，梦者会感受到马跑时的节奏感。人在清醒时，大脑的工作原理与大脑的造梦原理是一样的，实际上人们同样可以在梦中将清醒时刻定义为梦，在梦中自我认同为清醒。在梦中，当欲望遭遇到无法克服的障碍，做梦者就会醒来。但在现实中碰壁，梦者还会“清醒”过来吗？没人能保证他不会将外部信息做虚化处理，就如做梦时处理信息的方式一样。

思想一旦丧失独立性，就意味着人的意识的社会化，最终结果就是将思想交给意识形态来管理。马克思在他的不朽名著中《德意志意识形态》中深刻指出了意识形态的虚假性质，这是站在思想社会化的角度得出的必然的结论。然而，不管人们的主观印象是怎样的，肉体始终在客观世界中行走。对客观行为的主观解释无论有多少种，无论多么虚幻，总有一种最贴近现实。马克思在《1857—1858年经济学手稿》中阐发了“社会关系是人与人之间想象关系的固化”，精确地定义了主观与客观的关系。主观映像如果脱离了对象化了的世界，就会变成幻象。主体的大脑将意识投射到自己的行动上，将物质化的行为合成后装入意识之中。在市场经济中，大量充斥的各种信息和娱乐消费活动，刺激大脑的构境欲望，并“真实”地建造起符合主体欲望的想象世界。现代生产方式所生产出来的各种商品进入人们的日常生活，经过反复刺激，在人们的心目中形成相对固定的形象，人们不再对生产背后的原因感兴趣，只对肉身能接触到的物品感兴趣，这种趋势一再被强化，就会形成稳定的心理定式。面对城市街道上的滚滚车流，人们再也无法将一辆漂亮的小汽车的形象从大脑中抹去，无论你是有车族还是无车族，小汽车的形象说不定哪一天夜晚就会到你的梦中做客。你说你不想，这可能吗？当然，人们有能力将现实世界与想象的世界分开，但人们对视觉形象的迷恋，妨碍人们实际地进行这种区分。在令人着迷的商品世界面前，人们会完全忘却商品只是视觉符号的现实。即使商品世界颠倒了人与现实的真实关系也会固执地坚信商品世界的“真实性”，因为商品世界已经发展成了一个自足的世界，它会将外来的信息做一种自动化的处理或改造，使之成为大脑中商品世界家族的一员。任何真相都只是商品世界的另一种形式的再现。各种不同式样及其与之对立的东西均是在社会方面加以组合的现象的外观，是自我必须认识到的普遍真理。否则当真相来袭，幻象就会破灭，人的意义感就会被彻底摧毁。商品世界将全部人类生活当作纯粹的外观加以肯定，然而在这种肯定中，包含了对人类真实生活的否定。因为真实生活从来都不是拿出来让别人看的部分。这就好比在人民公社年代，每个农民都有自留地一样。自留地是自己用的，是自己生活的支撑。市场经济剥夺了人的这种权利，现代农民不再为自己保留自留地，不再为自己而生产，而是为了市场而生产。他们的生活来源不再来自自留地而是来自市场交换。商品世界的社会恰恰如同市场一样，剥夺了人类源自内心的真实的生活部分。在商品世界中，任何商品都来自社会的供给，完全丧失了源自内心的生产，个体只要学会选择和占有就可以了。此时，商品世界成为人类欲望的替代物，具有商品世界约等于欲望的现实。现代社会的生产体制将人们驱赶进商品世界，从而达到控制他们的目的。按照德波的说法，现代社会的生产体制通过对人的占有欲的培养剥夺了人的生存权利。占有欲在完成了从对物的占有向人的精神占有转折之后，就表现为一种炫示。它要将一切实际的占有转化为社会公认的价值，转化的方式就是炫示。其结果，炫示本身成为目的。这与人们对商品世界的需要刚好一致。至此，我们或许对现代经济是眼球经济的说法有了哲学的理解。商品拜物教的世界观，与其说是继承了西方文明的优点，不如说是西方文明的劣根性之集大成者。这种世界观是建立在精确的技术理性的无止境扩张基础之上的，而这种技术理性正是来源于商品的创造运动。人们在商品世界中获得的力量与他们自己无关。人们将人类获得的力量归之于天国，从而完成人类思想内部的精神分裂。在精神分裂的状态中，一方面可以在商品世界或理性王国中自由驰骋、自由创造；另一方面是陷入无梦的昏睡或醉生梦死。

◎道德与自律

追求自我价值的实现是建立在道德自律的基础上的，否则就会走向追求的反面。

自由受到道德感的约束，这就是自律。在这里，我们应当区分两种道德观，一种是社会道德观，不同的社会有不同的道德观，体现在社会习俗和制度规范中。另一种是个人道德观，即个人选择的伦理。一般而言，社会价值观是建立在个人价值观基础之上的，这是一种自然的形成过程。但是社会道德观和价值观一经确立，就会对个人价值观和道德观产生一种制约作用，对个人自由权利和个人价值观形成一种压力，造成个人追求自由的冲动并不断寻求对社会价值观的突破。社会价值观和社会规范为了适应社会发展的需要被迫不断调整和改革，社会进步趋势由此形成。譬如自由恋爱，在传统社会是不允许的，但是在今天的社会却成为社会进步的一个标志。因此，在传统社会中受到家庭和社会干预的自由恋爱，就具有了推动社会进步的意义。

追求自由在形式上只是人的身体里聚集起来的自然能量的一种释放形式，是中性的。因此，自由属于技术理性的范畴。但是，追求自由一旦涉及人、自然与社会，价值理性就会发挥作用。如在自由竞争时，就要考虑社会道德和规范。事实上，技术理性和价值理性从来都不会单独发生作用。对任何一个具体的个人来说，两者是同时发生作用的，只是发生作用的程度有主次罢了。以价值理性为主导，与之相应的技术理性就会有所规范。如果以技术理性为主导，就会表现出不择手段的特征。这时，我们就要质疑目的的合理性。如果只是为了满足动物性的本能需要，技术理性就附属于人的动物性。如果是为了满足他者的需要，技术理性就附属于超我的性质。

※※

幸福是自由精神的一个期许之地，幸福是一种可能性，每个人都有追求幸福的权利。但是，在现实当中我们每个人都有情感波动。幸福感并不是一劳永逸的，而只是对艰难困苦的一种瞬间补偿。然而，如果把幸福看成一种目的，那么这个目的就是终其一生的，人的一生注定要不断努力地追求幸福，无论遇到什么样的困难，这个目的也不会改变。幸福感是心灵与肉体的共感，是一种高峰体验。母亲看见吃奶的婴儿是幸福的，互爱的恋人相拥在一起是幸福的，厨师看着食客食欲大开是幸福的，粉丝和自己的偶像合影也是一种幸福……

肉体的欲望不断地牵引着精神的走向，但精神的反思能力使精神产生一种不断逃离肉体欲望指引的取向。然而，精神并不能独立存在，只能依附于肉体。是肉体欲望引领着精神走，还是精神引领肉体欲望走？这是两个不同的方向。前者会使人沉溺于肉体的快乐，后者会使人沉浸于精神的快乐。肉体的快乐是短暂的，因为肉体是历史的、具体的存在，会随着时间的推移而变化，而精神的快乐是永恒的，因为它是一团永恒燃烧的火，是一切活动的动力源。人的活动就在这两个不同方向上左右摇摆，这使人的活动具有了一种悖论性质。没有人能终其一生都在朝一个方向走，但是对精神生活有较高期许的人，会获得更稳定和明确的方向感，从而使人的活动逻辑保持大体的一致。精神的发展不断地偏离轨道，又不断地回归轨道。这种曲折代表的是人的精神克服肉体的障碍通往永恒的幸福之地的一个必经过程。没有人能逃避这一过程，但是每一个人的悟性以及努力的程度，影响了每个人的幸福指数。大自然赋予每个人的精神品质和能量是平等的，但这种精神上的平等却是以肉身在现实中的不平等表达出来的。一个人的幸福时刻与一生相比会存在一个比例。一个性格开朗乐观、积极向上的人，他获得的幸福指数就高，而情绪暴躁、负面心理沉重的人，幸福指数就会相应地下降。追求自由和幸福与社会规范、社会道德以及社会进步有着重要的关联。一个社会对个人的自然权利的尊重程度，是衡量这个社会进步的尺度，也是个人幸福和个人自由重要的制度保证。践踏个人的自由权利，人类文明就不能进步，甚至还可能导致业已建立的人类文明毁灭。认识到这种可能性，就要求我们每个人，在做出自己的决定和选择的时候，要考虑个人的选择是否合乎自然本性。只有合乎自然本性的选择，才具有不断融入社会价值体系的可能，才有可能释放更多的自由精神，实现社会进步。

从总体来说，追求自由有利于人类文明的进步，因此个人追求自由的行为，应当得到社会宽容和鼓励。自由精神是人类文明发展不可或缺的动力。但是，因为追求个人的自由而对另一个生命的自然权利造成伤害，这种自由就是邪恶的，不仅被社会规范和法律所不容，也是对人类尊严的一种践踏。

※※

自由精神以个人的价值观为前提，个人的理想通常会和自己的价值观相匹配。有什么样的价值观，就会有什么样的理想目标，这是人的心理的一般程序。一般而言，价值观只有两种，一种是唯物主义价值观，一种是唯心主义价值观。古代先哲孔子为区别两种不同的价值观提出一个标准，他说“小人喻于利，君子喻于义。”也就是说，小人做事以个人利益作为行动的指南，而君子以正义或合理性作为选择的标准和行动指南。显然，孔子是提倡以合理性为选择标准的。

从人的内在性角度，所谓价值观就是某一个人对事物的认识遵循的内在原则。对同一事物有不同的认识，说明所遵循的价值观存在差异。头脑中观念的确立，是通过大脑的选择机制完成的。在选择时，人们总是不自觉地选择认同与他的价值观一致的观念或思想。看重或看轻，是选择的结果。观念的选择有时候是无意识的，因为主体把他选择的那个观念当成信仰。譬如说，为了自己的幸福和自己心爱的人私奔的那个青年，他把他个人的幸福置于他父母的感受之上。因此，我们可以说他的价值观是偏向个人主义的。自由的价值观通常被认为是个人主义的最高价值，是个体生命的最高境界。

理想的实现，是通过身体的实践进行的，在实践中，会产生相应的经验感觉。他可能终其一生也没有实现他的理想，但我们不能说他的理想是空想，因为他的理想是有根据的。他想做的事，在现实世界中都有人在做，他只是模仿而已。

※※

人生在世，肉体需要是无法超越的。在生命过程中，一旦经受不住肉体的诱惑，他的理想就会变成一句空话、假话或骗人的话，理想和现实之间就会出现逻辑断裂。因此，将无法实现的目标设定为人生目标，就是唯心主义的价值观。目标虽然远大，但却是空想。关键问题是他假设了一个错误的前提，就是他可以超越肉身的经验知觉，克服任何经验上的难题，而这一假设是反人性的。明明是肉体之身，却假设是钢铁之身。这种主观设定，不可能经受住时间的考验。最终的结果，就是把自己的理想当成谋求个人利益的挡箭牌。

每个物种都有自己独特的历史，人类灵性的发展也会有一个从诞生发展到衰落灭亡的过程。人与其他物种的灵性差别只是种类的不同而不是性质的不同，在理论上是无法比较的，因为找不到进行比较的合适维度。如果非要进行比较，那么唯一可能的标准就是“造物主”。每个物种都是造物主的创造，灵性也不例外。如果从无限的时间维度考虑，我们就会发现，人类只不过占据了无限时间的一个片段，之前曾经有过的智慧我们并不知晓，我们并不能以我们的无知来确定我们的伟大。同样，在人类作为一个历史存在消失之后，还会出现什么样的智慧，我们也一无所知。我们同样也不能用我们对未来的无知，来推断人类消失之后的宇宙和自然将产生的智慧生命。然而，如果我们从众生平等的观念来看，就可以合乎逻辑地推断出我们人类所具有的智慧只是宇宙中偶然的一个产物，宇宙万物拥有共同的灵气，这就是平等意识产生的依据。

事物的差异性只是表现了灵性的丰富性而已，而并不代表灵性是分等级的。自然的等级是人为的概念。自然是自在的，无所谓等级。只是人类社会才有等级概念，这是逆自然而动的结果，是对人类的灵性的不恰当利用，与众生平等、灵性平等的观念相冲突。从这个立场出发，我们可以说人类是不幸的。世界和平与和谐社会的建立，只有在大多数人都理解了生命的真谛之后才有可能。灵性是人类道德感建立的基础和来源，表现在人总是在多种行为和思想的可能性中进行选择。因为多种可能性的存在，才会有自由选择。在考虑了多种可能性之后的选择，才可能是理性的选择。由选择产生的行为和活动，是在与人的交往过程中进行的。因此，他的行为不是一次性的、单纯的自由意志选择的结果，而是在与人的交往中不断调整自己行为的结果。如果做不到这一点，他就不可能实现自己的目标。这意味着人的任何活动，实际上都是社会性的活动，个人的行为不可避免地要受到其他人的行为和态度的影响。这种外在的影响，成为个人自由自主活动的条件和制约。

※※

人的活动分为生产性活动和消费性活动。生产性活动，是为了人的生存必然会从事的活动。人类智力在这一领域的投放主要表现为创造性。在消费领域的智力投放主要表现为人类欲望的增加和活动丰富性的增长。在市场经济条件下，劳动产品和服务要符合社会需要。人的活动的丰富性增长，一定是通过社会活动完成的。这意味着人的自由精神和创造能力的发展，要符合社会需要，否则人类的生产性活动就无法持续。伴随着这一进程中的心理活动，表现为以社会需要为中心和以利他心理为主，而不是以自我为中心和以利己心理为主。在这里，我们看到了一个悖论：个人的自由选择的意思，是指按照个人愿望自主自愿做出的选择，其本意是利己主义的。但是他的选择在行为层面，在活动领域，又表现为一种利他主义。如果不表现为利他主义，他的活动就无法展开。人类历史上任何重大的科技发明，都是人类自由精神和创造力的产物，在满足自己和他人需要的同时，推动了人类社会物质文明的发展和社会进步。

人的行为分为社会行为和个人行为。这种划分不是一种物理切割，而是对同一活动的不同的命名。人的任何行为和活动既是个人的又是社会的，因为人从来都不是单独存在的，而是在与之相关的自然和社会环境中生存的。即使一个野人在原始森林中生活，与世无争，也不能幸免。表面上，他的一切活动都是个人的，与其他人无关。但是实际上，他所生活的原始森林是属于某个国家的。这意味着，他在那里打猎谋生，是在消耗着社会资源。他有权利在那里谋生，这个国家中的其他人也有。这意味着他的个人行为一旦与他人发生冲突，森林警察就会出面干预，例如他杀死了一位游客，或杀死一只国家保护的珍稀动物。

关于个人选择的自由与道德之间的关系，我们还可以用一个传统的例子加以说明，譬如自由恋爱。男女自由恋爱，他们想结为夫妻白头到老，这是他们出于自己自由意志的选择，是他们的自然权利。但是他们父母却横加干涉，导致他们私奔。按照现代社会的价值标准，他们的自由恋爱的权利会被社会舆论所接受。但是他们两个之中一个是有夫之妇，另一个是有妇之夫，这时，他们的行为就得不到社会舆论的支持。同样是自由恋爱，同样是私奔，但社会舆论却给予不同的评判。现代社会的婚姻观，一般都把爱情看成婚姻的道德基础，没有爱情的婚姻被认为是不道德的。据此，有妇之夫与有妇之夫因为恋爱而结合就无可厚非。社会舆论的谴责就是不合逻辑的。自由的选择，经常会以违反现有的社会规范为前提。因为社会规范对个体的自由选择是有阻碍作用的，所以，他才会有逃脱社会规范的限制做自己喜欢的事情的冲动。这一类型的自由选择，与既有的社会道德规范的冲突是明确的。这样的人只有对社会做出补偿性贡献时，才有可能重新被社会容纳和接受。譬如，一个聪明绝顶的发明家，用不正当的手段获取资本，从事科研开发。后来被判刑入狱，而且有屡次逃脱监狱的经历，直到被判处死刑。在等待行刑期间，依然在监狱从事他的研究，在执行死刑前几天，他的研究取得成功，获得国家科学进步二等奖。这时，如果申请缓期行刑并最后免于死刑，就是可能的。这是我在报纸上看到的一个真实的事例。从这个事例我们可以推理：人的自由选择是否违反社会规范也许并不是重要的，因为社会规范本身也在变化，最重要的是人的自由精神和聪明才智给社会带来了什么，贡献了什么。为社会创造了物质和精神产品，无论其实现过程有无发生过道德质疑，最终都会得到社会的尊重。有一些社会需要会引发个人道德感的发作，即使他的行为是个人自愿的选择，也会如此。譬如原子弹的发明，那些科学家内心就非常纠结。他们是制造原子弹的功臣，但是他们也看到了原子弹给人类造成的灾难，如美国在日本投放的原子弹造成几十万平民的伤亡，对环境和生命造成的伤害不仅严重而且是长期的。虽然原子弹的投放对于结束第二次世界大战起到了重要的作用，但是在科学家的心里还是形成了抹不去的阴影，甚至有人认为这种发明是不道德的。这种反思精神是值得庆幸的。科学的进步是人类自由精神释放的重要表征，这意味着科学研究也要考虑发明的道德因素。这种对科技发明伦理道德的质询，必将改变科学研究的发展方向。自由精神是大自然赋予人类的宝贵精神财富，但是如果运用不当，就会对社会和人类造成巨大伤害。对个体来说，在决定自己要做什么事情的时候，首先要考虑所要做的事情是否符合人类共有的利益和道德，然后再考虑这种选择是否符合自己的个人利益及其合法性，违反这个程序就可能引发个人的道德风险或道德感的发作。

※※※

人性本身是复杂的，固然有自私的一面，但无私和利他主义的一面也不能否定。凡事有利就干，没利就甩手，这的确是人的个人权利，但却忘记了个体应当承担的社会责任。将自己的意愿付诸行动，要考虑这种行为可能涉及他人的自由权利。如果与他人的权利发生冲突，就要考虑这种冲突的性质，到底是谁的理由更充分。如果协商不成，就要诉诸法律。用拳头解决，那不是文明人所当为的。而且，这种暴力行为被所有国家法律所不容。为了说明个人选择的合理性问题，我举个例子。有一个小姑娘我们叫她小A，她妈妈给她两个苹果一个大一个小。她带着这两个苹果和一个女孩小B到外面一起玩儿。小B在路边看到一个卖苹果的，站在路边看了好久。小A看出来她的朋友的心思，于是从兜里掏出那个大苹果给了她的小朋友，这是小A自己的选择，表现出为别人着想的品质。如果她把小的苹果给了她的朋友，我们就要对她的利他行为做出分析。拿出自己的苹果和其他小朋友分享，这是利他品质无疑。但把大的留给自己，小的给了别人，说明在她的心里，自己的重要性高于他人。这种将自己的利益置于他者利益之上的行为是合理的。还会有另一种情形，这个小姑娘，在没看出她的朋友想吃苹果的情况下，就掏出一个苹果，送给她的朋友，但是她的朋友拒绝了她的苹果，而这个小姑娘硬要塞给她朋友。她觉得苹果是个好东西，她自己喜欢吃，推想她的朋友也一定喜欢吃。她的这个动作，虽然是出于好心，但却是违背她朋友的意愿。即使她的朋友最终接受了苹果，我们也不得不说，这种行为有一种强制的色彩。我们不能单凭她的这一行为，就推断她长大成人之后的心理特征，因为她的精神品质会在生活中发生改变，但这种强制行为却反映了她当下的精神气质。如果小B知道小A有两个苹果，就想要一个吃。这时，小A的心里就会面临不同的选择。一种情况是她很愿意把苹果送给她的朋友吃，这时她会面临三种选择：将大的送给朋友，或送小的，或将两个苹果都给了她的朋友。不同的选择，反映了她的不同心理和精神品质，但都可以看成是积极的向上的品质。如果她不愿意把苹果给她的朋友，她就会拒绝。应当说，这种拒绝是她的权利，在道德上无可指责。但就小A和小B的关系而言，她们之间的友谊，就可能因为拒绝送给对方苹果而结束了。对小B来说，想吃苹果的愿望，是自然的欲望。在她知道了小A有个两个苹果的时候，想要一个吃，这是合理的，但这种合理性是自然的合理性，而不是社会的合理性。社会的合理性的表现形式体现在交换行为上——自愿交换。小B用自己的一块巧克力，换取小姑娘A的一个苹果，双方都得到了自己喜欢的东西。在这里，我们看到了自然理性与社会理性的差异。按照自然理性的标准，那个想吃苹果的小姑娘，向朋友要，这并没什么错。这时目标和手段还没发生冲突，但是如果她没有得到那个苹果，就去抢，这时，目标和手段就产生了矛盾。自然理性的逻辑走到极端就是社会达尔文主义，即丛林法则。按照自然理性行事，小B要吃就向朋友要，朋友不给就去抢。显然，这种方式发生社会冲突的可能性就会增大。如果此时，小A

并不愿意把苹果给她，冲突就不可避免。冲突的结果，一方成为胜者，一方成为败者。两个苹果重新被分配。在这个案例中，两个小女孩的关系也许并没有被破坏，但是那个并不心甘情愿地把苹果给对方的小姑娘，在心里就会留下压抑的影子。也许以后她就不去找那个霸道的小姑娘一起去玩儿了，也许只是一种暂时的心里不快，过后就忘了，依然会做好朋友。但是对那个抢夺朋友苹果的小女孩来说，长期用这种态度与人相处，必然会成为“孤家寡人”，要么征服周围所有的人，成为暴君，成为孩子王，要么被别人暴打，成为别人的奴隶。从这两个小姑娘的身上，我们可以区分出几种不同的精神品质，有一些是应该提倡的，有一些是应该保护的，有一些是应该克服的。作为家长和教育者应当意识到，从孩子的行为中反映出的不同的精神品质，在生活中注意培养强化哪些行为，弱化或改正哪些心理，要做到心知肚明，并知道通过什么方式实现这些教育目的。这对孩子的行为品质和理性的自由精神的养成是必不可少的。依照现代社会提倡的价值观标准来裁决，用强制方式实现自己目的的行为应该得到矫正。家长和教师，遇到这种情景，就要加以制止。而对用巧克力交换苹果的行为，就要鼓励表扬。小姑娘将苹果送给他人的行为，也应该得到表扬，但对她的表扬不能过度。如果表扬过度，对这个自愿给别人苹果的人，在她的心里就会产生另外一个效应，她可能对表扬产生一种依赖心理，会在不自觉中强化这种心理。在以后的生活中，就可能会为了表扬去做她并不一定喜欢的事，这对孩子的自由精神是一种异化。也就是说，她以后给人苹果可能并不是出于利他主义的心理动机，而是出于获得表扬的动机，这是一种变异的自私心理。我们会看到一个教师和家长对一个孩子的过分表扬可能产生的一个相反效应。当教师和家长对孩子的行为点赞的时候，会在孩子的心里会造成强大心理冲击，以致她在以后的行为当中，出于自身真实的意愿和需要去选择自己的行为方式的动机就会减弱，这恰恰是对孩子的自由精神的一种弱化。因此，作为教育者的家长和教师，对孩子的行为，不要因为这个行为合乎社会的需要和价值观，就企图强化孩子的这个行为。社会对孩子的赞美，不仅达不到社会所希望看到的效果，反而会适得其反。我们应该承认，孩子的学习能力和学习的欲望是与生俱来的。作为家长，应该学会关注孩子，在孩子发出自己需要的声音的时候，按照实践理性的原则给予及时的帮助。孩子会在家长和教师对自己的需要满足的方式上体验到家长和教师的爱。我们必须承认在孩子的心灵当中也具备这种爱的能力，在她有能力付出这种爱的时候，她也会自动地、自愿地付出，就像那个自愿将苹果送给她朋友分享的小女孩一样。她的这个行为，是她模仿大人给她的爱的行为的结果。也就是说，大人满足她本人的需要的方式，会在她的心灵上形成一个意象，而这种意象是与她身体的满足愉悦状态联系在一起的。在以后的行为实践当中，需要她做出选择的时候，她会为了追求自己身体的快感，在无意识当中，联想到她曾经有过的满足感和愉悦感，以及当时家长和教师满足她的方式，她就可能模仿家长和教师的方式，来满足其他人。实际上在她的无意识当中，她的这个行为是“无私”的行为，是当初的满足感和愉悦感的又一次的“虚拟”实现。当然，我们也可以说家长和教师的爱心传递到她的心里，爱心内化为她的行为方式和精神品质。这里要说明一下奉献精神，虽然整个社会都在提倡，但是这种精神气质也并非无可挑剔。如果你为之奉献的是一个衰落的、腐朽的社会组织，你就会陷入狭隘的集体主义牢笼。如为了某个宗教组织所谓的目标和信仰而甘愿牺牲自己的生命，这类行为显然可以归于利他主义的动机。但是从历史的眼光看这种行为，是没有价值的，也不会在人类历史上得到肯定。还有一些个人为了报答某人给他的好处，奉行滴水之恩涌泉相报的原则。知恩图报固然没有错，但是如果这个人是个贪官，是一个对社会有害的“动物”，对这个原则就要质疑。因为和这个贪官感情很好，这个贪官曾经给过他一些好处，那么他为了这些好处就甘愿为那些贪官充当炮灰。这种人，我们很难说是人类理性的自由精神的一种表达。如果从贪官那里得到的利益，是他应得的合法权利，他就不用感谢任何人。贪官因为是社会正义的执行者，他只是在尽应尽的社会职能，没必要感谢他而要感谢社会。如果把感恩的对象锁定在某个具体的人身上，那就会将社会关系个人化，将自由的人变成依赖权力的人。

※※

自由精神的表达，要完全服从自己的内心，与自己的良知结合在一起，这是一个正义的社会应当鼓励、支持和保护的行为。行为的动机完全出于他本人的意愿，出于他内心的需要，出于他本性的需要，我们才可能说他的行为是自由的。自由精神不仅是人的本性和社会性的表达，更是神性的一种表达。如果从历史角度观察，神性是自由精神的发展方向。如果现实的人类还处于本能表达阶段，那么走向“经济人”就是历史的进步；如果现实的人类处于“经济人”的发展阶段，那么走向神性就是历史的趋势。但是，如果人类已经部分走向神性，作为个体的我们还沉湎于兽性和自性的享乐，那就是人性的堕落和悲哀。因此，辨别自己的自由精神处于哪个阶段，追随历史大势，对个人生命境界的修养和修炼至关重要。

一个人穿衣服喜欢穿得舒服一点，而不太在乎样式如何。这个行为我们不能说是出于自私的心理，因为身体感觉舒服，是每个人都去追求的，是一种人性，是应该得到社会承认的个人的自然权利。但是为了身体的舒服，用不正当的手段去追求，那就是个人主义了，而不应视为自由精神的合理表达。所以说，个人主义和自由精神只在一念之间，由此形成了善与恶的区别。追求一种美好的感觉，并通过正当的手段努力追求，这是大自然给予我们人类的能力和礼物。享受美好，追求幸福，是天赋人权。

尊重人，在本质上就是尊重交往对象的自由权利，承认对方是与你一样具有独立和平等的人格的人。嘲笑别人，在本质上反映的是这个人居高临下的心态、傲慢的态度和自私的心理。实际上，他在用自己的价值观评判他人的价值观。秉持何种价值观是每个人的自由权利，这在现代社会已经成为共识。某人有个偏好，这个偏好只是他生活当中的习惯，他有权利那样做，只要不妨碍别人，就应该得到尊重。他人不能因为自己的习惯和这个人的不一样，就嘲笑这个人。

善于察言观色通常会被人认为在道德品质上有缺陷，但是不善于察言观色同样隐含了道德忧虑。一个不善于察言观色的人，在与人交往时会很少关注他人的需要，只考虑到自己的主观感受。这种方式在许多情况之下反映的是个人的自私心理。

古代人提倡礼节，这是很有道理的。礼节的本意就是要求尊重别人。礼节虽然只是形式，但是也依然具有提醒我们做人的基本原则的功能。在古代，有一种抢婚的习俗，不管对方同意不同意，抢了再说。俗话说，强扭的瓜不甜，强娶的媳妇儿会幸福吗？尊重别人实际上也是在尊重自己；不尊重别人，实际上也就是不尊重自己。强制别人的人，实际上没有把自己当成人。他把自己当成一个动物，依靠物竞天择的生存法则在这个社会上生活。这种生活态度在当代社会，遭到普遍的谴责。没有人喜欢强制，因此强制人违反人性。对强盗，人们当面不敢说三道四，但在心里一定在骂他，诅咒他。强取豪夺，在任何社会价值体系当中都是没有道德的行为。

尊重人、理解人、为他人着想这类词语，我们最好不要从抽象的方面理解，要从日常生活的具体行为考察，这不单纯是为了叙事的方便，更主要的是为读者理解的方便。我们都有买菜的经历，假如我们用塑料袋装几个粽子放到冰箱里，如果塑料口袋足够长，通常会将封口打个结，这样就不会串味儿，但是如果把结打得太紧，那么在吃的时候就会很麻烦。因为在冰箱里放的时间长了，塑料袋表面就会结一层霜，打开封口会很麻烦。显然，这种人没有想到吃的时候需要他花费那么大的力气。如果想到这一层，他就会打一个活扣，当需要吃的时候就会轻松地把塑料口袋解开。看似一个小事情，但是从中可以看出当事人当时的心态，甚至当事人的性格、精神气质、心理品质都可以通过这些小事观察推测出来。所以说，为别人着想、尊重人、理解人是一种心理形态，用这种态度做事，不仅会为别人带来好处和方便，更重要的是对自己的情绪调节，改善自己的精神气质也会有一个很好的促进作用。

在这里存在着一个悖论，就是在做事情的时候，如果为别人着想多一点，那么我们考虑自己花费的时间就会少一点。反过来也是一样，如果我们想自己多一点，那么我们在生活中理解人方面就会做得差一点。现在的问题是我们从自己个人利益角度出发去思考问题的时候，通常是一种自由精神的释放。这时，我们就会看到自由精神和爱、理解人、尊重人这些美德在某种程度上是对立的。这就要求我们在生活当中要掌握好自由与爱、个人主义与利他主义的辩证法。

在社会上，不尊重人、看不起人的现象还比较普遍。混得好的成功人士普遍有傲慢的心理。成功的看不起失败的，有钱的看不起穷人，当官儿的不尊重下级，有权的歧视无权的，有时傲慢到很可笑的程度。在个人追求自由权利的实现过程中，存在两种方式，一种是强制，一种是尊重。在许多文化中，强制人被看成理所当然的，而且许多强制性的行为，是以爱的名义进行的。当你以爱或者以理想的名义强制别人做某事的时候，这种行为就会变得令人难以接受。譬如欧洲中世纪爆发的宗教战争，是以基督的名义进行的，战争的目的很明确，就是要消灭异教徒，让基督的爱传遍世界。如果劝说无效，就采取肉体消灭的方法，这是野蛮行为。

※※

以爱的名义所进行的强制，在日常生活中也很常见，如母亲在喂养幼小的孩子时，并不是按照孩子的自然需要形成喂养习惯，而是按大人的习惯喂养孩子。孩子并没有饿，但是母亲却强迫孩子吃，到点吃饭，而不是按需要吃饭。这种习惯实际上就是强制。母亲强迫孩子多吃，似乎体现了父母对孩子的爱，但是却违背了孩子身体的自然属性。难道孩子不知道饿了就要吃饭吗？这是孩子的自然本性，当他出生后，不用父母去教，就会饿了要吃的，不给就哭。父母的理由似乎也很充足，强迫是为了培养孩子按时吃饭的习惯，有利于孩子的健康。这种理由表面上很充分，实际上不值一驳。每个母亲都知道，刚生下的婴儿，母亲每隔 1 ～ 2 小时就要喂一次，这就是按婴儿的自然需要进行的。长大之后，一般人都会养成一日三餐的习惯，其实这个习惯不是自然形成的，而是按照大人的作息习惯养成的。还有许多家长强迫自己不愿意上学的孩子去上学。有些年轻的家长，对孩子教育的重视有些过分了。许多大学生毕业就意味着失业，这说明，社会对大学生的需求已经饱和，但是家长对孩子的教育还是一如既往地痴迷。有些大学生毕业以后，能找到一份超市服务员的工作就已经很不错了，这份工作初中毕业或者高中毕业就完全可以胜任。对他们来说，大学阶段的学费和时间就是浪费。更让人心堵的是，这些大学生并不因为多上几年学，自由精神和创造力就有所提高，反而在适应环境方面不如那些高中生和初中生。创新意识和能力都不尽如人意。造成这种现象一定有它的原因，通常的情况下很可能是家长的价值观出了问题。“万般皆下品，唯有读书高”的传统观念，主宰了这些家长的思想，让他们无法摆脱长期形成的对教育的认知和态度。砸锅卖铁也要送孩子上大学，从不考虑孩子是不是学习的料和孩子自己的愿意。这种态度，反映的是这些家长和教师的自以为是，以及对人的自然本性的无知和蔑视。

自由精神似乎和尊重人的气质是互相矛盾的，因为尊重别人意味着要对自己的想法和行为进行某种调整和改变。如果坚持自己的想法和别人会产生冲突，而这是你的自由权力。这时你就要考虑，你的想法和权力的合理性与对方的想法和权力的合理性。在你做出一番研究比较之后，依然坚持认为你的想法和权利是合理的，对方是无理的，那么对簿公堂也未必不是一项好的选择。对簿公堂恰恰是对对方人格的尊重，这说明你把对方当成一个人格平等的人来对待。现代法律原则一般都坚持在法律面前人人平等。将双方的自然权利和自然理性，放在社会理性面前做一个理性的衡量，是相对公正的做法。尊重别人的想法，意味着你有了解别人的意愿，愿意倾听别人的想法和意见。也许在最后，你并没有吸收或者同意他人的意见，但是在经过这样一个了解过程之后，你依然对自己原来的想法抱有信心，并决心按你的想法去做，就说明你的自由意志是健全的和理性的。如果你对别人的想法盲目地拒绝，甚至连倾听的意愿都没有，表面上，你的这种态度是在维护你的信心，但是也表明了你对自己想法的深度不信任。你拒绝了任何可能动摇你信念的说辞，这似乎是你自由意志的表达，但实际上你的表达是外强中干的，表达了你内心的懦弱，而勇气才是自由精神的特质，懦弱表达的是服从的品质。

第二章

无意识与心理

内容提示：

无意识是意识的母亲，也是人的心理的来处。本章述及人的心理来源及运行机理。

◎心理的起源

为什么说镜像是心理建构的起点？精神分析大师拉康给了我们一个答案。他从幼儿在镜子里观察自己身体的意识活动开始了他的理论建构。他认为每个人的“自我意识”都存在于通过自己的眼睛观察眼外的“世界”的过程中，由于受到来自外部世界的信息刺激，在“我”的大脑中产生了一个“镜像”形成的。婴儿出生时，是分辨不出眼前的各类视觉图像的“真”与“假”的。视觉产生于大脑对外物信息刺激后的自我认同。当人们通过天生的信仰机制即大脑的生产意识的能力“看”到了自己的形象，于是“镜像之我”诞生了。人的生命终其一生都生活在“镜像”之中，在这个镜像中，每个人都可能看到自己的影子，并将之认同为“自我”，生命的意义在身体活动的时空里得以展开。在实际生活中，通过不断寻求对“自我”的突破，改善自己的生命体验，追求更加完美的“自我”的实现。

按照精神分析学的分类，“我”的镜像分为本我、自我和超我。本我即指本能之我，由性本能支配；自我即指利益之我，由生存欲望支配；超我指社会之我，由爱的情感发展而来，表现为利他主义倾向，由道德感和正义感支配。认同为本能之我，表现出来的行为特征就是“动物性”，认同为利益之我，行为表现就是“经济人”或自私的人。人追求自由的取向主要体现的是利益之我的特征，但自由的诉求通常表现为合理的利益诉求，而自私的人的追求目标，往往超过这个合理限度并表现为“贪婪”。超我的品性主要就是指爱、道德、正义等。每个人认同的“我”都是这三个镜像的组合，只不过在不同的人身上表现出不同的组合比例而已。

在精神分析学中设置了一个情境，指出情境中那个发出指令的警察就是无意识大脑中的位置。这个情境是这样的：一个被捆在大树上的犯人说“我要喝水”，实际的情况是，站在犯人身边的警察把枪口对着犯人小声对他说：“说‘我要喝水’。”于是那个犯人说“我要喝水”。在这个过程中，你只听到了犯人的声音，于是，你给他灌了一杯水。如果这时犯人并不渴，他的心理过程就会是“我不想喝水，是他让我说‘我要喝水’”。犯人的真实想法是无法变成语言的，因为一旦变成语言，警察就会立即杀了他。在这个情境设定中，警察在犯人头脑中的位置就是无意识主体所在的位置。

无意识在原则上是一个自相矛盾的概念。或许，我们应当把它看成一种类神经反应。显然，这种神经反应还没有发展到意识的层次，但它却有过渡到意识层次的可能性。无意识不是潜意识，潜意识正如它的字面显示的是潜伏的意识，当条件降临，它就会变成意识。无意识是意识产生的根据，是大脑的功能，是不在意识中出现的“意识”，因为它还没被符号化。既然不在意识中存在，因此，它就是无法言说的。但是，精神分析学通过语言分析，推测出语言背后的无意识存在，因为语言出现了悖论。弗洛伊德设定了无意识存在，解决了理解语言悖论的意识问题，使无意识的“思想”和“欲望”成为思考的对象。

※※

无意识是一种创化的意识，是无中生有的意识活动。这种创化不是从一物向另一物的变化，或能量守恒式的变化，而是从虚无向存在转化的过程，是一个新事物诞生的过程。黑格尔的辩证法可以解释从一物向另一物转化的规律，但却无法解释无意识从无生有的创化规律。实际上，无意识为我们带来了解释的难题。当我们面对大千世界时，我们就会自然产生思想、意识或心理，这是对这个世界的影子的反映，而不是对这个世界本身的反映。然而，我们一旦承认上述结论是正确的，就无异于否定了人的创造性，否定了人的存在本身就是一系列的创造的事实。无意识概念在语言逻辑上具有悖论性质。当我们开始分析这一概念的时候，实际上已经预设了无意识意指了一种存在，因为我们只能对存在进行分析。对于不存在的虚无，我们是无法通过语言表达出来的，但我们在揭示无意识的时候，又不得不运用语言，这就是一种悖论。

从人类创化之初，人类的大脑中就有一种天然的信仰，坚信世界上存在着超越在场存在的存在，比如对上帝的信仰。人的心理运动是人类智力发展的动力，它寻求的是对可能性的把握。未知的事物是通过赋予已知事物的某种征兆来显示其自身的，人们通过识别已知事物的征兆来探索未知事物的存在。

心理学的任务之一就在于揭开人类智力发展的秘密，而无意识的发现，确立了人的心理发展的起点，就是人的心理是从一无所知开始建构的，而且无论有多少发现，未知的总比已知的多。意识到无意识存在的存在，人类是万物之灵的观念就会不再那么理直气壮了，这是历史的进步。

语言分析是发现无意识思想的一条途径。弗洛伊德将无意识看作心理结构的基础和心理意念世界的实质。认为作为心理实质的东西必须具有这样两种规定：其一，它应该是心理过程的基础，并且是意识借以产生的根源；其二，它必须是人的心理过程的内在动力，是不断流动的心理过程的能量。而人的自觉意识并不具有这两个重要质点。无意识则恰好是心理过程的深层基底，也是心理的原发性过程及心理运动的动力和源泉。相比之下，无意识如果是“原发性过程”，而意识则是“继发性过程”。前者是后者的基础，后者是前者发展的产物。与弗洛伊德认为无意识是心理意念世界的基础的观点不同，拉康反对把无意识视为心理学基础，认为无意识只是精神分析的一个恰当工具。这意味着，把无意识当成一种普遍的求知欲望的满足工具，借此说明一切知识的来源。实际上将无意识提升为本体性的符号，因为他将无意识作为一种假设性的存在，在心理开始之初就预设了它的存在，这个存在是无意识的，在心理过程结束，这个存在被证实，就是一种新事物的诞生。在形式上无意识与意识的意念世界相对立，但实际上，意识是无意识演化而来的。意识是照亮心理世界的唯一的光线，只有它才能昭示被无意识笼罩的黑暗王国。而无意识意指的存在，如不能转译为意识的语言，就无法显现出来。

打破无意识黑暗领域的是人的求知欲望，是生命的冲动，但黑暗领域在本质意义上是由外来的光线照亮的。当外来光线与内在的求知欲望里应外合地将无意识的黑暗领域穿透，主体性由是产生。主体性是建立在错觉的基础之上的，因为它将外来光线视为己有，这种认同是通过天然的信仰机制实现的。

※※

法国哲学家、精神分析大师拉康有一句名言：无意识是他者的话语。他将无意识的呈现设定在言语中，在他看来，无意识就是语言的一个能指连环。这个连环在言语的某个地方不断重复和持续，为的是在话语的断裂中显示无意识主体正在思考中起作用。这些断裂是由实际的话语提供的，而思考是以它而成形的。语言中的隐喻和换喻形式表达了无意识的运用和呈现。隐喻和换喻通过语言的意义，在话语中出现时的共时和历时的两个向度上能指地互换和结合，衬托出无意识的作用。拉康通过强调隐喻和换喻在精神分析中的应用，确立了语言逻辑在无意识表述中的合法地位。一旦承认无意识是一种语言效果，传统的主体概念就要发生根本性的变革，因为传统的主体概念是自我意识确立的范畴，是无意识主体的衍生物。

拉康从语义学角度确认，言语的主体就是能指。当某人说“我……”时，主体就是“我……”这个声音指示的说话者本人。我们看到，主体只是作为语言的声音的被指示物，而指示者也是同一个人。也就是说，主体处在一种永远自指的位置。然而，作为声音发生者的主体与作为声音指示物的主体在语言中处于不平等的地位。作为声音发出者的主体处于主语位置，但构成这个主体的所有各项属性或品质不可能出现在语言中。然而声音的指向恰恰就是这些在语言中不出现的这个主体的各项属性或品质。拉康把在语言中不出现的主体的各项属性称为主体的能指。在这里，我们触摸到无意识主体的脉搏。如果这个能指不是正说话的主体，那么这个说话的主体又是谁呢？无意识主体由是而生。

虽然，我们能意识到无意识主体的存在，甚至通过语言分析，可以确定无意识主体的存在，但作为自我意识的主体，在他说话时的自我意识中却没有无意识主体的位置。在自我意识主体被无意识主体支配的向度，我们可以说“他不知道他说的是什么，甚至也不知道他正在讲”。

口误是语言逻辑断裂的证据，也是拉康证明无意识主体存在的证据。我们必须将一切都联系到话语的断裂的功能上去，最重大的断裂就是分隔能指与所指的横线。无意识主体在语言逻辑的断裂处露出它走过的踪迹。沿着这一思路，他确定，在精神分析时，“话语中只有迟疑或中断才是有价值的”。如果在分析时形成了连续的自我意识主体虚构的空洞话语的话，那么我们就不能探知被分析者的真实想法，就无法到达那个能使病人摆脱精神束缚的“开悟”的认识时刻。

语言逻辑的断裂是由语言意义即语言能指是否连续来进行判断的。在话语者的语言能指的连续滑动中，一旦出现意义的短缺，语言逻辑断裂的时刻就会到来。拉康确认：“意义的缺失是它的话语的决定者。”这个断裂的时刻就是无意识主体出没的地方。因此，拉康确信只要沿着弗洛伊德“我必须到它曾在的地方”提示的无意识主体出没的地方走下去，就一定能揭开无意识主体之谜。

※※

无意识主体从来不是通过语言直接表达自身的，而只是通过语言的断裂露出它的影子。语言断裂是转瞬即逝的，因为自我意识主体一旦发现断裂就会立即采取措施来弥补裂缝。在一阵脸红、一时语塞之后，一切又恢复平静，好像刚才的尴尬从来都没发生过一样。然而就是这一阵脸红、一时语塞暴露了主体的无意识意图。无意识主体只有此时，才露出冰山之一角。人的一生其意念集合如海水，而无意识主体就是海水之源——冰山。无论冰山在海平面之上还是在之下，无论我们的肉眼能否看到，海水始终是冰山融化的结果。

无意识主体无处不在，它不仅出没在语言中，而且也出现在梦中。梦的语言表达的是清醒时自我意识主体之外的无意识主体的愿望。梦中的主体意识只有在他意识到真实存在的事实并不存在时才能维持。是谁支撑了梦境？是清醒时的自我意识？绝对不是！醒时的我绝不会在醒时自我意识存在的时候将自己送入梦境。是梦中的自我意识？也绝对不是！因为梦中的自我意识绝不能意识到自己在做梦。答案只能是无意识主体。无意识主体不仅支撑了醒时的自我意识，而且也支撑了梦境。对于清醒时的自我意识，梦就是它的无意识表达；对于梦中的自我意识，清醒时的自我意识就是它的无意识表达。无意识主体是以自我意识的不在为条件才会降临的。对于无意识主体，只有它的自我意识不自知时才会存在，当他自知时，无意识主体的话语就会消失在语言中。如我们的梦只有意识到“我刚才做梦”时，才会从梦中醒来。无意识话语只有通过自我意识的主体的死亡来生产和维持。拉康认为，欲望是能指的终极指向，也是无意识流出的唯一通道和介质。这一介质为符号化提供了质料。“这个欲望是与他者欲望结合起来的，而且在主体欲望与他者欲望的连环中包含着知晓的欲望。”这个欲望是由语言述说出来的，而正是这一点，它是不可被述说的。它的表达方式也与黑格尔哲学不同。黑格尔哲学的主体是通过辩证逻辑表达的，而拉康阐释的无意识主体是以悖论形式表达的。虽然在符号层面上，辩证法逻辑也包含了悖论，悖论可以看成辩证逻辑的极端表现。但在拉康那里，悖论形式是以独立形态出现的，它不再是辩证逻辑的一个要素或一个链条。因此，无意识主体并不像自我意识主体那样是透明的，是我们一眼就能看到或理解到的事物或意义，它是通过对语言的精神分析后才能体悟到的东西。正如拉康告诉我们的东西是他的文字暗示给我们的东西，而不是以语言形式直接告诉我们的意义。

※※

对语言的领悟是通向无意识的唯一通道。拉康的精神分析学是建立在反对主体经验主义基础之上的，认为主体不是在认识之初就存在的，而是在实践之中不断开启并建构的。如果说传统的主体概念是过去式，那么精神分析的主体则是现在进行式。他揭示了“开悟”这样一种认识形式。认为这是一种普遍的认识形式，但在传统心理学中却严重地被忽视或神秘化了。

所谓开悟就是一种经过修炼形成的生成幻觉的能力，是人具有心理认识能力的征兆。由开悟得到的意象、观念在本质上是附着在心理形式上的一种思想，是一种动态的意识结构。经验主义经过抽象必然会形成某种知识形态，传统的心理学就是这样的学说。而拉康认为，经过抽象的知识形态是认识过程的沉淀物，任何意象、观念一经产生就不会再对开悟产生影响。开悟就其本性而言，是动词而非名词。传统心理学将心理过程和认识成果混为一谈或认为两者相互影响是错误的。一种新认识的产生是大脑自身运转的结果而不是大脑中固有的意象、观念运动的结果。这些意象、观念充其量不过是新认识的副产品，产生新认识的动力在于人的欲望。

精神分析的过程恰如一个笑话所言，某人吃了9个烧饼没吃饱，等到吃了第10个，他才感觉吃饱了，于是他就想：既然吃了第10烧饼才吃饱，那前9个烧饼不是白吃了吗？第10个只是个标志，一种象征，9个烧饼的过程是必不可少的，但当第10个还未出现时，我们无法确定这9个烧饼的价值。唯一的差别是，吃烧饼时我们知道，只要吃着，吃饱的时刻迟早会来到。而在精神分析过程中，虽然我们相信精神分析将导致开悟时刻的到来，但事实并不总是如我们相信的那样。这并不是因为精神分析不灵，而是因为每次分析都是一次试验。每次分析都是一次全新的过程，是空壳的自我通过语言形式确认自己、认同自我、寻找自我的过程，是语言形式与能指的磨合过程，是对无意识意图的有意识的建构过程。没有什么东西能保证这种过程会得到什么样的结果，唯一能信赖的是精神分析实践本身。如果你在精神分析实践中坚信了什么，你将违背精神分析的实践原则。

如何通过人的语言识别人的无意识意图呢？弗洛伊德在解释催眠现象时提到了开悟。通过领会语言的意义，使自己的领悟能力在瞬间明白问题的所在。精神分析中有成果的时刻就是开悟时刻的到来。与禅的参悟不同的是，精神分析中的开悟，不是个体冥思苦想的结果，而是通过语言形式表达出来的一种境界。这当然不是指对语言符号本身的理解，而是指对语言能指的意会。在精神分析实践中，询问者与被询问者处于互动的关系之中。这种关系表现为语言的不断变化，而透过语言形式表面的变化，实际发生的是能指的变化。双方在不断变化的语言外表之下，不断追寻开悟的时刻。当这一时刻来临时，就是询问者意识到了他所获得的回答，恰恰是被询问者自身的精神情结的解答。而被询问者也意识到这一点时，他的治疗就已经完成了。

在精神分析中，语言符号是通达人的深层心理的通道。既然是通道就不是单方面产生的，而是在作者与读者的心理交流中才有被分析的可能。

对无意识存在的信仰是心理建构的前提。人的心理的产生是一种创化，这种创化源于对无意识存在的信仰。这个信仰不仅是人类心理的定海神针，而且一直是心理调节的标准。人的心理的产生源于生命最基本的需要——食物。对人来说，生命就是一种新陈代谢的形式，生命不过是物质演化的一个片段和中介。人的心理就是为了更好地适应这个已经安排好的角色而产生的，具有必然性和强制性，而且不论强制的特征多么明显，最终还要由人的信仰机制进行调节。拒绝强制，是人的心理建构的反向动力，也是人的心理倾向的强劲趋势。信仰提供了强大的心理能量，给这种拒绝以支持。但是，信仰有时要用偏执、狭隘、封闭等品格来维护，这必然导致个人信仰表现出摆脱社会控制的倾向。个人信仰的社会功能具有两面性：当它符合社会意识形态价值观时，就是社会意识形态的一部分，这时，个人信仰塑造的个人就是符合社会利益的个人；而当个人信仰与社会价值观相违背时，就有可能成为危害社会的人，或成为新社会的催生者。

※※

中国流行一句“信则有不信则无”的格言，这句话在何种条件下可以实现逻辑自洽，在何种条件下又是自相矛盾的？它背后的心理机制是什么？下面我们就做一个分析。

在原始意义上，这句话言说的对象是鬼神。鬼神是一种观念形式，是由幻觉衍生出来的概念。这类概念导致人类语言的幻化或异化。

在由幻觉产生的概念支配的语境中，信则有不信则无是完全说得通的。但是，在进入现实生活领域，这句话就出现了悖论。

因为当我们说这句话时，已经在前提上相信了鬼神的存在。无神论与有神论之争，实际上讨论的不是鬼神的存不存在问题，而是在讨论鬼神是不是应该进入人的意识之中的问题。因为鬼神的观念已经进入人的意识之中了，才有了这样的争论。在他们的无意识中都以鬼神的存在为前提，也就是他们都以“信”为潜在前提。只不过，在意识层面，无神论者把“不信”当成了“信”。这种潜在的信仰，既已存在，它就一定会以某种特定的方式显示出来。而这种方式却是无法证明的。无神论者无论如何是无法证明被人相信有神的地方无神，而有神论者同样也不能证明被人相信无神的地方有神，于是就成了信则有不信则无这种似是而非的说法，但我们“真实”的信仰并不因此而消失。

这种“真实”的信仰是如何运转的呢？帕斯卡尔说过，我们是自动机。我们的信仰通过习俗下意识地传送给我们的心灵 。这里的玄机在于，不是因为鬼神的存在我们才信，而是我们“信”，鬼神才存在。这里的鬼神的存在不是指它的实体，而是指鬼神作为观念形式的能指意义域。我们可以说鬼神这个观念形式是因为我们信才被创造了出来。但它在被创造出来以后却获得了某种自主的特性：也就是说，我们的意识不是以创造者的身份来支配这个观念的，反而受这个自己创造出来的观念形式的支配。我们的所思所想已经不能离开这些观念形式，离开这些观念形式仿佛我们就不会思想似的。然而我们的思想并没全部交给这类观念形式，或者说还存在着没有被观念化的思想。这些思想是些什么东西，自然没人能告诉你，因为这些东西还处于未知的状态。当思想者告诉你这些东西是什么的时候，这些东西就已经被语言格式化了，我们能感知的就只能是思想的形式了。在人类的灵光一闪的那一刹那看到的那个东西，在表达时，漏洞百出，充满悖论。悖论形式是表达无意识思想唯一的可能方式。所以，如果发现语言的相互矛盾，那么，我们就要注意了，语言中可能掩盖了某些真理。

※※

我们接下来讨论鬼神的观念支配我们“信仰”机制的话题。对烧香拜佛者，我们会说，因为他们信佛，他们才会烧香拜佛。然而事实上，烧香拜佛与他们的信仰无关。作为一种仪式，已经预设了鬼神存在这一“事实”。这一“事实”与拜佛者是否相信鬼神的存在没有实际的关系。正是这种无关掩盖了拜佛者可能“不信”的事实。我们经常会遭遇到一些拜佛者，他们只是为了祈福或祈子或求神降雨等。信奉佛只是他们达到自己目的的手段，他们并不真正关心佛的存在与否，因为他们从不去怀疑，也不去求证，只管相信就好。然而，这种相信只是将不断重复的仪式施加到主体的心理世界的，不是真实的信仰，只是一种形式。真实的信仰，不仅有信仰的形式，对信仰的内容也会有一处真实的认知。形式的信仰是一种盲目的信仰，因为不知道为什么信仰，因而很容易被外在的因素所改变。倘若因为政治原因，要求他放弃这种信仰，他也会欣然接受。而真正的信仰者则不然，他的信仰是建立在求证的基础上，因为他的信仰不仅是对形式的信仰，而且也是对内容的信仰。因此，要改变这种人的信仰是很难的。

信则有不信则无，实际上指的是那种盲目的信仰者的心理。在他们的心里，“通过不断重复那无意义的姿势而麻痹自己，就好像自己已经相信了什么，到那时，信仰就会不请自至。”他们相信，只要去做，不断地做，就会在不断重复中产生意义感，就“好像”真的充实起来似的。对这类人来说，似乎只要故作沉思状，思想就会自动送上门来，这是唯意志论的一种表现形式。然而，无人能保证他所追求的就是他所想要的。仪式所显示的结果确实令人着迷，它可以给拜佛者带来信佛的美誉，这一美誉是他在社会上安身立命的最有力的支撑。假如他是个商人，他在谈判中就可以将他的佛教徒的身份亮出来，以增加可信度。反过来，他在社会上获得利益的效果更增加了他拜佛的积极性。虽然这一切与他是否真的信佛无关，但具有佛教徒的身份就足够了，他要的就是这种表面的效果。

我们不能小看仪式的表面效果，仪式中不断重复的行为会将仪式中暗示的佛的存在这一“事实”以观念的形式送入人的无意识中，使人在不知不觉中接受了仪式的逻辑内容。这时就会在他的心理上和他的意识中出现倒置的虚相和虚假的意识。在无意识中，他已经相信佛的存在；但在他的意识中他并不相信佛的真实性；在他的行为上，他做着与他真实的想法相反的事情，而又与无意识欲望保持着一致；明明支配他行为的是外在的来自社会的他者的指令，但他却说，因为他信才去做。于是，我们看到一个精致的“说谎者”诞生了。他在说谎，但是他并没有意识到在说谎。或者，他明明知道自己在说谎，但是为了利益或其他原因宁愿突破道德的底线。“两面人”终于炼成了。两面人在心理的矛盾通过辩证思维达成统一，其特征就是在语言上表达着衷心，但在他的内心却对他所说的话嗤之以鼻。两面人虽然不能被归入精神病的范畴，但其思维特征已经行走在精神病的边缘地带了。

※※

一个精神病患者看到一片树叶或一片蓝天有时会莫名其妙地笑。正常人何尝不是如此呢？区别在于，正常人在笑中会突然意识到自己的不正常，因此他会停住笑，左右看一看是否有人看到他的这种傻笑，而患者却不能。然而在人的心理机制上，两者并无本质的区别。不同的是正常人有一种“刹车装置”，遇到情况他会立即“刹车”，而患者需要外部“刹车指令”他才会“刹车”。如果精神病患者的心理不受理性控制，那么他的笑是由谁控制的呢？大脑的非理性功能？如果果真如此，那么非理性功能又是由谁控制的呢？宗教学家会告诉你，一切都是上帝的安排，而精神分析学家会告诉你，是无意识！

在语言中，要寻找主体的无意识欲望，必然要找出语言的悖论形式。在同一话语逻辑中，主体的无意识欲望被遮蔽了。因此，要确定语言中那个无意识主体的位置，我们必须有勇气质疑我们说过的每一句话，思考在我们的言语中“哪一句是我说的？”“我在替谁说话？”“我在哪里？”“他没有说出来的真实欲望是什么？”等“愚蠢”的问题，才有可能确定出没于自己和他人语言中的那个无意识主体的行踪。

※※※

按照精神分析的原理，语言符号本身是没有意义的，但它是作为人的生存的意念世界出现于人类生活中的，符号的意义是人赋予的。这样，无意义的符号就被赋予了承载人事的能力。语言学将语言的意义分为所指与能指。所指是指符号确定的意义领域，能指是符号所包含的不确定的意义。人们在利用符号表达自己的思想时，实际上是在利用符号表达多种意义的功能，表达自己独特的确定的思想。因此，作者表达思想一旦落实到文字，就已经具有被误解的可能。

对文学作品来说，这种误解无关紧要，有时还成为放大作品意义的一个通道。但对理论作品，这种误解就是致命的，是以讹传讹的罪魁。不仅有违作者的本意，还可能导致可怕的恶果，并把作者视为始作俑者。因为，一旦读者将自己曲解的意义视为作者的本意，就意味着已经将作者奉为神明，然后将自己定格为无脑的信仰者。这样，他就可以将自己在这个世界所做的恶行的责任归于神明，由此逃避惩罚或社会责任。显然，对作恶者来说，这是一种寻求心理安慰的便捷途径。更有甚者，还可能成为作恶者颠倒黑白的心理支持。之所以可能产生这种效果，是因为符号与符号所指意义的关系是纯粹的主观联系。如某人说“我有两个茶杯”，但他实际上可能只有一个，或一个都没有。如果我们知道了这个人并没有两个杯子时，通常我们会说这个人在说谎。不过，在实际生活中，我们能够识破他的谎言的概率很小，除非偶然的情况发生。即使他确实拿出两个杯子，我们也无法确证。因为我们会问，这两个杯子是否是属于他的？是不是他从别人那里借来的呢？这里的要点是，他的言语与他所说的内容无关。如果把他说这件事本身当成一个符号，我们会发现他所说的话本身的意义是不确定的。但作为听者的我们只将他所说的话理解成一种意义。这种意义是听话者用大脑的想象力建构出来的，是对说话者无意识意图的一种建构。无意识的信仰机制驱动着他这样做。在这种主观建构中，对说话者所要表达的所指意义的领悟是一种纯粹的偶然。这种偶然，只有听者对说者有很多的了解的情况下才可能发生。

符号的所指一旦确定，符号本身的意义就已经死亡。因为作为能指的在场视觉形象本身已经变化了，再用指代原来生活的符号指代已经发生变化的生活，这就超出了这个符号本身的权利。然而，在实际生活中，人们并没有放弃对这些已经失去权利的符号的信任。人类是否能放弃是个疑问。将这些已经死去的符号贴到一个“鲜活的少女”的脸上，结果我们看到的只是这个少女的假象。

语言形式通向能指的通道是一种译解，即将他者的语言形式翻译成自己的语言形式，然后对这种形式加以内化理解。这个过程当然不像语言形式与内容一样是分离的，而是同一个过程。这个过程之所以可能，是因为“这种译解以无意识中存在着一种逻辑为前提，在这种逻辑中可以听到一个质疑的声音，甚至一个推理过程”。精神分析的实践向我们表明：询问者发生作用或产生所需回答的声音总是在双方的语言发生共振处起作用。如果询问者在这一过程中抱有对这一声音了如指掌并处理自如的偏见时，那他绝不会与对方发生共振，绝不会得到开悟的那一时刻，他得到的只能是对方心灵的关闭。在开悟的时刻，询问者能意识到这一声音的效力，并清楚知道这个声音是通过询问，从被询问者身上刺激出来的声音。这时在询问者与被询问者之间所有的界限就都被打破了，我们可以称这一时刻是心灵相通的一刻。拉康在这里并非要故弄玄虚，他只是告诉我们探寻被询问者无意识主体呈现的途径。

◎幻觉的诞生

幻觉是意识的一种特殊形态，是时间感对在场视觉图像及各种刺激信息进行挤压而产生的一种心理效应。

同一碗水为什么会有两种不同的冷热感觉？感觉是心理建构的基础元素。从感觉产生的相对性角度考虑，我们可以合乎逻辑地推出心理建构的相对性。以冷热感觉为例：一杯温水，保持温度不变。另有一杯冷水，一杯热水。当先将手放在冷水中，再放到温水中，会感到温水热；当先将手放在热水中，再放到温水中，会感到温水凉。同一杯温水，出现了两种不同的感觉。在人际交往中，人的心理变化也是如此。比如，对一个人的看法，当你心情好的时候，你觉得这是一个好人，而在你心情不好的时候，你就会觉得这个人很烦。并不是因为这个人本身的好坏，而是由于你自己本身的心理变化导致了对人的观感的改变。

这种心理，在本质意义上可以称为心理幻觉。幻觉是一种感觉，但不是纯感觉，因为幻觉发生时，通常会伴有“意象”“意念”等意识活动。因此，也可以将幻觉称为幻想。幻想是大脑的一组心理动作。但“想”的心理与幻觉依然有区别。幻觉的心理动作并没有预定的方向，并且幻觉的消失也不是由主体的意志控制的。而“想”的心理则不同，大多数情况下，“想”是可以控制和调整的，而且是有方向的，并受主体意志的支配。最主要的一点是，幻觉在形式上不与外部的在场视觉形象世界发生关系。它的内容虽然也是有关外部世界的转化的主观形态，但幻觉在其产生时，绝对没有认识外部世界的“欲望”。幻觉是大脑的一种特殊形态，是主体对“某物”的欲望达到极其强烈的程度后，对大脑产生“挤压”的效果。在认识论层面，思辨、想象与幻觉一样，都不具有直接的认识事物的功能。

※※

幻觉是心理建构的起点。一切心理模式的起源都来源于幻觉。幻觉是自然产生的，它本身是一种存在，虽然它是以虚拟的形式存在的。对幻觉的主观辨识是心理建构的基础。幻觉对个体心理建构来说具有绝对的价值，但主体却将它当成虚幻的，只有当幻觉的价值得到公认，它在心理建构中的基础地位才能最终得到确认。

在意念世界，幻觉只是主体头脑中的一个图像，与主体用眼睛看到的外面世界的图像的不同点是它产生于大脑内部。对幻觉的第一个质疑是幻觉的图像源于何处？现在，脑科学告诉我们，幻觉是大脑自运动的结果。对幻觉起源的探索，是个体心理建构必不可少的过程。佛学对心理与意念的起源早有体悟。相由心生、心外无物等观念标志了人类对自身心理机制所达及的认知高度。通过对幻觉与外物形象同质性的确认，佛学得出一切外物形象皆是虚相的认知，将幻觉的无常属性赋予对视觉形象的知觉。视觉形象从来都不在同一个时间点上驻足，即使驻足，主体也不能在同一时间点上将这个视觉形象捉住，因为主体本身也是时间中的存在物。在同一个时间点上，主体如果不产生幻觉，就会变成静物。因此，在人类早期，将人的知觉功能看成一个独立存在，即灵魂。在西方哲学中也将理念看成一种独立存在，两者遵循了同一个逻辑。

※※

我们应当承认人类的认知能力和心理机制都是建立在对幻觉的克服基础之上的。记忆就是人类试图将视觉形象留住而发展出来的功能，标识着人类企图将视觉形象永久保存的欲望以及希望无所不知的企图。在今天，通过电子信息技术，这个企图几乎成为现实。信息存储和传递技术，使人的认识能力得到了前所未有的拓展。

视觉形象不会固定在同一个时间点上，它必定是超越时空的符号。如果我们将符号看成一种时间性的存在，那么，幻觉就一定会产生。或许可以将幻觉看成人的意识不堪忍受时间的限制而产生出来的一种机能，是时间对物质的“挤压”而产生的一种效果。就好像附着在毛巾中的水分，在阳光的照射下会化为“蒸汽”一样。从精神与肉身合一的角度，我们可以合理地推测出，精神在肉体中产生了强烈的被禁锢的感觉，但它又不能在时间的维度上逃脱，其结果就是幻觉的产生。由于幻觉释放了时间对精神的压力。幻觉不仅无害，反而是人类心理建构的前提。由于幻觉的产生，主体精神内部发生了分裂，使主体产生了自我反思的可能。意识到幻觉与外部图像的区别，为主体心理认同提供了一个机会。主体的心理认同，使得主体与客观反思机制得以确立，最终使人的意识能力得以产生并发展。

想象是在主体意志的支配下展开的一种心理运动。想象在原则上是自由的，但它所体现的心理方向是不确定的，具有向四面八方延展的可能性。然而，“想象”一旦开始，就会成为一种“具体的想象”，这时，想象就不是自由的，想象就会沿着“具体的想象”提供的方向展开。实际上，实际存在的“想象”都是具体的。因此，“想象是自由的”的命题只具有理论意义。

如果从身体后看身体，那么身体就在前面。站在身体之外看身体，主体就会看到：身体就在那里！只有跳出主体之外观察问题，才能更全面、更深刻地理解事物。当主体站在“自我”之外观察“自我”时，“自我”就在主体眼前。对一个固定的视觉形象的观察，其视角是无限的。如对太阳的观察，太阳的光线是指向宇宙空间的。反过来，宇宙空间的任何一点，都可以成为观察太阳的视点。也就是说，有多少束光线，就会有多少个视角。在理论上，每个视角的观察，所得到的太阳形象都是有细微差别的。当然，人的感觉器官感觉不到这种差别。但人的理性能力却可以通过模拟心理进行推理，推导出这些差别的存在。大脑的想象空间与宇宙空间类似，可以从任何一点观察某一个视觉对象，这种能力是人的幻觉产生的意识基础。

为什么会产生幻觉？幻觉是大脑机能。显然，它属于意识的范畴，但它的产生却是无意识的产物。也就是说，幻觉是无中生有的，在它产生前没有任何征兆，不可能用推理的方式或逻辑的方式说明幻觉的产生。

幻觉通过记忆机制得以现身，如果没有记忆机制，幻觉就不可能被意识到。或者可以说，幻觉就是记忆机制的一种特殊表达形式。记忆，可以是一组观念、概念或形象，而幻觉也是由同一些主观要素构成。但是，两者的来源却完全不同。记忆主要来源于经验感受，如经历或读书，而幻觉则无迹可寻。如果要辨别记忆与幻觉的区别，我们只能从对记忆的分析开始，一直推理到记忆产生的源头，逻辑中断的时刻，才有可能领悟逻辑之外的东西。记忆是建立在时间感的基础上的。历史和时间感相匹配，即成为记忆。记忆机制则是历史感的发源地。如果把历史看成在时间线上的一组观念，那么记忆机制就是将历史拴到时间线上的工具。探索历史过程，实际上是探索意念符号和观念的过程。如果将观念符号直接当成历史本身，就是一种误认。误认使幻觉的产生有了可能性。很不幸，人类对历史的一切记忆，都是观念、意象或符号。我们对过去经历的记忆，就是一些图像、感受和观念，这些主观要素构成了所谓的历史。

※※

将记忆的事情误认为历史存在本身，是记忆产生的根本原因。因为有了记忆，才会有知识。然而，知识的正确性则是由人的信仰机制支撑的。知识也是一种观念性的存在，是主观要素的一种形式。知识的可靠性也是由人的信仰机制来确证的。显然，这是一个非常不稳定的循环论证，但也正是因为不稳定，知识才不断发展和积累。在中国古代人的心中，天圆地方说是真理，是科学知识。但今天我们已经知道，地球是椭圆形的。一切历史知识只有当其转换成意念符号和观念时才有意义，才能被理解并影响人的心理和行为。

在市场经济中，充斥着大量的商品信息刺激，宣传资料、广告、影像、文字等通过消费活动，成为幻觉式心理的直接来源。幻觉式心理一旦形成，面对城市中滚滚车流，人们再也无法将一辆漂亮的小汽车的形象从大脑中挥去，无论你是有车一族还是无车一族，小汽车的形象说不定哪一天夜晚就会到你的梦中做客。消费等日常活动在人们心目中造成的心理意象是虚幻的，但人们会将它当成真实的东西。这里的心理机制在于意象转化为心理和意念，形成视觉形象。视觉形象是刺激物刺激的结果，但在形式上却表现为大脑的自我生产。其机要在于，当外物刺激形成一定规模和强度时，就会在大脑的精神结构中留下印迹，这些印迹就会在大脑自主运动的条件下，表现为一种主动的性质。实际上表现为大脑的一种新功能的增加。当自主心理活动占据主导地位时，幻觉的心理形式就形成了，这时通常会表现出对外物真实刺激物的漠视。

※※※

在幻想的意识中，主体将自己当成从不出场的上帝，在黑暗中操控一切形象和意念符号。在幻想中发生的所有故事永远是创造的产物，从不经过理性预先的构想和筹划。这些形象和意念符号与原有的形象和意念符号是否定的关系，并紧紧地坚持这种异质性，通过对理性的否定，保持理性的同一性特质。这是一种悖论，但却真实地发生在人的心理世界。这种悖论也可以理解为一种理性的自我强制。无意识主体的动机就是全盘否定理性自我。只有在理性不再发生作用的地方，新的形象和意念符号才可能出现，并清醒地意识到这些幻觉形象。如果是梦境，那么在醒来时，就表现出可以回忆起梦境的能力。幻想的内容，不过是以形象或意念符号为中介的不可还原的心理。幻想的内容随机变换，新出现的形象与意念符号层出不穷，这是幻想的主旋律。而理性追求的是同一性逻辑，总是试图在不同形象与意念符号之间建立起特殊的逻辑关系。

幻想出现的关键在于对意念符号和形象的感知能力。只有通过对原有的意念符号和形象的否定，才能达及。在幻想中，意念符号极力超越意念符号，形象极力超越形象。意念符号的产生是无中生有的，但它的产生则遵循了两个逻辑：一个是原始的无中生有的原则，另一个是逻辑的原则，即从原有意念符号产生新的意念符号。因此，在幻想的意念符号和形象世界，不同概念的辈分比较混乱。儿子孙子共处一室，而且还生出了更多的儿子孙子。将这些概念和意念符号的辈分关系梳理清楚是不可能的，但是人的欲望采取了明知不可为而为之的态度，于是产生出一系列幻觉形式。

幻觉是无意识主体的专利，它缘起于感性运动和物相背后的本质抽象，从有限的形象和意念符号生产出形而上的无限的形象和意念符号，这是人类心理的一个根本特征。在意识领域，幻觉与在场视觉形象的分离是一种强劲的心理趋势。意识中的幻觉是对包含了在场视觉形象的总体性刺激的一种回应。幻觉是自足心理的产物，幻觉一旦生成，就会成为意识内部幻觉生产的一个源泉，成为幻觉意识自我追逐的目标。在自我的心理意念世界中，人们无法区分意念化的刺激物与客观的形象刺激物之间的区别，任何区分都是意识的分割，都是虚假的分割。人们区分在场视觉形象世界与想象世界的能力，由于对自我内在观念的迷恋会产生一个逐渐丧失的过程。但现实生活的刺激会刺破幻觉，使主体意识回归现实。但是，这种对内在观念的迷恋程度一旦超过一定限度，就会转化为神经的特性，这时再强大的现实刺激也无法将他从幻想的状态拉回现实。这时的主体实际上就进入了精神病的状态。毒品的作用之所以巨大，就在于它可以直接刺激和改变神经特性，使主体陷入幻觉迷恋无法自拔。毒品上瘾为什么难以去除？心理上的原因就是人性中对观念的迷恋。

在心理意念世界，因为可以进行自我幻觉的追逐游戏，可以自我娱乐，因此会逐渐忘记幻觉与在场视觉形象的关系，将两者混同，所谓乐不思蜀。在这个主观的世界中，客观真相是不存在的，存在的只是客观真相的投影。显然，这种投影经过主观能力的改造发生了变形。貌似对立的各种观念或意念，在自我快乐的旗帜下统一起来。这是个自由的世界，真的可以当成假的，假的可以当成真的，有逻辑的可以变成没逻辑的，没逻辑的可以变成有逻辑的，有理的可以变成没理的，没理的可以强词夺理。一切以自我需要为标准，可以为所欲为，无法无天。

想象既可以是名词也可以是动词，幻象是单纯的名词。想象不同于幻象，是因为幻象的产生遵循了无中生有的原则，而想象会有规律可循，会有想象的逻辑。而幻象直接来自人的无意识，是主体欲望从干涸的水井中通过深挖打出来的水，中间没有过渡，因此无迹可寻。凡有过渡那就不能称为幻象，而应当称为想象。在产生机制上，幻象更像是直觉能力的结果。两者都是大脑无意识功能的产物，但却遵循了不同路径。直觉是自无意识主体的理性“判断”，而幻象则是对刺激要素进行反应的结果。原则上说，幻象是大脑对客观信息进行加工改造后的结果，与客观信息不是一一对应的关系。虽然在来源上与幻象一致，都来源于无意识的功能，但它往往与作为理性能力的想象力有继承关系，通常会由欲望推动。直觉得到的灵感，往往是大脑长期思考不得其解的问题的答案，通常建立在原来理性思考逻辑断裂的基础之上。

由直觉做出的判断，通常是武断的，但对事物的认识也更为本质。靠直觉写作的人，其作品显得很主观，对自己的观念往往有一种与生俱来的自信，不容别人半点怀疑。如果将非客观性定义为幻象的本质属性，那么这种自以为是的态度和盲目的自信也是幻象的一种。凡是称为幻象的观念，一定是缺乏或根本就没有客观依据支持的理念。想象虽然有时缺乏客观依据，但是它却会通过制造主观化的“客观依据”作为想象的基础。因此，任何想象或想法都有迹可循。直觉表面上没有依据，是灵感的突然降临，但在本质上，它是想象过程断裂处大脑功能的一种延续，或者可以说是想象力的突然跳跃，从无路可寻的悬崖对岸跳过来的。在这个意义上，直觉依然有据可寻。幻象则是表面上似乎有迹可循，如对梦境，精神分析学不断尝试进行梦境分析，企图找出梦境的理性的心理基础。但是对梦境的任何分析，其本身就是一种想象。精神分析师在做着一种不可能完成的工作，坚信能完成一件不可能完成的工作就是一种想象。比如，宗教对死后生活的探索和想象，它的所有想法和观念都是想象，想象到极处，就会产生幻觉及幻象。

※※

心理想象反映了意识与存在的关系。人们通常会认为意识是对存在的反映，但事实上，只是从眼睛发出的光与外物发出的光的碰撞，才会在心理上造成一种心理想象。心理想象的主观形式就是观念、想法和意念。

心理想象源于人类的本性，即主观性。人总是以自己的主观感觉为尺度来观察世界，把主观性施加到对“客观事物”的意象当中。表面上看，这是对“客观事物”合乎逻辑的建构，其实是对“客观事物”的“歪曲”。这种“歪曲”完全是主观性介入导致的。

人类生存活动的需要推动了以心理幻象的形式做出心理反应的趋势。现实需要不能得到及时满足，产生的一个象征性解决方案就是一种必然的选择。随着人类活动日益丰富化和复杂化，这种反映形式的局限性也越来越显现出来，但依然是日常生活中主要的反应形式。这是因为，现代人的生存形态与原始人的生存形态虽然发生了巨大的变化，但人类适应自然的方式和原则并没发生根本改变。人类许多原始的行为方式依然残留在现代人的行为方式之中。人体解剖是猴体解剖的钥匙，在人身上，我们依然可以看到猴子的“影子”，人类依然具有动物性。

每个人不仅天然地据有“动物的立场”，而且由于每个人的个性化特征，每个人都用自己的眼光看世界，因此每个人“看”到的“世界”也会染上个人化的色彩。每个人都相信自己的眼睛，相信自己大脑中形成的各种观念和想象。然而，个人的心理能量是有局限性的，心理需要一旦在心理世界中寻求满足，就会对求知欲的发展构成一种限制。

大多数人都会愿意在心理世界中生活，因此，愿意把表象当成事实本身，不愿意思考影子与肉身的区别，即语言、符号形式与它所指的内容之间的区别，这是一种象征性满足的形式。这种心理趋势是由人追求快乐的本性决定的。现实中遇到的困难让他不快乐，他就会在心理上来满足自己的需要，虽然是自欺欺人，但却是使自己立即快乐起来的捷径。这种自我麻醉式的心理之所以称为人性，原因在于它产生于生活本身。显然，这种快乐不能持久，现实问题最终不得不面对。虽然如此，我们却很难摆脱这种心理，其内在机制值得思考。主体逃脱了此一个心理幻象的支配，但却摆脱不了另一个心理幻象的支配。这或许是人的宿命，是人的日常生活的形式。当然，我们也应当看到，每个人的天赋能力是不同的，后天所受教育、经历的不同也会加剧个体之间的心理反应模式的分化。

人类社会生活主要是靠这种由语言符号造成的心理想象和观念系统支撑的。即使在科学昌明的今天，主观想象也并没有退出我们的生活。只是以更加“肉身化”的方式建构着我们的生活和心理，使我们更难辨别由实践产生的观念和客观知识与纯粹的主观心理想象之间的区别。

※※

记忆是一种历史意识吗？记忆在本质上就是一组图像及声音信息建构的幻觉形式。人生如梦，人的历史就是现代人的一场梦。如果不将这句话看成一种比喻，而是理解为一种理性的表达，那么历史就不是一种历史实在，而只是当下人们大脑中的记忆或记忆的变形。

现在和过去，在历史的记忆中变成界线清晰的辩证图像。过去融入现在的意识之中，现在的意识复活了过去的历史。这种历史意识不再把历史符号的能指当成意义明确统一的象征，而是把它看成一个不确定的漂浮的能指，或者说这种历史意识具有想象的乌托邦性质。历史遗迹本身的符号作用只在于识别这种想象性质。说到底，历史就是一种记忆。记忆是大脑中意识活动的一种形式，在欲望的推动下展开的一组心理活动。记忆机制是建立在遗忘机制基础之上的，没有遗忘就没有记忆。任何记忆都是对过去的历史进入大脑信息的过滤、加工的结果，是对外来信息进行主观性确认的过程。对外来信息进行加工的“工具”就是想象的机制。任何记忆都不可能复原客观的历史过程，因为回忆起来的图像、意念都加入了想象的因素。

从哲学意义说，记忆是对时间要素的一种挽留，或者可以说是时间意识在大脑中的残留物。它是人类意识在追求永恒的欲望的过程中结出的一朵残缺的花。通过象征性地满足，实现追求永恒的欲望。过去的信息，在主体的大脑中作为虚拟的存在而存在，归根结底是记忆的一种方式，而回忆通常是在在场视觉形象的刺激下引发的。回忆的内容是主体希望回忆起来的，是为满足主体的在场欲望服务的。因此，任何回忆都是对预期的回应，当然这种预期有时是无意识的。对过去的回忆通常以许诺现在到场而收场，通过这种方式填补在场感受的缺陷。在场感受的缺陷是主体欲望在满足过程中对来自在场视觉形象的信息加以过滤造成的，是寻找重新解释但又无法找到合理解释的结果。所以，过去的信息是作为满足在场欲望而存在的。能够回忆起来的，一定是能够被在场欲望同化的，一定是能够成为在场欲望“美食”的那部分。即使不是“美食”，欲望的满足机制也要将其改造成“山珍美味”。回忆过去，无非想证明现在的伟大。历史，在记忆中表现为一种

“残余”。因为现在的过去无非是现在自身，过去无非是向现在的存在展示的生命深度。一个老年人回忆起自己年轻时的青春岁月或光辉历史，实际上他是在有意无意地掩盖在场身体的衰败与行将就木。过去、现在和未来，同时包含进精密的在场的欲望结构当中。理解人的生命要有立体的眼光。眼光如何立体？如果假设一下，当我们站在太阳系外的某个点上，来看生活在地球上的人们的历史，就会发现一个人100年的生命只是地球围绕太阳绕了100圈而已。在这100年的时间中，主体作为一个有形的活动的“物体”，随着地球旋转了100圈。主体是从无中生出来的，100年后，又消失得无影无踪。

这样理解人的生命，就无所谓过去和未来，而只是太阳系结构当中的一个附着物而已。

记忆的形式是符号化的意念或幻觉，记忆的内容指向感官曾经感觉到的事物。记忆暗含了一种由无意识的信仰机制导致的误认，即将经历过的心理意象体验为一种真实。此时的记忆与曾经的记忆似乎是一种历史关系，因为我们将过去称为过去，将现在称为现在。如果我们将记忆的意念符号看成一种实在，那么这种心理是合乎逻辑的。但事实却是，作为影像和概念的记忆，在大脑的意识中是同时存在的。过去和现在的区别只是观念性的。我们经历的人和事是真实存在过的，但是这种存在必然要由我们的信念来确立。如果我们不再相信过去的经历是真的，那么我们就会得出不同的结论，就会拥有不同的人生观和世界观。

※※

观念、意象、幻觉等意识现象是没有历史的。今天我们看到一张照片，照片给我们留下一个印象，这个印象与昨天我们看到同一张照片所得的印象进行比较，如果感觉相同，那么今天和昨天的区别就是没有意义的；如果感觉不同，那么比较就是有意义的。每一次看照片所得的印象都是独特的，当发现今天的感觉与昨天的感觉不同时，发生变化的是感觉，而不是照片本身。照片是同一张照片，而主观感觉却属于同一个人。昨天之我与今天之我的心情发生了变化，因此会得出不同的印象，而心情和印象都是主观因素。心情随着时间的变化会发生变化，而行为则是重复性的，没有变化。如果要界定不同时间点上同一个行为的不同意义，只能求诸不同的心情。因为心情的不同使一个行为具有了不同的意义。要比较，就一定要有变化，没有变化，就无法比较。同一个行为却得出不同的意义，这只能是一种主观意念而非一种客观实在。作为客观存在的身体行为与作为主观意念的心情是高度匹配的，是一一对应的关系。但是现在，同一个行为却有了两个不同的心情，这是我们将重复的行为视为同一个行为的必然结果。从客观角度观察，重复的行为并不是同一个行为。但是为了确定心情的变化，就一定要定义重复的行为是一个行为，只有这样才会测量出心情的变化。如果我们坚持重复的行为是不同的行为，那么进行心情的比较，就会无法进行下去。心情就是一种意识的流动，就是意念和幻觉的变幻，将不同的心情进行比较，无异于将不同的幻觉进行比较。幻觉是无意识的产物，无规律可循。从一个幻觉永远也无法合乎逻辑地推导出另一个幻觉的出现。如果我们将此一幻觉看成另一幻觉的原因或结果，一定是纯主观的命名，这是臆造，就好像我们说此时的好心情是彼时好心情或坏心情的原因。好心情是原因还是结果完全取决于另一个心情的出现，而下一个心情是好是坏是无法预测的，下一个心情是好是坏取决于偶然呈现的客观刺激以及对这种客观刺激如何进行反应。我们不知道未来将会出现何种客观刺激，也自然不会知道用何种方式去应答这些刺激。即使我们抱定“不管你几路来我都只管一路去”的想法，我们也不能确定我们真的能做到只管一路去。因为人的行为遵循了刺激—反应的模式。当刺激出现，反应才会出现。当刺激还没出现，反应的行为也不可能出现。如果我们预先想好对未知刺激进行如何反应，那一定是在意淫。

※※

为什么在佛学中有一切皆空的说法，如果我们理解了 50 岁的我与 1 岁的我不是同一个人的道理，这个问题就会迎刃而解。

心理幻象是建立在连续性的错觉基础之上的。譬如关于“自我”的概念，一个 50 岁的人，会天然地以为他是从 1 岁、2 岁、3 岁……，一岁一岁长到 50 岁的。这是常识，没有人怀疑，我也不会怀疑。然而，在本质意义上，这只是一个心理幻象，而非一种客观存在。有人会本能地认为，这个观点就是睁眼说瞎话。但事实是，我们真的无法证明上述常识，因为我们无法让时间倒流。我们没有任何证据表明50岁的“我”与1岁的“我”是同一个“人”。1岁的“我”，无论肌肉、骨骼还是意识、心理等精神构成以及生存方式和条件，与50岁的“我”都完全不同。既然如此，我们有什么理由相信，那个记忆中的1岁的“我”与此时50岁的“我”是同一个“人”呢？真的没有任何理由！即使拿出母亲珍藏的1岁时的照片，或儿时穿过的衣服和鞋袜，也不能证明。因为任何证据都是由“人证”来确定的，而任何人证的证言都是那个证人的主观印象。与其相信证人的主观印象，还不如相信“我”自己的主观判断呢！我们每个人都天然地对自己的心理幻象有一种信任感并把它当成一种客观实在。只有在自我的主观印象遭到外界的质疑时，“我”对“我的主观印象”的信仰才会发生动摇。不到万不得已，我们才不会相信证人的证言呢！在这个问题上，我们是正确的，但这个正确，没有经过“证据”的证明，而是由我们的“信仰”来确证的。然而，由我们的信仰来保证的正确性，并不总是给我们带来“好处”和“方便”，更多的时候是引导我们犯“错误”和造成“烦恼”，尤其是造成了我们头脑中的许多“错误观念”。如“老子英雄儿好汉”“老子反动儿混蛋”“龙生龙，凤生凤，老鼠生儿会打洞”，这些观点在“文革”期间很流行，而且有无数的人被这些观点牵连。还有什么“3岁看大7岁看老”。假如从3岁时的一件小事，就能看出长大有没有出息的话，那么所有的小学、中学、大学都等于白设了。所有的这些“错误思想”都源自对人生经历的连续性逻辑的误认和信仰。

※※

接下来，我们要质询知识是一种心理幻觉吗？知识是否是一种心理幻觉取决于对知识的定义。如果把“知识”看成建立在连续性假设基础之上的统一整体，那么知识是一种幻觉的判断就会令人质疑。人们普遍相信知识在形式上是主观的，在内容上是客观的。然而事实上，任何客观内容都是由主观确定的。人类知识的积累并不是按时间顺序逐个发现的，而是从“一无所知”而突然地形成的。人类的某种特定的生存情境，刺激起大脑做出特定的反应，在这种特定的反应形式中，知识产生了，这是为了解决某些生存问题而产生的。在这一过程中，通常贯穿着对原有知识的一种质疑和对原有知识的重新解释。如果从主观方面考察知识，知识是一种幻觉就是可以接受的一个逻辑推论。

在知识史中，我们既不能把真理当作既得的东西，也不能忽略真理的相对性质。正是在真实与虚假的参照中，知识才具有了自身的特色和意义。在人性中普遍存在的求真的意志，促使人们要对当下遭遇的困境发表真实的看法。这本身就意味着要对原来的知识进行修正。对新知识的发现与符号化，是根据当下的实际情况而不是先前的任何教条完成的。在知识的不同发展时期，如果我们发现了某些连续的特征，那必然是经过修改的，是一种重新解释的结果。

求知欲的发展源于对新兴领域的认知需要。对新兴知识领域，一般都缺乏逻辑完美的理论体系，许多知识的发现与拓展依赖于外在的进程。对新兴知识领域的兴趣决定了该领域知识发展的速度。有些新兴知识领域的发展让人意想不到，因为所谓的新知识，只是对原有知识的重新解释而已。

※※

语言是心理的映像，文字是语言的符号。这里涉及语言的内容和形式两个方面。语言装载的是观念、心理等意识，装载的工具就是符号。符号是存在的象征物，任何心理活动都是通过符号化的意识来进行的。

文字是经典的符号形式。面对文本，在读者的大脑中浮现的是流动的形象和意念符号。形象和意念符号是在文字信息刺激下产生的大脑的运动的结果。作为语言的物质载体——声音和文字，是意义的符号。大脑从这些声音和文字中提取的是意义，这些意义并非源自符号本身而是大脑。如果这些形象和意念源于外在的符号，那么在逻辑上，读者在阅读相同的文字时，就会产生相同的形象和意念符号，但事实上不是。不同的读者，同一段文字所能刺激起的形象和意念符号是不同的。这种不同，根源在于读者大脑的意识功能的差别。大脑在刺激—反应的模式中产生的形象和意念在性质上等同于幻觉，或者可以称为幻觉的理性形式。阅读心理就是这种幻觉的理性形式的一种具体表现。

文字符号是作者和读者心理沟通的桥梁。作者将自己的意念和想法赋予文字符号，读者在阅读中能够提取或理解多少，一方面取决于读者自身的理解力，另一方面取决于作者与读者对文字符号意义赋予的约定。作者和读者使用同一种语言的前提就在于他们之间有一种契约。这种契约并非形成于当下的作者和读者之间，而是在文字产生之初就已经形成，并在历史的发展中不断修补。比如汉字的语言系统已经有几千年的历史，最初的约定经过不断的修补已经和现在人们使用的汉语系统发生了巨大的变化。使用现代汉语的人如果对古代汉语的规则以及古代汉语的原始意义一无所知，就无法读懂古书。文字符号本身也经过了金文、甲骨文、隶书、繁体字、简化汉字等变迁，虽然依然称为汉字，但是每种书体实际上已经成为独立的表意系统。当然，我们应当承认不同书体是有继承关系的。这种继承关系表现为意义的继承。今天的汉字所承载的意义比古代汉字所承载的意义要丰富很多，一字多义已经成为普遍的现象。但是，在另一方面，随着对同一汉字意义赋予的增多，原始的意义也在退化。许多原始意义在今天已经没有人使用了，只留下了原始意义的形式本身，即文字符号。古代的文字符号如果不赋予新意义，由于使用的人越来越少，就会逐渐消失。事实上，世界上许多种文字系统由于使用的人数越来越少，已经消失了。幸运的是，汉字系统由于使用的人数众多，并不断赋予汉字新的意义，使汉字系统成为一棵历经几千年的常青树。

文字系统的生命力最重要的一个支点就是现代作者对文字的意义的赋予。这意味着作者的创新能力是文化发展的根基。文字系统所包含的意义越丰富，对读者的吸引力就越大。反过来，使用的人越多，这种文字的生命力就越强，由这种文字系统支撑起来的文化也越强大，影响力也越深远。

※※

读书过程就是对文字的解码过程。对文本的深层意义的解读，要特别关注作者使用的语言修辞及隐喻模式，而不应根据某种先入之见。为了适应读者的理解、阅读习惯，大多数作者都愿意用通俗的手法写作。这意味着，他们会将感性的语言作为他们的工作语言，或者在抽象语言中加入感性化的语言修辞，用以解释抽象语言的意义，帮助读者理解。感性生活是人们共通的，阅读感性语言就好像感受自己的生活一样，容易产生身临其境的感觉。而抽象的语言所表达的意义，与人们的日常生活隔了一层，因此显得晦涩难懂，如哲学著作。但是抽象语言是人类理性能力表达的适当方式，发展人的理性能力，抽象语言的运用是必然要走过的路径。人类的感性生活一直占据统治地位，而理性生活处于从属地位，只为少数人所据有。动物的生活就是纯粹的感性生活。人与动物的区别就在于人类发展出的理性能力，可以对自己的感性生活反思，从而使人的智力和行为模式不断进化。

反思是理性生活的一种主要形式。在反思中，需要对描述感性生活的符号进行提炼，于是更抽象的语言产生了。因此在阅读时，要区分抽象语言和感性语言以及两者之间的关系。由此，才可能进入作者构筑的意义世界，并对作者的深层意图有所了解。为达此目标，就要通过文字的表面意义推测文字作为符号的能指意义。语言学将文字符号的价值分为两类：所指和能指。所指，指文字的表面的直接的意义，感觉语言表达的意义一般读者都能理解，抽象语言表达的意义只能通过专业的训练才可能理解，如科学语言。能指，指文字背后的可能性意义。比喻性的感性语言或抽象语言，能指的意义域会空前膨胀。理论作品主要是使用抽象性语言写成的，而小说诗歌等文学作品主要由感性语言写成。比喻性语言本身是感性语言，但它的意义指向能指意义。在理论作品中，比喻的目的不是比喻本身的意义，而是被比喻的意义。在诗歌中，比喻本身的意义是最重要的，因为比喻同时指涉了所指与能指，大脑的联想能力将所指与能指的意义联系起来，从而达到对文字的透彻理解。比如，“她长得像花一样美丽”。重点不是“花的美丽”，而是“她的美丽”。“花的美丽”是每个人都理解的，而“她的美丽”是读者没经历过的，因此对读者来说，“她的美丽”是抽象的。通过比喻，读者在脑海中立即就明白了“她的美丽”的意义，因为“花的美丽”是他早已明白在心的。

如果读者和作者在信仰和三观方面相同或相似，那么就说明读者在认知结构和心智性质上大体相同。这时，阅读起来就很舒服，很容易达到心有灵犀一点通的境界。但也会有不利的情况发生，那就是阅读很轻松愉快，对读者的刺激就不够大，很难产生与作品主旨相异的思想或观点。长期在舒服的阅读环境中成长起来的大脑，其创新机能就会减弱。如果从培养大脑的创新机能的角度出发，选择有一定阅读难度的书籍，才是正确的途径。当然，难度不宜过大，经过很长时间的思考都不能很好地理解的书，会打击读者阅读的积极性。保持阅读的兴趣和积极性比选择合适的图书更重要，所谓开卷有益。

◎暗示的意义

暗示是无意识连接意识的通道。语言是人施加或接受暗示的主要工具。

中国有句成语叫望梅止渴。这个故事说的是三国时，曹操领着一队士兵行军。士兵们口渴难耐，行军速度很慢。曹操灵机一动，用马鞭指着前方远处的山上，对士兵们大声说：“弟兄们，你们抬头观看，前面是一片杨梅树林，我们抓紧走几步，到树林里吃杨梅，在那里休息一下。”士兵们抬头观看，果然前面影影绰绰的一片树林，他们相信了曹操的暗示，脑子里立即浮现出杨梅的形象，一时间嗓子里直冒酸水。于是，士兵们打起精神，加快了行军步伐，向那个好像是杨梅林的地方走去，这就是心理暗示的效果。经过心理暗示的士兵，其听觉与味觉发生共鸣。听到杨梅，唤醒了吃酸梅的感觉。不同器官的知觉反应发生联动现象，这是通过复杂的心理传导机制完成的。这种心理暗示还是幻觉产生的机制。感觉在性质上与幻觉类同，只是作用程度和方式不同而已。感觉是由在场的外部信息刺激引起的，而幻觉是大脑对储存的外部信息刺激的延迟反应，表现为大脑的自运动。

暗示是一种无声的语言。如果把存在理解为一种语言，那么在这里就应当将语言做一种广义的理解。存在之所以被感知，就是因为存在通过“语言”在表达，如果没有这种表达，人的意识就不可能意识到存在的存在。

存在的语言就是暗示。人的意识是通过对暗示的领会得以成型和发展的。在这一过程中，伴随着一系列的心理活动，人的意识与心理是同步成长的。既然是暗示，这种对存在的理解就不是意识直接意识到的。它表明，我们头脑中的一些观念虽然已经存在，但却没有意识到这些观念为什么而存在。我们在运用某些观念在思考或操作某种心理，却不知道我们正在这样做。当我们意识到我们头脑中的某种观念时，我们会很惊奇，这些观念是什么时候成为我们大脑中观念的一部分的？这就是被暗示的结果。暗示最经典的案例是催眠现象。进入催眠状态的人通常是通过人为诱导完成的。发出指令的人告诉他放松，他就按这个指令真的做到了身体放松。通过单调刺激，让被催眠者集中注意力，沿着催眠师指示的方向想象，这种暗示使被催眠者进入一种催眠状态。这时，被催眠者就会呈现一种特殊的心理状态。其特点是被催眠者自主判断，自主意愿行动能力减弱或丧失，感觉、知觉发生歪曲或丧失。在催眠过程中，被催眠者遵从催眠师的暗示做出反应。催眠的深度因个体的催眠感受性、催眠师的威信与技巧等的差异而不同。催眠时暗示所产生的效应可延续到催眠后的觉醒状态的活动中。被催眠者既可以通过他人诱导也可以通过自我暗示进入催眠状态。

※※※

运用语言暗示是常用的暗示方法。也可以通过行为暗示即所谓的操作催眠方法使被催眠者进入催眠状态。这时催眠师运用行为、动作、音乐或电流等作为暗示性刺激，使被催眠者进入催眠状态。医学和心理学已经确认，暗示是人的心理建构和心理运作机制的一个明确的心理事实。这一概念说明了人的感受性和人的心理建构之间存在着一种传导机制。也就是说，环境与主体心理之间存在着一种对应关系。刺激与反应过程既包含了环境的刺激同时也是主体的心理建构过程。这说明了人的心理机制是在人与环境的互动过程中发展起来的。没有人不受环境的影响，也没有不受环境影响的心理反应。如果如此，我们把心理反应的主体性置于何地呢？当我们把人当成客体，心理反应就成为自然反应，它的主体性就会被淹没在“自然反应”之中。当我们把人当成主体，客观刺激实际上就是主体建构的结果，它由此丧失了它的客观性。这就意味着，单一的叙事逻辑，必然会包含不可逾越的逻辑障碍，就会导致语言中的悖论。

暗示的过程是把环境刺激当成一种主体，而把人的心理反应当成一种客体的自然反应。因此，我们看到，催眠师在实施心理刺激时，他要努力将被催眠者的心理反应中的非自然反应去除。只有做到这一点，他的催眠术才可能成功。非自然反应是被催眠者主体性的一种表现。当他接受催眠时，他在完全放弃主体性，对催眠师有完全的信任。这意味着此时他的心理处于一种接收的状态，心理运行完全按照催眠师的指令行事。指令就是刺激，执行指令是他的自然反应，一种物性反应。这时，人的道德感和价值感完全不起作用。人的物性是人性的一部分，每个人都不同程度地拥有。现代医学和心理学，利用暗示的这一心理机制治疗某种特殊的心理疾病，如一些不良的习惯和某些心理障碍等。

每个人的心理特质都是不同的，这意味着每个人的心理感受性也不同，由暗示刺激产生的效果也会不同。老人、妇女和小孩儿主体性表现较弱，因此接受暗示的可能性就会很大，产生的效果可能就会很好。有主见的男性和青年人接受暗示的可能性较小。但是无论主体性多强，也无法将人的被动性或者称为物性心理完全去除。尤其是在强大的环境刺激下，这种来自外来的指令就是难以抗拒的天条。比如说，在一辆长途公共汽车上，在单调的长时间的车体摇晃的刺激下，车上的人个个面露疲倦，这时如果有一个人张大嘴打了个大哈欠，满车的人也会忍不住打起哈欠的可能性就会大增。

对暗示的实际应用还有更神的。“二战”期间，一个美国军医用吗啡为士兵止痛，当吗啡用尽，就给病人服用清水，但告诉病人他们服用的是吗啡。结果奇迹出现了，病人居然没有再喊疼，清水起到了吗啡同样的止痛效果。我还看到过一些资料，说有些心理学家在做暗示实验时，在受试者被催眠之后，将一枚硬币放在被催眠者的手掌上，然后告诉受试者那是一枚用火烤热的硬币。当受试者清醒过来之后，发现他的手掌上放硬币那个地方的确有了一个圆形的烫伤痕迹。

如果了解了暗示对人的心理建构的意义，那么我们就可以按照这个原则找到一些保持心理健康的方法。这对健康人格的成长意义非凡。生活的自然环境对人的心理有暗示作用，那么我们就可以对生活的自然环境有一个选择。青山绿水和穷山恶水对人具有深度的暗示与刺激作用，对人的心理影响是潜移默化的。人对暗示的作用具有深刻的领悟，风水术在中国古代的广泛应用就说明了这一点。

※※

按风水术原则，一个人的居住环境对一个人的运气具有决定的作用。居家摆设和居住环境，对主人的官运、财运、子孙是否兴旺等都会产生影响，对当官的意义就更加重大。什么人当了皇上，不是皇上自身努力的结果，一定是他家的祖坟被风水先生安排到龙脉的结果。普通人家如果出了个大官，那也一定被看成祖上冒青烟的结果，是上天的安排。人文环境对人的命运的影响同样重要。有一则流传很广的故事，叫孟母三迁。说的是孟子的母亲，为了给孩子选择一个良好的成长环境搬了三次家。邻居家的职业不好，如是杀猪的，这得搬，这个可能会影响到孩子长大职业的选择。邻居家的主人脾气不好，这得搬，这可能会影响到孩子的个性的成长。总之，要在环境环节，杜绝孩子向不良方向发展的可能性。虽然环境对人的影响的确存在，但如果走极端也是不可取的。因为环境对人的影响不是绝对的，人的主体性对环境也有一个塑造的作用。一条鱼可以腥一锅粥，反过来，一条鱼也可以使一盘淡而无味的菜鲜起来。一个意志力和主体性很强的人，可以改变他生活于其中的环境也是完全可能的。因此，过分强调环境的作用就会导致许多错误的结论。比如，老子英雄儿好汉，龙生龙，凤生凤，老鼠儿子会打洞等观念，就是环境决定论的逻辑衍生的错误观念。应当承认，老子是个大侠，儿子长大行侠仗义的可能性会很大，但可能性再高也不是绝对的。凡事一旦绝对化就会走向事物的反面。子承父业，也是个常见的现实，但在日新月异的现代社会，这种现象会越来越淡化。富二代志趣可能与他们的父辈产生差异。官二代要子承父业可能性会更小。如果老子是个省长，然后儿子长大也当省长，这种在家天下的社会才会有的现象，在民智已开的现代社会几乎就是不可能的。如果人们在现实社会中看到了这种现象，那一定是这个社会正在向后走，正在退化。

人文自然环境作为信息刺激人的大脑，从而对人的心理和性格产生影响，这是必然的。由此，对这个人的命运产生影响也是合乎逻辑的。但是把这种影响绝对化，就是对这个原则的曲解。影响是对人的心理结构的影响，而不是对人的行为的直接影响。相同的心理结构，在行为表达上却是五花八门的。潜身于三百六十行的人们，可能具有相同或相似的心理结构。反之，在同一个行业工作的人，可能具有非常不同的心理结构和性格特点。

※※

我们的感官是用来与外界接触的，在这一过程中，必然会接受外部环境的信息刺激。这个外部环境包括自然环境和人文环境。外部环境的信息刺激，在主体的感觉认知系统产生映射反应。然后，将这些信息传输到大脑，在大脑经过处理后，就会做出一组心理反应。由此可知，人的大脑对这个外来信息刺激的反应过程就是那个人的心理建构过程。在我们的头脑当中，在进行心理反应之前，实际上将这些外来的信息刺激已经进行了一个主观化的处理。因为，只有将这些外来信息进行主观化处理，才能证明这些信息已经被识别。信息的识别过程，就是大脑的主体性发挥作用的过程。或许，我们可以将它称为创造性的反应过程。

我们接触到的任何人任何事物，在我们的大脑中都是以符号形式存在的。比如，我们看到一栋高楼。高楼在我们身体之外，在我们的视野之中。高楼一旦进入我们的视野，这个大楼就成为我们头脑当中的关于大楼的概念符号。我们对这个大楼所做出的任何判断、任何描述都是以主观化的符号形式存在的。我们会天然地相信我们眼前的大楼就在眼睛的前方。我们相信我们用脚去走，过一段时间就能到达那栋大楼。这似乎是一个客观的过程，因为需要我们的脚一步一步前行才能到达那里。但是我们不能否认，我们每走一步我们看到的大楼都是不同的样子，所谓一步一景。奇妙的是，在我们的大脑中，却相信在每一步看到的大楼是同一座大楼。而且重要的是，我们把我们看到的主观化的大楼当成客观存在。事实上，主观感受到的客观的东西，永远不会原封不动地进入我们的大脑，客观的东西进入大脑时永远都是一个符号。

※※

通常的情况下，人是通过语言来表达意义的。声音和文字是符号的转化形式。既然是表达，就一定有表达主体。但是有一类意义的表达却没有明确的表达主体，这就是标语口号。绝大多数标语口号是匿名生产的，它的作者是不确定的。这类文字很像拉康精神分析学语境中的能指排泄物——“声音”。它在现实中的对应物就是——催眠的声音。以前我们常呼口号，现在口号少多了，但标语口号的语言形式依然流行。在高呼口号时，我们似乎很清醒，其实是处于一种类催眠状态。口号就是让我们进入催眠状态的指令。口号指令来自外在的权威，但外在的权威是通过被催眠者的内在权威而起作用的。指令发出者并不在场，但是接收者则全都匍匐在地，瞬间进入催眠状态，因为那声音来自“神”。事实上，发出指令者与被催眠者之间的关系非常类似于教主与教徒之间的关系。盲目信仰是指令发生效力的前提。标语不是广告，广告中包含了一些确定的商品信息，它并没有剥夺你不信不买的权利。而标语口号则不同，它本身是抽象的，但却是普遍的绝对真理的化身，不容半点怀疑，否则指令的神圣性就会立即化为乌有。商品广告包含了对任何人可能有用的信息，但口号则不同。它的能指是虚空，发出这个指令的也是一个虚幻的主体——“神”。然而，不要以为虚幻的主体不在我们的经验中就对我们的经验不发生作用。事实上，越是来自虚无的声音，其权威性越高。因为这个声音会把每个人带入一个陌生的环境。在这个陌生的环境中，每个人都不会相信身边的任何人，因为他们知道每个人都不知道如何求生，只有来自天国的声音才会对他们发生作用，才会将他们带入此生的“彼岸”。

标语有点像某个读书人案头的座右铭，如“志存高远”。他用这个成语激励自己树立远大志向。他虽然不见得每天真地去想，但他将座右铭放在案头的行为本身就已经代表了他已经树立了这个志向。至于他是否真的志存高远，只有天知道。也许，他在这个座右铭的注视下与他的情人调情也未可知。标语与座右铭在作用形式上是一样的，它们都是一种自言自语，其实这是一种自我暗示的行为，目的是让自己专注某一种指令。然而与座右铭不同的是指令发出的主体不同，发出座右铭的主体是具体的个人，虽然这个人是出于某种虚假的目的将座右铭挂在床头，但这并不影响他作为一个主体的存在。而标语口号的发出者是一个抽象的主体。在任何地方我们也找不到它的踪迹，但它如上帝一样，无处不在。

指令发出者不是一个具体的人，是“神”。因为是神，所以可以钻入被催眠者的心里，并将那身体据为己有。当这个神钻进主体的身体里，借着这个主体发出声音，这时，这个声音就不应当被看成这个具体主体的声音，而应当看成来自神的声音。这个被占据的具体的主体，就成为神的化身。他的话就具有一句顶一万句的效用。神的声音其实不应该理解成符号本身，而是符号能指。它直接和我们每个人的灵魂打交道。在永远正确的神面前，人的主体性融化了，因为神是全知全能的，我们的一切需要都可以在神那里得到满足。只要我们听从声音的指令，那是神的安排，我们就会进入永恒的天国，享受天国的幸福。这样的前景没有理由不放弃思考，没有理由不放弃个性，没有理由不放弃理性。进入睡眠，美梦正在睡眠中等着我们。于是，我们就真的进入睡眠状态，而且再也不愿醒来。直到有一天，一场暴风雨将我们从梦中惊醒……

艾什比在《控制论导论》中讲了一个故事。这个故事假设了一个探狱的女人要给狱中的丈夫传送一个信息，但狱中规定不许带任何信件给犯人。因犯与他的妻子在被捕前约定，在入狱后通过在送来的咖啡中加糖或放匙来表示特定的信息。那么狱吏要防止信息的传递只有一个办法，就是把可能发生的事件的数目减少到一。如一律不许加糖，一律不许加匙只许送咖啡。这样信息传送就被堵塞了。通过这个事例，他得出结论：存在一个可能性事件的集合，对于信息的传送是至为重要的。

在这个案例中，信息作为一种特定的意义必须附着于咖啡或杯子中，犯人从咖啡或杯子中才能理解到特定的意义。显然，除了犯人本人，其他人都不可能理解到信息的特定意义。这表明信息存在的具体性，如果离开了具体的条件，这个信息就不复存在。那么现在要问的问题是，信息是普遍的吗？从物品与特定信息的比喻关系来看，是可能的。但是一旦离开具体的条件，任何人在咖啡中看到的信息就只是单方面的。结果对信息的意义认定就必然是主观的臆想。他所看到的就不是来自他者的信息而只是自己的想法，即使他自认为这个信息来自他者，但这并不影响他的这个误认只具有臆想的性质。上述事例中，如果犯人事先没与其妻子约定，但他依然坚持认为，在咖啡中看到了来自他妻子的消息，无论这个臆想是否包含了他妻子的真实的想法，都不会影响他的想法的臆想性质。如果恰巧被他猜中，这也是一种偶然的巧合，不带有任何确定的性质。假如，那个没经过约定的犯人从咖啡中自以为看到了他妻子对他的关爱，看到了他妻子对他的不变的爱心，都不过是他的一厢情愿的想法罢了。如果他妻子确如他所想的一样，这种一致不过是他的主观判断与客观实际的一次盲目遭遇，而不是一种必然性。在这种方式中，主观与客观的会面是虚构的。如果这时要用妻子的实际想法来验证犯人的主观判断的正确与否并无意义 。因此，在探寻信息的普遍性意义的时候，一定要加入“仿佛”或“可能”的字样，以显示信息的不确定性的特征。

对于读者来说，如果他们没有和信息发送者事先达成约定，也就是与信息的制造者和发送者在人生观、价值观、世界观等方面存在差异，他们所接受的信息的意义就是不确定的，就无法达到共鸣。在这种情境中，信息的真与假对读者来说就无所谓。读者的信与不信取决于读者与信息制造者和发送者是否三观相同，能否发生共鸣，不在于信息的真或假。假信息，如果符合自己的三观，你也会信，如果是真信息，与自己的三观不符，你也会一笑了之。对于三观不稳的人来说，随大流是他的必然选择。如果周围人都信，他不信也难。如果周围的人都不信，他的信也很难坚持。在信息爆炸的时代，绝大多数个体只是作为信息的接受者而存在，对社会趋势发生影响的是那些信息的制造者和传播者。释放信息的人，他们的动机何在？如果是机构，他们的动机可能是为了社会的福祉，也可能是为了他们的私利而掩盖某种真相或转移人们的视线。如果是个人，他的动机可能是为了理想，或为了赚钱，或娱乐大众等……

※※

在许多情况下，信息就是“意义”的代名词，但也存在不同。“意义”是“意义”的最高抽象，而信息则是对部分“意义”的抽象，有特定的意义。信息的传导是建立在对一系列可能性的过滤基础之上的。这意味着被传导的信息消除了自身的不确定性。如果只有一种可能性，也就无所谓消除信息的不确定性了，因为只携带一种可能性的信息，没有传导的必要，因此信息的产生也会失去根据。信息的传导是在不同的可能性之间进行的，为了实现信息传导，就必须首先消除信息自身所包含的多种可能性，只有意义明确的信息才能有效地传导。

信息也是一种能量。当外部信息进入主体的大脑，不仅会对主体的心理产生压力，而且会刺激主体产生相应的心理反应。如果信息不是一种能量，我们就无法理解大脑在接受信息的时候会产生心理反应这一现象。我们仔细思考一下信息进入主体大脑的路径，就能清楚这一点。任何外部客体的信息进入人的大脑，都是通过人的感觉系统，而和感觉系统直接接触的是光线、声音、空气或物体的触感。这种光线和声音是特定的，通过我们的感知神经系统反馈到我们的大脑。大脑在经历这些特定物质信息的刺激后，产生相应的神经和心理反应，这也是对信息的读取过程。然后，将读取的信息输入到大脑的相应部位。如果输入的信息足够强大，大脑的接收系统就会调动起大脑的反思和批判能力，对信息进行分析处理。如果大脑对这些外来信息无法理解，这时大脑的过滤机制就会发生作用。这些被过滤的信息就会被存到大脑的无意识区域。当大脑的理性思考能力有了提高之后，这些被过滤掉的信息，在新的信息刺激下，还有可能被恢复，重新回到理性思考范围。这就好像电脑硬盘数据在删除之后还可以恢复一样。大脑的理性思考会沿着信息刺激相反的方向进行。这意味着大脑对外部信息是无条件接受的，只不过接受方式是以反应方式的多样化表达的。一枚石子落入静水之中，会激起涟漪，经过许久才会恢复平静。涟漪就是心理反应的形式，而且石子的刺激是强制性的，也就是说涟漪的产生是必然的。心理反应的强制性与此类同。

理性的思考与反思能力能使这种心理反应强度变弱变小，但绝不会不产生反应。心理反应的强弱取决于信息刺激的强弱和心理结构本身是否强大。一块石头投入平静的湖面，会激起令人震撼的浪花，但是同样大小的石块投入大海，激起的浪花就会显得微不足道。人是社会的人，个人的心理就如大海中的一滴水，对外部信息的刺激所产生的心理反应，在绝大部分情况下是盲目的，是对身边人的心理反应的一种模仿。

下面是对一个心理实验的分析，用来说明先入为主的心理形成机制。一位心理学家找来学生小张和小李做心理学实验，他给他俩一张卷子，结果俩人都做对了60道题中的30道，但是小张做对的30道题是前30道，而小李做对的30道题是后30道。然后，他将这一测试结果交给一组学生，让他们对小张小李进行评价，看看他们认为谁更聪明一些。结果发现，多数被试者都认为学生小张更聪明。这一实验证明，大多数人对“第一印象”偏爱有加，人们的心理受到第一印象影响最大。显然，受试者的判断是错误的，而导致这一错误的原因只是接受同样信息的刺激的前后顺序不同而已。为什么第一印象会导致受试者正常的理性判断发生错误？第一印象是如何影响他们的心理并进而影响他们的判断的？

第一，受试者做出错误的判断的根本原因在于推动他们的心理运动的欲望遵循了“先到先得”的原则。第一印象一旦形成就会对第二印象的产生发生影响，第二印象的客观性因此而大打折扣。在接受第二次心理刺激时，心理反应因为受到第一印象的主观影响，所做出的反应自然与接受第一次心理刺激所做的反应不同，错误的判断由是而生。在这个案例中，第一印象使理性判断发生了偏差。作为主观要素的第一印象，显然是“想”帮忙的，但是它的主观干预是越帮越忙，最后帮了倒忙。

第二，这个判断是安全的，因为做出这个判断的人是多数派。无论在什么样的社会里，多数派永远占上风。身在多数派中，我们不会遭到难以忍受的指责。即使“错误”也不用担心因犯“错误”而需要负责，所谓“天塌大家死”。“死”都有那么多人做伴，就是做了“小鬼儿”也不会孤独。

第三，做这个判断是令人愉快的，因为不用费脑子，只要相信眼睛的判断就行了。“眼睛”崇尚美学享受，眼睛的逻辑是“因为美所以真”，这种逻辑不用挖空心思去思考，是一件轻松愉快的判断。

第四，判断的对错并不会影响到生活和行为，因此在做出这判断时有轻率的嫌疑。这一点很重要，因为判断者很清楚无论做出什么样的判断，都与他的生活没有关系。因此，无论做出什么样的判断都无伤大雅，反正这只是测试，错了也没关系。如果错了就杀头，结果绝对不是这个样子的。

为什么会以貌取人？心理学家认为，人的体貌、衣着、姿势、面部表情等外部特征是一个人的心理世界的反映。一个暴发户不管他怎么刻意打扮自己，也不会表现出世家子弟的优雅，在举手投足之间总会在不经意间露出马脚。所谓路遥知马力，日久见人心。以貌取人往往被外表欺骗，《三国演义》中的孙权就因以貌取人错失人才庞统。庞统相貌丑陋，行为不拘小节，孙权一见就觉不快。最后，错失了这位可以帮他安定天下的奇才。

为什么会以貌取人？终极的解释就是人的本性使然。人的心理反应源于外界的信息刺激。人的眼睛是外部信息进入人的大脑的主要通道。而人的视觉也是有价值取向的，它崇尚视觉对象的美学形态。这意味着美的信息刺激起人的“美”的心理。一个人的外表作为信息作用于另一个人的大脑，刺激大脑进行美学判断。当这个被刺激起的美学形象与自己先验的美学标准具有强烈的契合度时，就会引起神经的强烈兴奋，从而在大脑中形成美好的印象。从此，“美好的印象”就会在之后的“美学”实践中得到反复再现并强化，这是在现实中受到相似信息的刺激引起共鸣的产物。

人的心理建构不仅遵循了先入为主的原则，还遵循了重形式轻内容的原则，以貌取人现象就是这一原则最好的注脚。虽然都知道以貌取人可能会看错人，但每个人都会有以貌取人的心理，只是程度不同而已。因此，注意自己的形象，才能建立良好人际关系，才能在事业上有所作为。不拘小节，以重实质为借口忽视形式和表面功夫，其实是对自己的不负责任。

◎模仿与投射

模仿是心理建构的基本形式。模仿的对象是人的心理世界之外的外部世界。这一特征也为心理投射与移情奠定了基础。万事万物通过人的感官对人的精神有一种刺激作用，人的精神对外部刺激的回应过程，就是人的心理建构的开始。有什么类型和属性的环境，就会有与之相应的心理类型。心理就是对外部刺激信息虚拟化的结果。

夫妻相的说法成立吗？在中国民间有一种说法，夫妻两个人在一起共同生活了一段时间以后，两人长相会越来越接近，越来越像，就是所谓的夫妻相。

如何理解这一现象？应该从心理对身体的反作用上找原因。一个长得丑一个长得俊，经过长期的接触会使他们俩向着对方的方向发展，最后形成“像”的效果。理解夫妻相应该有一个前提那就是这对夫妻两人感情一定要很好。长得越来越像肯定不是相互排斥和讨厌的结果，而是互相欣赏的结果。中国人有一句俗语，“情人眼里出西施”，也就是说长得丑俊的标准完全是个人的事情，每个人的标准都不一样，这就意味着夫妻双方在内心都对对方的长相产生一种由衷的喜欢，这是一种向上的心理反应。只有这种向上的积极的心理反应，才会有不断亲近的热情。这种心理倾向是他们的相貌越来越接近的内在原因。如果这个答案是正确的，就会产生另一个问题：一个人觉得自己长得很丑，但看到一个长得很英俊的人，于是就想变成那个人的样子，这种想法现实吗？他真的会长得越来越像那个他或她心中向往的美女俊男的形象吗？比如说，有歌迷对某一个男歌星很迷恋，近乎到崇拜的程度。那么这个歌迷长得真的会越来越像那个男歌星吗？如果从夫妻相的原理来推断，真的会产生这种可能性和趋势。但仅仅是可能性而已，在实际上能否真的长到会越来越像的程度则要看具体情况。如果这个歌迷对这个男歌星崇拜到极端并表现在生活中，歌星的信息随时关注，歌星的画像随身携带，言谈举止处处模仿，如果长期如此，即使两人长得不是越来越像，也绝对不会越来越不像。起码从着装、举止甚至在精神气质上会越来越接近，这是可以想见的事实，一种模仿效应。人的行为举止在很大程度上是模仿而来的，人的心理也是如此。模仿歌星的一举一动，揣摩歌星言语和心思，久而久之，行为与心理自然就会越来越接近。在一些模仿秀的节目中，我们可以看到，有些歌迷模仿歌星唱歌可以达到以假乱真的程度。举止和声音可以以假乱真，心理模仿同样也可以达到以“假”乱“真”的程度。心理上的假与真不同于行为的假与真，心理上的假与真是很难在形式上分开的。心理上的“假”对“真”的模拟就是“真”的心理，这就不是以假乱真了，而是以假变真了。

中国有句成语，叫近朱者赤近墨者黑，讲的就是模仿的意义。科学中，有一种仿生学，人类的许多科学成就都是模仿生物特性而来的。如果没有飞鸟，人类是否会有飞机的发明，这个都很难确定。往大的方面说，人类文明的产生就是模仿自然的结果。我们从人类的长相和环境的关系就可以理解其中的道理，比如说，西班牙人的眼睛是蓝色的，为什么他们会有蓝眼睛的基因被遗传下来？那是因为他们的祖先长期生活在海的蓝和天的蓝的环境下，是蓝色对他们的视觉神经长期刺激的结果。蒙古人的小眼睛很出名，那也是因为蒙古人的祖先长期在草原和沙漠地带生活，适应风沙环境而导致的结果。中国人为啥长了一身黄皮肤？那也一定是长期在黄土地上生活的产物。动物中，有一种变色龙，其皮肤颜色随着它生活的环境颜色变化而变化。所有这些案例都说明了一个道理，模仿是生物个性的来源。

※※

为什么说模仿是心理建构的基本形式？模仿是心理建构的一

种基本形式。近朱者赤近墨者黑，这是中国的一句成语。跟着好人学好，跟着坏人学坏，这是一个人们反复在讲的道理。这个道理实际上讲的是人的模仿心理在塑造人格上的作用。

一个人生活的社会环境，对这个人的心理和行为具有决定性的意义。孟母三迁的故事也是在强调环境对人的健康的心理模式的成长具有重要意义。一个小孩子在他的成长过程当中，会经常与其他孩子和大人接触，比如邻居家的小孩儿和大人。邻居家的小孩儿和大人，在与这个孩子接触过程中会不自觉地将自己的行为方式和心理传导给这个孩子。这个孩子的行为方式、心理特征、世界观、人生观都会在与外界的接触中逐渐确立起来并带有与他所接触的那些人的特征，这是通过人的心理传导机制完成的。对孩子来说，这个过程就是模仿的过程。对邻居来说，就是传帮带的过程。或许他们并没有主观故意，但是，他们说话办事的态度将他们的心理和世界观、人生观间接地表达出来，并呈现在孩子面前。孩子能很快地加以领会，并根据现实的需要加以内化吸收。模仿就是主体对外在视觉形象，通过意识的中介，内化为自己的行为指南，并通过主体自身的实际操作不断再现的过程。演员的表演是经典的模仿的案例。人的心理结构也是通过模仿建立的。

中国有句成语，叫见贤思齐。在心理学意义上，这是在说人的行为是通过模仿而来的。有人会说，人一生出就有两条腿，天生就会两条腿走路。其实不然。或许，我们听过狼孩儿的故事，如果因为某种偶然原因从小和狼生活在一起，长大后他就不是像人一样两条腿走路，而是像狼一样四条腿跑路。显然，走路也是后天学习模仿而来的。当过母亲的人，对婴儿学走路的经历最为难忘。婴儿长到10个月左右的时候开始学走路，不经过反复练习，这一功能就无法学会。不仅人的行为是学习模仿而来的，人的心理同样也是通过模仿学习而来的。所谓人不学不知义。婴儿学话的过程实际就是心理模式建构的过程。日常生活中，人们都有这样的认识：言为心声。它的意思就是说，语言是心理的表达，而且不是完全的表达。最初的语言表达的只是与行为相关部分的心理。婴儿的心理世界要比语言所表达的心理世界大很多，丰富很多。

※※

人长了一双眼睛，用来干什么？观察！观察并不是单纯地“看”那么简单，而是模仿的前期心理准备。人的行为和心理都是从他所接触到的环境中吸取学习得来的。教育之所以可行，就是利用了人的模仿学习机制。小孩子在他长大成人的过程中，通过教育培养适应社会的能力，将其塑造成社会所需要的人。从众心理与模仿心理并不矛盾，也是对他人行为心理的一种模仿。

有一则关于20世纪60—70年代的笑话，那个时代物资短缺，排队是常见的现象，笑料由是引爆。一日，某人闲逛街头，忽见一长队似乎在等待买什么紧俏物资，于是赶紧站到队后排队。等到队伍拐过墙角，才发现大家原来是在排队上厕所。这个笑话说出了人的一个常见心理——从众心理。这个心理不只人类独有，动物中也不鲜见，羊群效应就表达了同样的意思。一个头羊走在前面可以带动一群羊向前走，羊群中的羊，并不是跟着头羊走，而是跟着羊群走。头羊利用了羊的从众心理，才成为头羊。如果将头羊比喻为成功人士，那么，我们可以推测，任何成功人士都利用了大众的从众心理，实现了他们的目标。一个大公司到了某地投资，如果宣传得力，会带动一大批的投资者到这个地方投资。投资者的普遍心理是，既然这么有名的公司都到这里来投资了，那么这个地方的投资条件一定不错。反之，如果一个大公司因种种原因移走，很可能会吓跑一批潜在的投资者。这些潜在的投资者会认为，既然这么有名的大公司都走了，一定有它的理由，可能这个地方办企业的条件不好吧！一旦形成这种心理，就会打消到这里投资的念头。

心理学上有个现象叫作“破窗效应”，其意是说，一个房子如果窗户破了，没有人去修补，隔不久，其他窗户也会莫名其妙地被人打破；一面墙，如果出现一些涂鸦没有被清洗掉，很快，墙上就布满了乱七八糟不堪入目的东西；一个很干净的地方，人们会不好意思丢垃圾，但是一旦地上有垃圾出现之后，人们就会毫不犹疑地乱丢，丝毫不觉羞愧。这些现象是从众心理的表现形式。从众心理对个人来说，就是在跟着自己的感觉走。人云亦云，随大流，是最安全的行为，感觉最舒服。这里的行为机制是心理跟着感觉走。我记得有一首歌的歌名就是“跟着感觉走”。这句话实际上反映了一种世界观，一种行为哲学。因此，跟着感觉走也可以理解成一种心理原则。

事实上，人的思想和思绪，大多数情况下都是跟着现实的感觉在运转，大部分人在经验生活中都会如此。比如说，我们觉得金钱是好东西。那是因为我们用钱可以买到我们想要的东西，是我们经验当中能够体验到的，能够感觉到的。跟着感觉走实际上就是跟着经验走。每个人都生活在经验中，经验生活构成了人生的主要部分。生活在思考中的哲学家、科学家毕竟是少数，但是即使是他们也不可能离开经验生活。我们的思想和心理都是随着我们的经验、经历和感觉在不断地变化着。但是我们也应该意识到，人的心理与实际经验并不完全一致，经常会有时间差，也正是因为有这种时间差，人，的心理才变得更加复杂。跟着感觉走，在心理上的表现就是他的行为没有经过反思，是一种最简便易行的心理反应。感觉好就会在行为上表现出持续性的特征。苹果好吃我就多吃，饭不好吃，我就不吃了或者少吃，这就是随着感觉走的典型心理。这种心理反应形式虽然无可厚非，但却是一种肤浅的表现。这种人在性格上的反应就是快人快嘴，心里藏不住话。在一般情况下，心理反应与语言表达是有一定间距的。想起什么就说什么，不只是思想单纯那么简单。对成年人来说，就是不成熟的表现。所以表现出跟着感觉走的心理特征的人，通常表现为一种天真。儿童心理基本上就是跟着感觉走的，这种形式在成年之后就会日趋复杂，跟着感觉走的特征就会变得不那么明显。有的人变得城府很深，心里想什么不轻易表达，即使表达也是拐弯抹角，应当承认这是一种理性的表现。跟着感觉走，在心理上的表现就是一种经验心理。而那些城府很深的人，表达的是一种抽象能力和想象能力。跟着感觉走的心理一旦形成心理定式，就会形成一种性格。直言快语，做人简单，在与人交往中往往会受到欢迎。而那些深藏不露的人，倒是让人感到成熟、有心机，但在与人的交往中并不占优势。谁愿意和善于搞阴谋诡计的人交往呢？说不定什么时候就会被他算计了。这种担忧，让那些“聪明人”在交往中反而不占上风。然而，从简单走向成熟是大多数人都经历过的心理过程。理性与成熟是联结在一起的。理性能力并不是天然形成的，必然会经过跟着感觉走这样一个阶段，只有经过了这个阶段，人的理性能力才会有一个较大的进步。跟着感觉走，是一种简单的心理模式，当这种模式不足以应对越来越复杂的现实时，人就会开发出更复杂的心理模式。见多识广，其心理也会变得越来越成熟和理性，反思能力也会在这一过程中发展起来。

一个人的生活环境对他的心理和性格的塑造具有决定意义。理想的心理模式，既不是单纯，也不是复杂；既不是幼稚，也不是成熟；既不是跟着感觉走，也不是老谋深算，而是两者的融合。这种心理特征，才可能在应对复杂的环境挑战时，既表达出一种成熟稳重，同时还可保持一份童真与童趣。

※※

异性相吸是一种普遍的心理现象。物分阴阳，人分男女。异性相吸，同性相斥，这是大自然的法则在人际关系中的显现。在生活中，人们会体会到，男人与男人、女人与女人的关系通常是竞争关系，而男女关系则是互补关系，这也是男女相互吸引的原因。男女生理的区别是先天的，但心理差异却是后天形成的。生理上的差别并不是男女心理差异的绝对根据。如果将女孩儿当男孩儿养，长大成人后，女孩儿也会形成男人的性格和心理，反之亦然。这从我们身边的娘娘腔的男人或女汉子等形象中，很容易领悟到这一点。在自信心方面，男性自信心普遍强于女性。从宏观方面考虑，这种心理差异是男权社会的必然产物。男性主导社会已经有几千年的历史了，无论中西。男人的自信是在主导家庭和社会事物的实践中建立起来的。而女人的自卑心理也是长期压抑的结果。当然，这种心理的差异不是绝对的，男人的自信与女人的自卑会因为文化背景和个性的不同有所差异。在智力方面，男女的智力类型是有差异的。男人长于抽象心理，而女人长于感性心理。因此，我们看到科学家中男性远多于女性，而在演艺界，女性明显多于男性。当然，在提倡男女平等的今天，这种状况有所改变。在情感方面，与异性交往获得的情感体验往往是与同性朋友交往中体验不到的。女性的情感比较细腻温和，富于同情心，有使男人回归宁静的力量。而男性一般情感外露、粗犷、热烈而有力，可以给女性提供某种安全感。当然，在同性恋已经被许多国家认可的时代，男女情感差异在不断地缩小甚至反转。在个性方面，与异性的交往更能丰富人的个性特征。因为男女个性的差异远大于同性，因此在个性上相互渗透和互补就是一个自然趋势。男性会变得情感更为丰富，女性的意志也会变得更为坚强。在中国，有一句流行语，叫男女搭配干活不累，这是异性相吸原理在生活中的生动写照。异性相吸在心理上的反应就是男女都有对对方的身体需要和心理需要，在意识深层有渴望与对方交往的渴望。由于这种需要源自心理深层，因此有不可阻挡的心理冲动。这种源自人性的需要，在交往中明显地反映在心理上。只是看上一眼，在感觉上就好像已经接触到了对方，并由此激发出莫名的愉悦感。

无论男人还是女人都生活在特定的男女关系之中。无论男人的自由还是女人的自由都必然会受到男女关系的限制。处理好男女关系，个人的自由才能得到最大限度的实现。处于男女关系中的男女，感觉到受到压抑的时候，就会产生自由的诉求。在男权社会，女人是被压迫的一极，因此女人争取解放的诉求是自然产生的。妇女解放运动就是女人自由精神的一种体现。只要男女不平等的现象依然存在，争取男女平等的女权运动就会持续下去。在男权社会，男人对女人的统治是一种残酷的现实，女人的自由受到男人权力的制约。男人是女人的主宰，这种生活形态对男人和女人的心理都产生强烈影响。女人是男人之所欲，因为女人是男人欲望实现的象征物。男人是女人的生活的依靠，在现代，更多地反映在心理方面。每一方都提供了一个方法和动机去追求另一方。男人和女人是无法分离的，这是生命延续的唯一形式。当然，试管婴儿的出现似乎改变了这一形式，但即使是试管婴儿也是精子与卵子的结合。男人们会毫不犹豫地通过各种方法追求女人，因为不这样做，就无法满足他们的欲望。而女人也在千方百计地吸引男人，因为没有男人，她们的生命就没有保障。这种状况在女权运动的冲击下有所改善。男人的追求，强化了女人吸引男人的动机，而女人吸引男人，也强化了男人追求女人的欲望和心理。在男女关系的实践中，无论男女，都在努力塑造着自己所需要的人。这是人的身体所能产生的最重要的愉悦感推动的。

在男女关系中，经常会让许多人感到尴尬的事情就是恋母情结。这种心理是一种普遍心理，谁也别笑话谁。如果不发展到病态，这种心理也无伤大雅，这是弗洛伊德在医学实践中发现的。古希腊传奇里有这样一个故事：俄狄浦斯王刚出生，算卦的就告诉他父亲，有一天这个孩子将会杀死他的父亲而与他的母亲结婚。他父亲对这个预言感到万分震惊，于是下令把婴儿丢弃在山上，想让他饿死。但是有个流浪牧人发现了他，把他送给邻国的王和王后当儿子。俄狄浦斯并不知道自己的真正父母是谁。长大成人后，他的英雄事迹让他得娶底比斯女王为妻。不久，一场可怕的瘟疫降临底比斯。他发现不久前死在他手下的一个逃避瘟疫的流民竟然是他的父亲，而与他共享王位的女人竟然是他的亲生母亲，预言一一实现了。俄狄浦斯羞怒不已，弄瞎了自己的双眼，离开底比斯，独自流浪去了，这就是俄狄浦斯王故事的梗概。弗洛伊德认为这个故事解释了各种心理症的原因。弗洛伊德从这个神话故事中发现了人类的一个普遍的心理情结，这就是恋母情结。这是男性心理建构的一个基础。因此，对于人类来说，有关性别的体验与感受是人的心理结构的最基础的部分。

人类复杂的心理结构是围绕着性心理发展出来的。其实，从人的成长过程，也很容易理解这一点。每个人一出生都会在母乳的喂养下成长。在母乳喂养期间，母亲的怀抱是他生命存在的一个不可分隔的部分。之后，他离开了母亲怀抱，学走路学说话。一直到他长大成人开始独立谋取食物。在他的成长期，产生对母亲的依赖感是自然而然的。对男孩子来说，对母亲的依赖演变成对母亲的占有欲也是一个自然发展起来的心理过程。但是这个心理与父亲对母亲的占有发生冲突，杀父娶母成为被压抑的一个心理欲望。在上述故事中，俄狄浦斯的这一心理情结通过无意识方式实现了。按照弗洛伊德的解释，文明的产生来自对自己性要求的压抑，性禁忌是文明的标志性事件。当早期的原始人类发现乱伦对后代的影响会导致物种的衰退时，原始的禁忌就开始流行。这种来自社会的性压抑制度，是对个体的动物性需求的一种限制。由此，导致了人的心理结构的变化。压抑在心理上表现为一种失衡，在压抑产生的同时，必然会同时产生一种与之相反的心理倾向，促使心理恢复平衡，反抗意识就是作为心理压抑的平衡物而产生的。当人的欲望不能及时满足的时候，就会在人的心理上造成压抑。欲望的实现需要释放身体的能量，但人的身体内的能量是有限的，这时人的心理能量就是必要的补充。欲望有多大，相应的心理能量就会有多大，两者相辅相成。

俄狄浦斯的恋母杀父的情结，是欲望被严重压抑导致的一种心理失衡，因此，回归心理平衡的运动就会在心理上自然产生。压抑有多强烈，回归平衡的动能就会有多强烈。不同的文化环境对人的心理压抑程度是不同的，因此，寻求心理能量的释放的强度和形式也是不同的。一般来说，性压抑心理随着儿童的成长进入成年阶段会自然缓解。学会自我控制是成长阶段必然会面临的挑战。自我控制将这一情结转移到潜意识之中，自我控制是被迫的，因此社会的禁忌和习俗对违禁行为进行严厉的惩罚。自我控制就是为适应这种习俗和制度形成的。对违禁行为的惩罚，既是社会文明产生的前提，也是维护社会文明正常运行的必要手段和措施。但是，也应当承认，社会制度也是对人的心理的严重压抑。有压抑就会有释放，当社会制度不给这种合理的释放以合适的出口时，人性中寻找自由的冲动就会寻找打破这种社会制度的限制，寻求建立一种更开放、更合理的社会制度。对于心理障碍和精神疾患的定义，其实只是人为的。在不同的文化和社会制度下会有不同的定义。所谓的心理或精神病人，只是没有找到合理的社会认同的表达方式而已。我们每个人都有恐惧心理，不被社会认同就是一种恐惧，因为我们的生活与生命越来越依赖于社会而不是自然。恐惧感的强烈程度是社会制度对人的心理压抑程度的一个标尺。恐惧感越深，表明社会制度越不合理。当寻找消除恐惧的努力超过对死亡的恐惧时，社会就会进入一个动荡期。这种努力也给建立一个更加合理的社会制度带来希望。俄狄浦斯情结在人类进入文明时代之后，并没有因为人类理性的发展和社会习俗的进步得到有效缓解，只是被压抑到人的心理的更深的层次中，在社会制度约束不到的场景中顽强地存在，而且在表现形式上有了与时俱进的发展。

※※

与俄狄浦斯情结相关的另一个心理学现象就是阉割情结。有些人总是担心自己的生殖器被阉割了，性能力不行了。这种心理之所以称为心理疾病，是因为这种心理真的可以导致实际中的性能力丧失。在他们的意识里，经常无缘无故地担心自己的性器官被切除，这种幻想出来的恐惧感如此强烈，导致能力的下降。这种恐惧比自己在一个意外事件当中被弄瞎双眼更令人担心。当恐惧感超过欲望时，就可能会导致器质性变化。因此，关注和了解这一现象，对那些患有这种心理疾病的人来说，具有特别重要的意义。阉割情结通常是由长久的压抑导致的恐惧心理形成的。在精力旺盛的青春期，由于正常的男女交往被父母和社会舆论禁止，男孩子通常会私下自己解决，这一方式在许多社会文化中依然还是不能容忍的行为。因此，在当事人心里形成的心理压抑就格外的严重。当这种压抑超过了可承受的界线，要么寻求一种反向释放，这时就是违规性行为产生的时刻；要么就会形成一种性恐惧即阉割情结的产生，以此来抵消由担心违规而产生的恐惧。很显然，在担心阉割与担心违规之间，当事人更愿意选择阉割。因为阉割的想象夸大了社会习俗对性的压抑程度。通过这种方式，当事人似乎在提醒社会，阉割是对禁欲的终极手段，它在解决了“我”的违规犯忌的问题的同时，也使社会禁忌制度的积极作用归零。这时，“我”的担心，就是社会的关切。

受阉割情结困扰的女孩子，在她们发现自己的身体构造与男孩子有显著的不同之后，对自己的女人的身份认同就会发生某种心理障碍。她们可能会幻想，她们身上原本拥有的某个器官被别人阉割了，这种想象会导致她们心理上的纠结。一方面，她们有天然的阴柔气质，做女人的心理会自然地发展。另一方面，她们又感觉到自己比男人缺少了点什么，因此争做强人的心理或自卑心理也会被刺激起来。这两种互相矛盾的心理导致她们性格的多愁善变，一会儿多愁善感小鸟依人像个天使，一会儿五马长枪剑拔弩张像个女汉子。女人的性格比男人更加丰富多彩，其深层原因大概也与阉割情结有关。

※※

在生活中，经常会出现你满腔热情地对人家，人家却满脸疑惑，给你个冷冰冰的脸。这时，你不感到尴尬才怪呢！人与人之间如果缺乏必要的信任，这种现象就是必然的。

在社会生活中，一个人怀有对他人不信任的心理倾向，无伤大雅。但是持有这种心理的人多了，达到一定规模，就会对这个社会产生深远的影响。人是交往的动物，一个人的生活是建立在广泛的社会联系之上的。人的心理具有传染性，某个人怀有对他人不信任的心理特征，必然通过人的交往活动被他人感知。这意味着你的对人不信任的心理和态度对另一个人的心理来说，是一个外来的刺激信息，这个信息会在那个人心理上产生相应的心理反应。一个理性的人，不可能指望不信任的心理和态度会刺激出另一个人的信任心理和态度。或许一个对人充满善意容易相信他人的人，在第一次感受到被别人不信任时，并不会改变自己的对人态度。但是如果他多次感受到别人的不信任，他的心理的反思功能就会发生作用，他就会怀疑是不是他自己的态度出了问题。

为什么会有这样的改变？首先我们应当认识到，这是一种自然的改变过程。在人的心理建构过程中，心理反应模式对外来信息刺激会有一个自然的心理回应。在这种心理回应中，个人的人生观、世界观、价值观及性格等一系列的心理机制逐渐地建立并成熟起来。这时，我们就会看到，心理具有传染性和拷贝性。许多个人的共同心理特征，通过交往对另一个具有完全不同的心理特征的人实现了同化，成功地对这个人实施了心理“移植手术”，将“不信任”的基因植入这个人的心理当中。这是多人对一人时所产生的心理转换的情景。当一人对多人时，我们会看到心理传染的另一种情景。一个心理特征稳定的人，毫无疑问，他会持着相应的态度与人交往。在交往中，他将这个“不信任”的信息，像一把把匕首一样刺向与他交往的每个人。如果只有一面之缘，或许只会让你略感不适而已。但是你与这样的人交往频繁，无论你愿意还是不愿意，舒服还是不舒服，都不可避免地都会受到这个人的影响。这里的机要在于，一个人接受来自10个人相同信息的刺激，与接受一个人同一个信息10次重复的刺激，如果刺激强度一样所产生的心理反应强度也将是一样的。人们通常会以为，10个人对一个人的影响总比一个人对一个人的影响力要大些。其实，对那个被影响的人来说，10个人刺激一次与一个人刺激10次，对他的心理影响是一样的，甚至那一个人的10次刺激所产生的心理反应更大、更持久。因此，避免不良信息的刺激，是保持心理稳定的一个条件。

※※※

“上帝心理”是怎么回事？其根源在于心理投射和移情机制，归根到底是为了维持自己的自尊。人的心理是大脑对外来信息刺激产生反应的结果。在这个过程中，假定了一个客观刺激物的存在，这是通过主体的无意识信仰机制实现的。比如，我看到了一棵苹果树，会天然地以为那棵苹果树是客观存在的。而事实是，我看到的苹果树只是我的一个心理映像，这是心理投射的结果。照相机拍了一张苹果树的照片，照片上的苹果树与真实的苹果树是不同的。在这个比喻中，照片就是心理映像，苹果树的存在是通过第三只眼确定的。这个第三只眼就是对存在的无条件信仰机制。一个女孩子喜欢一件时装，于是就穿在身上，这时是女为悦己者容阶段。这种情景完全正当，但是自己喜欢的以为别人也喜欢，这就有点一厢情愿了。自己喜欢的就以为别人也喜欢。自己讨厌的就以为别人也讨厌，自己拥有的就以为别人也拥有，自己没有的就以为别人也没有。将自我的心理投射到对象，在心理层面，这是一种投射联想，是按自己的意愿进行的主观推理。投射心理，通常表现为天然地以为别人会像自己一样去想、去感受，对别人有与自己不一样的想法感到不解。这种心理反映了主体按自己的模式塑造世界的欲望，在一定意义上说，这是一种上帝的心理。上帝按自己的形象塑造了人，人就具有了按自己的模式塑造他人的心理。虽然在实际中做不到，但却自觉不自觉地经常这么去想去做。以上帝的心态与人交往，产生摩擦就在所难免。上帝只有一人，但每个人都想当上帝，发生“神”与“神”的战争就是必然的。

※※※

为什么会产生心理投射现象？可能会有以下的原因：第一，

寻求心理安全的需要。当一种欲望、观念产生，感觉可能不被社会认同，通过将这种欲望或观念看成社会认同的，实现了一种虚拟的满足。这时，他就会产生一种心理安全感，借此减轻与社会冲突而产生的焦虑。第二，寻求心理合法性的需要。加入社会的过程，就是将自己的心理和行为不断与社会规范磨合的过程。小孩子通过将自己的欲念投射到大人身上，以此强化自己欲念的合法性，来为自己的心理和行为的合法性辩护，争取自己的行为模式在社会中的合法地位。第三，寻求社会认同的需要。人是社会动物，他人认可是和谐的人际交往关系的前提，心理投射就是这种关系在心理上的先行模拟过程，这是实际的和谐关系的心理基础。第四，为自己行为辩护的需要。“别人想伤害我，因此我得保护我自己”“不是我不好，是他对我有成见”，通过将责任推诿给他人，从而减轻心理压力。而事实可能是，他伤害了别人，他对别人有成见。给自己的行为进行辩解的最方便的途径就是心理投射，将责任一推了之，这样他就可以心安理得了。这种心理由于是建立在对客观事实进行主观化解释基础之上的，因此可能加大人与人之间的分歧，是人际交往的心理障碍，需要克服。如果任其发展，可能导致精神疾病。

心理投射起源于无意识信任机制的危机。因为对自己的心理的欲望和观念产生了怀疑，或产生了否定性意识，因此产生了心理焦虑。对原来想法的无条件信任姿态已经不复存在，于是信仰危机就爆发了。在主体还没有建立起新的信仰认同之前，所有的心理活动就是在做挣扎，心理投射就是这种挣扎的一种方式。“我没有这种讨厌的下流想法”，对下流想法的否定，正好证明了他有了这种想法。他的否定，是为了维护已经存在的价值观，这个价值观是由信仰确立的。但是因为有了与信仰不一致的想法，信仰出现裂缝，为了缝合裂缝，他自然要做心理的努力。进攻是最好的防御，通过把别人想象成一个下流的人，冲淡了自己是下流的人的想法，从而维护了自己的心理尊严。“都怪你，把事情搞得这么糟”，这是推卸责任的经典语言。推卸责任的本意是要维护自己的尊严，但此话一出，自己的尊严反而会荡然无存。虽然道理很简单，但人在现实中却很难克服。这是因为人的心理总是在寻找平衡。当失衡的情况发生时，回归平衡的欲望和想法就会自然产生。当你狠狠地说，“你也不是什么好东西时！”似乎在心理上就会有一种放松感。在心理深层，企图通过别人的不好，来衬托自己的好，来减轻“自己并不好”的心理负担。通过心理投射找到了心理平衡。

第三章

心理动机

内容提示：

人的心理是人的大脑在受到外部信息刺激并对这些信息进行加工处理的过程中形成的。本章探索和说明了人的心理产生的主要动机。

◎尊严与面子

尊严感是神性心理重要的表达形式。好面子就是在追求和维护尊严。

中国人好面子，这个谁都知道，但好面子的背后隐藏了多少深层次的心理动机，恐怕知道的人就不是那么多了。下面，我们就来分析一下。

好面子与人的尊严感有关。维护自己的面子，就是在维护自己的尊严。尊严与尊重是一体两面。尊重是对他人的尊严的尊重，自尊是对自己人格的一种捍卫，坚守做人的底线才会有尊严。尊重人是一种修养，经过修炼才能养成。如果上小学前就懂得这两个字，他就是天生的领袖。如果大学毕业以后懂得这两个字，他必成为某行业的领军人物。如果一个人在50岁的时候懂得了这两个字，在他临死前必成为德高望重之人，如果一个人80岁懂得了这两个字，他就是放下屠刀，立地成佛的那个人……很可惜，许多人临死前也未必懂得这两个字。不过你也不用闹心，这个世界上能成为领袖的不会超过万分之一，在人的一生当中能遇到这样一位领导，你就是那个三生有幸的人了。现实是，能当上业界大佬的人还真没有几个懂得这两个字，他们的成功是因为他们精于计算取得财富和地位。不过他们比那些普通人懂得这两个字内涵的机会多很多。他们很可能突然有一天懂得了这两个字，因为他在别人的眼光中看到了尊重，甚至恐惧的眼神。普通人获得别人尊重的机会要少得多。在一个结构化的社会中，身处社会底层，要想得到别人的尊重殊为不易。而在一个扁平化的社会中，获得别人尊重的可能性就大很多。这种现实反映的是一个社会的人文素质的高低和社会的文化品格。大多数情况下，要想获得别人尊重就要努力去争取。当你为社会作出更多的贡献时，得到别人的尊重就是大概率事件。在现代社会，得到尊重是一项人的权利。但是这项权利并不是自动加持到你身上的，而是依靠自己的努力争取来的。因此，如果你是一个初出茅庐的小朋友，那么你就要放下“为而不争”的僵死教条，去争取自己的合理合法的权利。自由是天赋的，但是如果不去追求和运用，自由的权利就会远离你而去。

在商品社会，商品化是一个趋势。甚至在情感和道德这两样人们最不愿意被商品化的东西也被染指了。然而，我却发现了一个例外，就是尊重。尊重不是商品，是不可以交换的。你尊重别人，别人也不一定会尊重你。同样，别人尊重你，你也不一定就会尊重别人，即使你表面上尊重别人，但是你的表面的礼貌行为并不能掩盖你的真实的内心。尊重别人的心理倾向与自己的价值观相连，当你看重对方的时候，你才会尊重他，这种尊重是发自内心的。当你的内心并不看重对方，但是你表面上表现出一副尊重的姿态，这个姿态叫虚伪。

你如果看重金钱，你就会尊重有钱的人；你如果看重权势，你就会尊重当官的；你如果看重道德，你就会尊重德高望重的人；你如果看重才华，你就会尊重才华横溢的人；你如果看重邪恶力量，你就会尊重邪恶的人。即使你无财无权无德无才不善不恶，你也不用担心，人的丰富性，总有一款适合你。而且无论你多么特立独行，你也不用担心找不到同道，找不到尊重，这叫物以类聚，人以群分。臭味相投者自然会惺惺相惜。

看重钱财乃人之常情，但是也不要忘记财多了容易招灾。经常念叨念叨生不带来死不带去的格言会让我们的头脑更加清醒。命里有时终须有，命里无时莫强求。权倾朝野位极人臣，固然令人羡慕，但也要记得高位需要有大德相配，德不配位必然会有坠落悬崖的隐忧。因此，不论你看重什么，都要有所节制，否则就会重复仗剑之人必死于剑下的古老定律。

※※

李嘉诚能聚下那么大的一笔财富，必然有他的道行。他能让被他宴请的每个人都感觉到舒服，这是他的人格魅力。让人感到舒服，实际上就是让人感觉到受到尊重，即使李嘉诚的真实想法并不如你想象的那么尊重你。当然，这并不说明你很愚蠢，因为人的心理反应通常是对刺激形式的反应。既然能被李先生邀请，那一定是他看重的人，起码这个形式本身象征了这层意思。至于李嘉诚本人心里的真实想法，这个是很难推测的。推测的准确性取决于你对李嘉诚本性的认识，而李嘉诚的本性几乎就是不可认识的。企图通过对李嘉诚的只言片语或报刊媒体对他的报道就下结论，不论其结论对与错，单就这种下结论的方式本身就是值得怀疑的，因为这种方式是一种主观的认定。

让人感觉舒服的人并不一定就是优秀的人。首先对优秀的定义本身就是一件仁者见仁、智者见智的事情，并没有统一的标准。这同样和人的价值观相连。关于优秀的标准，一定与人们心目中希望成为的那种人相关。如果你想成为有钱人，那么优秀的人一定是有钱人。如果你想成为一名学者，你心目中优秀的人一定是一个有学问的人。如果你想从政，那么在你心中优秀的人一定是指某一个官员，因为那个官员就是你学习的楷模。如果你从事艺术工作，那么优秀的标准就一定是你推崇的某一个同行艺术家身上所具有的品质。如果上述推理成立的话，那么优秀的人就不太可能是让你感觉到舒服的那个人。如果你师从一个造诣深厚的科学家，但他的性格很怪诞，无疑他是优秀的，但很可能是一个让你感到很不舒服的人。也许让人舒服是一个成功商人必不可少的一种品质，但是这种品质并不能推广到各行各业其他优秀的人身上。如果一个文艺批评家对某个作品的评论不敢说真话，总是想着讨好与作品相关的所有人，也许他让所有人都感觉到很舒服，但他的评论本身一定是一篇拍马屁文章。能写出这种文章的人，人们很难说他很优秀。如果有人认为他是行业精英，也只是溢美之词，言不由衷，不值得当真。如果有人将溢美之词也愿意当真，那就要小心了，他的心理可能出了问题。

※※

人为什么喜欢别人赞美？好面子的人喜欢别人赞美，可是，有人不好面子吗？没有！因此，这句话就应当改成“所有的人都喜欢听好话，戴高帽”。如果用的是全称，那么，我们只能说这是人性了。有一则笑话，大意是说一个老先生教导他的学生说：“做人要谦虚，要虚怀若谷。”那学生很机灵，马上说：“我一定要像先生一样，虚怀若谷。”老先生捻着胡须，点头称是。这个笑话说明，每个人都喜欢别人赞扬，尤其那些听起来客观中肯的表扬。理性的人，对于那些奉承话，会保持一种警惕的心态。他会揣测拍马屁的人是出于真心还是假意。但是这种警惕之心，实际上是很脆弱的。几句听起来既客观又很中肯的赞美的话，任何人都很难在心理上拒绝。于是，那些善于拍马屁的人，抓住了人性的这个弱点，大拍特拍，将自己的私利诉求，不着痕迹地镶嵌进马屁话中，潜移默化地影响对方的心理。因为拍马屁的功效屡试不爽，于是拍马屁之风流行起来。不过，并不是每个人天生就是马屁精，有人学一辈子也学不会。

马屁哲学解构了一切道德哲学。道德哲学教人说真话，讲原则，马屁哲学则不然，什么原则不原则真话不真话，只要对方爱听就成。马屁哲学的原理很简单，但应用起来也并不那么容易。这是一门专业性很强的实验科学，需要克服许多心理障碍才能练到炉火纯青的程度。不得不佩服那些将马屁哲学学到登堂入室程度的马屁精们。嘴上对马屁哲学嗤之以鼻，但在心里把马屁哲学奉为人生圭臬，而且可以将马屁话说得恰到好处，不着痕迹。善于拍马屁的历史学家，将那些对善于纳言的皇帝吹到天上去，可是历史上有这样的皇帝吗？据说，唐代有一个忠臣叫魏徵，敢于对皇上李世民直言相劝。李世民是明智的，知道那些直言对他保住头上的皇冠是有好处的，因此心里不痛快也能忍下。可是魏徵死后，在他心中积攒的恨和气终于爆发。因为皇太子犯了谋取大位的罪过，于是将当过太子教师的魏徵的尸骨从坟中刨出来，鞭尸，以泄心头之恨。处罚的理由冠冕堂皇，其实只是借口而已。

有一种解释认为，好面子的心理是人人都喜欢听赞扬的原因。沿着这个思路，我们可以推断，好面子和人的尊严感有关。好面子就是在维护自己的尊严感。尊严感是个什么东西？不，它不是一种东西，是两个平等的心灵在交往中自然产生的一种心理要求。尊严感受挫时的心理反应是，我与你是平等的，可是你却在藐视我。爱面子是中国的传统，面子就是人的尊严。有尊严地活着，是每一个人心里最大的愿望。那些“不要脸”的人之所以“不要脸”，是因为对获得别人的尊重已经绝望，因而采取了一种狗急跳墙的做法。这种做法本身证明了在他的内心还是要那个“面子”的，不然他为什么要走极端呢？

※※※

自尊心是建立在心理的主观认同基础之上的，是主体性的一种体现。人之所以为人，其机要在于主体性的确立。而主体性的确立却来自对自我镜像的主观认同，这是精神分析大师拉康发现的。他通过幼儿在镜子面前看到自己的镜像由怀疑到确认的心理过程，发现了这一真理。主体性的自我认同是个人心理建构的基础，来自客体的符号刺激则是心理建构的外部条件。主体与客体是为了叙事的方便而做的划分，就如男与女是为了交往的方便而做的划分一样。主观与客观的划分是人为的，这意味着客观是主观确定的，而主观则是由于客观刺激才产生的应答方式，两者互为因果。如果将主动与被动作为划分主客体的标准，那么就可以将客体看成主体，主体看成客体。然而，这与常识相违背。因此，对主体与客观的划分，只有在不同的语境中才有意义。

个人的心理建构离不开外部客观环境的刺激，而外部客观环境恰恰是个人心理的投影。比如媒介，对个人来说是一种客观存在，但是任何媒介都是由个人来操纵的。人们常说，客观环境是中性的，客观提供的信息是没有立场的。但是，任何客观信息的客观性都是由人来确定的，更何况在媒体中传播的信息，不仅由人来确定，而且这个平台本身就是主观化的产物。因此，作为客观的媒体一点都不客观。意识到这一点，才可能不会轻易被忽悠，才有可能避免在接受信息或进行选择时掉入信息陷阱。人的自我心理保护意识是自然产生的，是维护自我认同的一种本能反应。然而与强大的客观在场视觉形象相比，个人意志永远是渺小的。当外部舆论的力量足够强大时，个人意志就无法抵抗这种外来的观念入侵，最终成为伪客观舆论的俘虏。中国有句成语叫“三人成虎”，其意是说，当一个人告诉你有个老虎来了，你不信，当第二个人告诉你老虎来了，你还不信，但当第三个人告诉你老虎来了，你的心里就会嘀咕是不是老虎真的来了。由不信到怀疑再到信，并非源于客观的变化，而是源于关于客观的信息刺激，即使这种信息是道听途说也是如此。

人的心理建构围绕精神追求展开，这也是心理建构更重要的原则，是将人的心理与动物心理区别开来的重要质点，我将它称为神性心理。

从理论上说，人的需要分为两种，一是肉体的需要，我们将之称为物欲，二是人的精神需要或心理需要，我们称之为精神追求。因此，通过物质刺激或物质奖励的方法，只是满足人的身体的需要。精神的需求则要通过精神的奖励来满足。现在人们的生活水平提高了，在家庭教育中运用“物质刺激”手段的家长已越来越多。但是，通过赞美表扬等精神刺激的方式，对激励学生的学习热情和提高学习效率更有效。因此要把精神刺激和物质奖励相结合，才能实施更有效的心理激励。人们对物质刺激的感受性，会随着人们的生活日益提高而降低。而人的精神追求则是无限的，心理激励的作用会达到出神入化的程度。

心理学家德西在1971年做了一个学习兴趣的实验：他把接受测试的大学生分成两组，一组学生在解智力难题后给予金钱奖励，另一组给予精神奖励。在实验的最后一个环节，设置一个休息时间，观察两组学生在自由活动期间继续做题的人数。结果发现，给予过金钱奖励的一组，继续做题的人数远远少于给予精神奖励的一组。在自由活动期间继续做题，视为解题的兴趣指标。给予物质奖励的一组，解题兴趣会随着物质奖励的减少或丧失，迅速减弱。而给予精神奖励的一组，解题兴趣可以维持更长的时间。

这个实验表明，物质刺激对人即时产生的兴趣发生作用。在人的先验心理上，已经认同了物质刺激是一种满足身体需要的信息，而人的身体需要是有限度的。身体的需求一旦得到满足之后，对从事获得物质奖励的行为的积极性就会降低。而人的精神追求是发自内心的，一旦启动某项活动，内在的精神追求就会推动这一活动持续下去。一项特定的活动，如果只与物质追求相关，那么在物质需求的满足达到一定程度之后，内在动力就会减弱。只要将某项特定的活动与精神追求挂钩，其内在动力不仅不会减弱，反而会不断增强。比如一个画家，如果把绘画只当成谋生的饭碗，那么这个画家的绘画水平在达到一定程度之后，可以做到衣食无忧，就不会再探索新的画法了，我们称这种人是平庸的画家。真正的艺术家，其内在追求是无限的，他会不断开辟新的画法，精益求精，追求新境界。优秀的画家，在一生当中很少有一种风格是能保持一生的，夭折的画家除外。

※※※

人的精神能力是无限的，这也意味着人的心理对人的行为的塑造具有巨大的潜力。皮格马利翁是古希腊神话里的塞浦路斯国王，他爱上了自己雕塑的一个少女像，并且真诚地期望自己的爱能被接受，这种真挚的爱情和真切的期望感动了爱神阿芙狄罗忒，就给了雕像以生命，将少女许他为妻。心理学上称这种现象为皮格马利翁效应，意思就是指一个人对另一个人的期望，对另一个人行为和心理产生实际的影响并使这个人的行为和心理发生改变。主体对他者的主观期望，成为他者改变的依据。虽然我们可以把期望效应理解成发生在两个主体之间的事情，比如学生和教师之间或者是上级和下级之间或者家长和子女之间，但是我们也应当看到，这种效应通常是指强势主体对弱势主体的作用。强势主体对弱势主体的期望对弱势主体的影响远远大于弱势主体对强势主体的期望对强势主体所产生的影响。

心理学家在一所中学做过一个期望效应的心理学实验。心理学家给学校校长和教师提供了一个名单，告诉他们名单中哪些学生智商很高，有发展前途，哪些学生智商一般，进步会较慢。再过一段时间，这个心理学家对这些学生又做了一个考察，发现他的预测与考察结果非常一致。而事实是，当初心理学家给校长和教师提出的那份名单是随机选出的，但是实验的结果却让人意想不到。这个结果是如何发生的呢？原来，当初教师和校长在接受了那份名单之后，在他们的脑子里就有了一个先入为主的概念，对那些标为有发展前途的学生有一个良好的预期，并在教学活动中表现出来。他们认为这些学生将来一定会出类拔萃并把这种期望转化为对这些学生的无限的热情，不仅对这些学生态度好，而且还愿意给这些学生提供各种锻炼机会。这种态度被这些学生深切地感受到，并转化为这些学生积极向上的心理动力。而那些被标为资质一般的学生们，就感受不到这种爱或者感受不强烈，因此在他们的心里就没有形成更强的积极向上的动力，也没有对自己形成更好的预期。一个学期下来，差距就出现了。心理学家预期前程远大的学生，通过校长和教师将这种预期传达给学生并在这些学生中形成对自己的良好的预期，因此增强了自信和学习的积极性，经过一段时间，学习成绩果然进步很快。而那些预期资质一般的学生，因为没有形成更强大的心理动力，在行为表现上就与那些高预期的学生拉开了差距。

教师对学生的期望“投射”到学生的心灵上，唤起学生相应的情感体验。学生会把教师的期望，看成社会对他们的肯定，集体对他们的重视，由此获得心理满足。自我价值感和自信，激发出奋然上进的心理动能，因此会在行为表现上更为出色。

※※

刷存在感已经成为流行语，深挖一下这一现象的心理动机，或许有助于健康心理的形成。

人们为了维护自尊心无所不用其极，炫示与掩饰就是常用的两种手段。炫示是人的普遍心理。一个五六岁的小姑娘，父母给她买了一件新衣服，她就喜欢穿在身上到外面去显摆一下；一个在外工作多年的游子，喜欢衣锦还乡，如果要是在外面混得不好的话，就没脸见人，也不好意思回到家乡；有的人发了财在手上戴上戒指，故意在人前摆弄，这些现象都是人的炫示心理在作祟。为什么会有炫示心理呢？通俗地解释，就是为了刷存在感。刷存在感一词在网上很流行。人的生命就是人的活动，而人的活动之所以能持续地进行，是因为内心充满了意义感。没有意义感的事情是没人去干的，除非被迫。刷存在感就是在证明“自己正在活着”。自己活着也要证明吗？那当然！自己喘着气，并不能证明自己正在活着。因为，人是社会人，证明自己活着，不是证明给自己看，而是证明给别人看。因此，刷存在感是人的一种普遍心理。人是具有复杂性和丰富性的动物，而这种复杂性和丰富性不是一次性展示出来的。因此，人的每一次展示，都会有所选择。通常人们会努力将自己最好的一面展示给别人，而将自己认为不好的一面掩饰起来。为什么会产生这种心理倾向？炫示通往人的快感机制！如果炫示给他带来的是痛苦，他还会坚持炫示吗？如果他依然坚持炫示，那么只能说，这是在自虐。然而，我们从炫示者的面部表情立刻就知道，那不是痛苦，而是兴奋和快乐。炫示者的兴奋和快乐并不是自生的，而是从观众的反应中获得的。如果，观众反应负面，那么就意味着，炫示者的价值观没有得到认同。他的自信就会遭到打击。炫示的目的是得到观众的认同，这种心理本身就说明炫示者本人的不自信。一个自信的人，对自己的优点知道得一清二楚，不会通过追求他人的认可来加以确立。而将自己认为是好的一面展示给别人看，是希望得到别人的赞美和表扬。真正的自信来自对自己行为的自我肯定。人生的成功有两种形式，一种是外在的成功，这是由社会来确定的，另一种是内在的成功，是对自我的心灵的驾驭和控制，只需要自我肯定即可。这种内在的成功，不需要他人的肯定。相比之下，内在的成功更重要，自我肯定比社会肯定更重要。当然，这两种成功并不是截然分开的。对于同一个人来说，自我肯定的标准与社会标准不一致，就会造成滑稽的场面。如果内在的成功不表现出来，他就无法获得相应的社会意义。这就好比一个人老觉得自己行，眼高手低，但是让他干，他是干啥啥不行。如果我们遇到这样的人，我们会怎样看他？可怜可笑？一个外在的事业很成功的人，却不一定就会获得自我的肯定。这说明，外在的成功并不表示内在的成功。真正成功的人一定是内在的成功与修养和外在的成功相得益彰。如果没有内在的成功做支撑，外在的成功迟早会将狐狸尾巴露出来。中国有句古话叫以德配位，也就是说，无论在社会上出多大名，做多大官，赚多大钱，都属于外在的成功。这些外在的成功要有内在的德行去支撑才行。如果缺乏相应的德行和修养，这些外在的成功迟早会破灭，就像泡沫一样。因此，人人都渴望成功，但是，通过什么方式去争取？这就有学问了。追求成功应当是一种自然而然的过程，如果在主观上刻意去追求，其结果往往会适得其反。自然而然地去炫示，与刻意地去追求炫示是不同的。比如，一个白领上班地点与住址相距很近，自行车也就十分钟的路程。但是呢，为了满足虚荣心，贷款买个宝马，搞得车贷房贷压力很大，每天开车上班，经常堵车。这种炫示心理是不是很荒唐？当然荒唐，不切合实际嘛！自然而然地去展示自己的实力和优点，原则上说不应当称为炫示，而是生命的一种自然绽放，是一种美的概念，而炫示多少有点贬义。当然，在这个越来越浮躁的世界，能够自然而然地展示自己实力的人并不多。或者说，这个世界已经不给那些自然而然地展示自己实力的人机会了。在一个充满竞争的世界，谁还能那么淡定地坚持自然而然地表现自己呢？

掩饰与炫示心理是一体两面，炫示本身就意味着掩饰。人为什么要掩饰呢？因为他有不愿意让人知道的事情，这意味着他在价值观上对自己的行为或者想法有一种自我贬低的意识。这种心理倾向是他无法抗拒的一种感觉。他不希望别人了解他过去做过某些事或有过某些想法，并企图掩盖。从交往角度理解，把好的方面展示给别人，把不好的方面掩饰起来，这是每一个人都具有的一种心理。最终的心理动机只不过是为了交往的和谐和自己的尊严，当然也是为了维护和争取自身利益。这种心理不仅人有，动物也有。我们没有必要过多地纠缠炫示行为的定义及其产生的深层心理机制，重要的是不要将这两种心理倾向推向极端。生活当中，有些炫示或掩饰行为是可以接受的，但是，走极端就会走向变态。掌握好尺度，是一个具有正常理性的人都能做到的。如果做不到，就说明交往理性能力还有待于进一步提高。过度炫示，意味着可能存在某种心理障碍。炫示者企图通过炫示某些优点来掩盖某些心理缺陷。而过度掩饰，不仅会对掩饰者的行为改良造成负面影响，而且还有可能阻碍其健康人格的形成。

※※

广告片为什么总是那些有名的歌星、影星，而不是那些名不见经传的小人物呢？为什么明星推出的商品更容易得到大家的认同呢？这个问题可以用心理学上的光环效应来解答。

光环效应涉及两个问题：一个是事物的呈现方式，另一个是人们认识事物的方式。所有事物的呈现，都不是直接呈现给世人的，而是首先将自身的附属性质呈现出来。比如，我们看到的太阳，并不是太阳的实际形状，而是太阳光形成的视觉图像。同样，人们认识事物，也并不直接认识事物的本质，而是对事物的表面属性的认识。只有通过分析，将掩盖在事物表面上的面纱揭开，才可能认识事物的本质。

有些人利用事物的呈现方式和人的认识方式的特点，故意进行包装，从而达到个人出名或出售商品的目的。利用光环效应是商品营销的一个常见的策略，这一策略实际上是对人的心理的一种操控。事物的外在形式，对人的感觉形成直接的刺激，而人的心理活动就是受到外来的信息刺激而产生的心理反应。观众对歌星和影星的判断，依据的是他们在舞台上的表现，而歌星和影星的形象都是经过包装的，舞台上的形象与他们在生活中的形象完全两码事，有时甚至完全相反。有的人为了出名，会过度包装自己，时间一长就会露出破绽。为什么现在的明星八卦新闻那么多？就是舞台形象与生活形象出现比较大的反差造成的。对观众心理产生影响的是他们在舞台上的光辉形象。但是，那些演员的私生活往往与他们的舞台形象形成巨大的反差。因此，演员的丑闻一旦曝光对那些粉丝的心理就会产生强烈的冲击与伤害。

人们为什么对那些名人给予那么多的关注呢？名人的意思就是大家都认识的嘛，人们总是对自己熟悉的人或事物感兴趣。虽然对名人的熟悉只是观众的一厢情愿的单方面认知，尤其是那些经常看电影、听歌的年轻人，有几个心中的偶像那是再平常不过的事情了。现在几乎家家都有电视，中老年朋友经常看电视，也会有许多脸熟的明星。过去，我们常讲，一回生两回熟三回就成老朋友。在电影电视上露面多了，那些观众会将明星们当成自己家里人一样看待。有些老年人，子女在外地工作，一年也见不了几次，而那些明星们，天天可以见到，虽然只是在电视上。他们见到明星，那个亲热劲超过家人，也是不难理解的。

名人的光环效应，已经成为广告商推销商品的利器。对大众来说，名人就是一个脸儿。可是，不要小看这个脸儿，它可是取得消费者信任的最大理由。

其实，相信名人也是大众无奈的选择。现代商品科技含量越来越高，别说是普通消费者不了解，就是推销商也不一定了解得很清楚，这叫信息不对称。在这种情况下，要购买，又怕上当。当有一个“熟人”对你说，这商品如何如何好用，你会做何感想？当然是买了！当有一个陌生人向你推销，你做何感想？你的第一心理反应大概是：骗子！

名人在大众的心理上具有亲切感和权威感的双重效应。亲切感导致盲目信任，权威感导致盲目服从。

名人效应对个人的意义不仅仅是满足自尊心那么简单，还会给名人带来丰厚的经济利益。然而，这世界上能够成为名人的人毕竟是少数。于是，那些想出名，但却没能出名的人发展出一种满足自尊心的变形的形式——吹牛。

◎急功近利

急功近利是物性心理最重要的表达方式，与人的欲望相关的最重要的心理特征就是急功近利，这一特征反映了心理对行为的非法僭越的性质。

中国有一句俗语，叫作“隔着锅台上炕”，形容那些急功近利的人。这句俗语源自中国东北。东北冬天天气很冷，家里最暖和的地方就是热炕头。从寒冷的外面回到家里，最想去的地方就是热炕头。正常的情况下，要绕过灶火坑，从侧面上炕。但由于急于上炕，不愿意多走几步。于是，当进了大门，就直接跨过灶火坑，跃到火炕上去。在生活中，这个急迫的心情是可以理解的，但是如果这种态度成为人的人生态度，就会形成一种脾气和心理，这个态度对人生的消极意义远远大于积极意义，因此还是有所收敛为好。急功近利心理的特点就是为达目的不顾眼前，不择手段，总想弯道超车。对目标的追求心情太过急迫，就会忽视当下的危险，其结果经常是欲速则不达。人的生命，没有目标，就会缺乏意义感，但是把目标看得太重，反而会丧失目标的本真意义。目标虽然重要，但比目标更重要的是实现目标的过程。对过程的体验，才是生命的本真。

为什么人们会说婚姻是爱情的坟墓？就是因为爱情一旦把结婚当成目标，目标实现，就意味着爱情的终结。而实际上，人的生命最美好的时光就是你追求你心目中的爱人的过程。恋爱是一个过程，处于热恋中的男女是最幸福的。生命过程中有苦辣酸甜，是一系列感觉和感受的集合，而目标则是抽象的。当一个人对目标太过关注的时候，就会忽视当下的生命体验。忽视生命体验，等于是放弃了生命的权利，本来应当体验的幸福和苦难，因为太过关注目标都失去了。急功近利的人喜欢抄近道走捷径，在这一过程中，他会丧失欣赏沿途风景的机会。制造假商品的人，他的目标就是尽量地赚更多的钱，因此赚钱手段的合理性被忽略不计。从结果上来看，有的人成功了，有的人失败了。可是靠着造假发家致富的人，他在之后的生活中也无法得到心理的安宁。喜欢通过造假达到自己目标的，迟早有一天会被人揭穿。一个人造一次假不被发现很容易，但造一辈子假而不被人发现就很难了，甚至是不可能的。这就像一个人做一件好事容易，做一辈子好事就不容易的道理一样。一旦被揭穿，所付出的成本就可能是造假者的无法承受之重，毁了他的一生甚至可能殃及他的子孙后代。

一个人形成急功近利的心理，毁掉的只是他一个人，而急功近利成为一个民族或一个社会的品质时，毁掉的就是整个社会或民族。如果我们听说某个国家发生了革命，那么我们就有理由推断，这个国家具有急功近利心理的人一定不在少数。当急功近利成为一个民族的集体人格时，可以推断，这个国家或社会肯定会处于长期的动荡之中。由革命这一现象，我们可以推断出这个民族的集体人格和心理状态。从人的心理角度理解革命一词，革命就是一种焦虑的心理导致的一种行为失当，或者说是压抑心理的一次非理性的爆发。如果焦虑心理成为一个民族的集体人格的一部分，那么，这个社会发生革命的概率就会大大增高。焦虑的心理特征就是着急啊，着急目标能快一点达成。在这种心理状态下，他们会干出隔着锅台上炕的事情，这是必然的。“大跃进”和“文革”，在某种意义上就是“隔着锅台上炕”的写照。

急功近利的人倾向于用激进的手段实现他的目标，喜欢通过革命一劳永逸地改变自己的命运。这和赌徒的心理何其相似，他们是在用自己的生命赌自己的人生。在他们的心目中，靠劳动发家致富太慢了；靠自由恋爱娶老婆，太浪费时间了。总之，他们为了成功，为了达到自己的目标和目的，无所不用其极。能用金钱得到的就用金钱，能用欺骗得到的就用欺骗，金钱和欺骗都无法得到，就诉诸赤裸裸的暴力。为了吸引更多的人加入他们的行列，他们赋予了目标以伟大的意义。

※※※

为什么明知会输还要去赌？赌性源自直接满足人的欲望的心理诉求。

赌博，虽然成功率极低，但利差却极大。一旦成功，就可以一夜暴富。正是这个特征，赌博才有如此大的魔性。每个深陷赌博的人都无法自拔。赌博，现在已经成为一个职业选择。为什么会这样？因为这一产业满足了人性的需求，这就是赌性。当然，这并不等于说人人都是赌徒，只是说在我们每个人的内心深处，都有赌一把的欲望和心理。这种心理源自人对未来的不确定性而产生的一种焦虑。对未来赌一把就是寻求安全感的一劳永逸的捷径，这一特征显示了人性中急功近利的一面。从赌博的字面理解，参与赌博的人就是想不劳而获，企图通过投机取巧的方式获得财富。这当然只是他的主观愿望，事实上很少有人通过赌博致富，虽然成功的概率小，却并没有熄灭赌徒参与赌博的热情。事实上，在每个人的内心深处，都愿意相信自己就是上帝的选民，“我就是那个注定成功的人”。赌徒之所以总是信心满满地进入赌场，就是源于这一心理。当屡赌屡输时，他总会暗示自己，下次一定赢，直到赌掉了房子、车子，甚至老婆和自己的生命。赌徒的心理是很难去除的，否则我们就没必要把它归之于人性了。当他赌输了所有的筹码，他会愿意用生命去再赌一次。在动荡的社会，破产的赌徒从军或从事最危险的行业如贩毒等，成为他们最好的选择。

赌徒心理是非理性的，当他们进入赌场时，明明知道成功的概率微乎其微，只有百分之一、千分之一，但他们相信自己就是那百分之一、千分之一，这是侥幸心理。侥幸心理如果发生在行为之后，就有可能演化为一种感恩的态度。将自己的成功归于上帝的安排，这是一种宿命论的表达。这种心理有一种好处就是可以让他们变得谦虚起来。“功成弗居”，这是老子《道德经》告诉我们的一种人生智慧。若真如此，他们就进入了人生的高境界，就应当向他们表示祝贺了。但是这种侥幸心理发生在行为之前，会产生一种盲目乐观的态度。用这种态度赌博，导致悲观和绝望的可能性就会变大。

中国古人讲，凡事预则立，不预则废。做事要事先做充分的准备和计划，成功的机会才会高。然而，赌博这种事，无论做多么充足的准备，也无法保证一定能赢。因为赌博博的就是概率。那么小的成功率，意味着赌徒的成功是偶然的。而偶然性就意味着没有规律可循。如果有规律可循，每个人掌握了这个规律，就都会成功了。然而，这是不可能的。赌博这种事的存在，就是建立在一人赢千人输的基础之上。即使赌博会有一些技巧，但是这些技巧一旦普及，这些技巧帮他们获胜的作用几乎可以忽略不计。因为这些技巧发生作用的前提是，“世界上只有我一个聪明人，别人都是傻瓜”，这个前提本身，就说明拥有这一想法的人是个“傻瓜”。如果这些技巧真的有用，就一定会普及。而普及的技巧会将技巧存在的前提摧毁，最终把这些技巧的有效性归零。

以我的观察，赌场上真正的赢家只有三种人：一是庄家；二是赌一把，赢了就走人，而且以后再也不进赌场的人；三是舞弊的人。从A股市场的赢家输家的分析中也可以得出这个结论。庄家和舞弊的人，实际上都违背了赌博规矩。因此，他们的赢，并不能说明他们的赌术高明，只是说明他的“犯罪”手段高明，不仅胜之不武，而且他们因此受到惩罚的可能性也会陡然增大。而赌一把就走人的人，算不上是一个真正的赌徒，只有他们再次进入赌场，与赌场不离不弃时，才能称为赌徒。然而，他们一旦成为赌徒，在最终意义上，他们就不可能赢，因为概率是一种客观存在，没人能改变。即使赢了一百次，但是到了一百零一次就可能把他的所有赌资输光。在赌场上无往而不胜的，只有神！

※※※

急功近利心理从许多社会现象中表达出来。吃补药也与这一心理有关。

我有一个农村的亲戚，身体本来很棒，但他偏偏爱吃补品。凡在他的认知范围内，对身体有补益作用的食品，他都想方设法去搞些来。他知道狗肉大补，很壮阳，于是狗肉成了他的最爱。他有心脏病，不适合吃这些补品，但他控制不住，结果，不到60岁，就心脏病发作，命归西天了。古话儿说得好，是药三分毒。当您打算掏腰包买补药时，可要三思而行。

人的健康是生命质量的保障。因此，在健康问题上，人们具有强烈的急功近利的倾向，这也是人之常情。如买补药的人，是想通过吃补药达到强身健体、长寿养颜的目的。持有这个想法的人多了，于是有了保健品市场的扩展，保健品生产成了一个赚钱的产业。可是，补药与保健品真的有那么重要吗？现代医学已经总结出影响人的健康的三大因素：一是心理，二是饮食，三是适量运动。更有保健专家认为，人的心理对人的健康影响最大，甚至超过 50%。如果这些观点是正确的，那么买补药吃补品就没有他们想象的那么大的意义和作用了。吃补药的作用充其量也不会超过饮食对人的健康的影响，何况补药只是饮食的一个辅助成分，对饮食只起到一个调节作用。

那么人们为什么肯花大价钱买补品，以至支撑起了一个产业呢？从心理上推断，这是因为在人们的心理上夸大了补品补药对人的身体健康的意义。为什么会产生这个夸大的心理呢？其原因，我们可以从上面讲到的影响人的健康的三大因素来推论。三大因素共同为人的健康提供保驾护航的服务。如果夸大了补药的作用，那么，对心理和运动的意义就会产生贬损的效果，甚至对饮食调节的作用也会有所忽视。因为补药在本质上也是一种食品，现在强调补药的作用，饮食对身体健康的意义就会相对地被降低。通过心理建设保持身体健康是一项长期的任务。因为健康心理的养成不是一蹴而就的，需要不断地学习，不断地在实践中调整。而对成年来说，心理习惯已经养成，要改变难上加难。为了要养成健康的心理习惯就要付出代价，不得不改变自己的生活习惯和性格。这对一个人来说，太难了。俗话说，江山易改禀性难移。这对一个开始重视养生和健康的人士来说，太遥远了。

适量运动似乎很容易做到，但对一个没有运动习惯的人来说，也并不是那么容易，因为这意味着让他重新培养一个习惯。更何况，运动是需要体力的，对一个没有运动习惯的人来说，开始的阶段是很苦的，需要流许多汗水。重要的是要长期坚持，这就需要毅力。而毅力，是人的一项重要意志品质和心理素质。没有长期的努力和坚持也很难养成。这意味着，在三项对人的健康影响最大的因素中，只有饮食调节最容易，因为人要天天吃饭，因此调节每天的饮食，自己最容易掌控。如果要吃补药，只需和日常饮食结合起来就成。因此，对健康身体的追求，使他们很愿意接受那些夸大其词的补药的广告宣传。对那些声称对人的建康能起到立竿见影效果的广告，他们很愿意试试。其实，这也是一种赌博心理，他们经不住广告的诱惑。也许他们会怀疑广告的宣传的真实性，但转念一想，如果是真的呢？真的管用呢？反正吃了也没什么坏处。于是，他们就掏出钱包……与其说，他们做作保健身体的努力，还不如说他们在赌博。赌博是会上瘾的，买补品也会上瘾。一次几十、几百，赌注不大，还能承受得起，可是一旦中奖，就是几十万、几百万，一辈子都花不完。于是，在“万一中奖了呢”的心理支持下，开始了赌徒的生涯。买补品的心理与此类同，唯一的差别是奖品不同，前者的奖品是金钱，而后者的奖品是“健康”。买补品对身体无害，只是赌徒的一厢情愿。因吃补品不当而毁坏了身体健康甚至命丧黄泉的也大有人在，同样，因赌性难改而倾家荡产的人也屡见不鲜。

※※※

《马太福音》有这样一句话：“凡有的，还要加给他，叫他有余，没有的，连他所有的也要夺过来。”罗伯特·默顿将这个现象称之为“马太效应”。其实，在中国古老的典籍《道德经》中也说过一句话：“天之道损有余以奉不足，人之道损不足以奉有余。”这句话表达了马太效应相同的思想，不过比《马太福音》表达得更富有哲理。老子的话将马太效应提升为人与自然界普遍规律的高度。如果追究马太效应产生的心理原因，就是着急心态使然。着急的意思指心理追求总是超越客观条件允许的范围和程度，结果就会出现心理追求与客观效果不断分化的现象。对一个具体的人来说，他的心理追求与客观效果长期保持一致，就会出现目标加速实现的现象。反之，如果心理追求与客观效果长期偏离，就会出现目标偏离加速的现象。一个人的心理如果出现马太效应，就是指精神分裂的趋势。双面人格就是心理上的马太效应产生的结果。如果从技术层面描述马太效应，实际上就是指加速度现象。加速度有两个方向，一个是越来越快，一个是越来越慢。

马太效应在日常生活中是普遍存在的，如在教师与学生的关系中，教师往往倾向于对他心目中的好学生给予更多的关注，而对他心目中的差生则关注较少。这会造成“好”“坏”学生向两极发展，也就是好的更好，坏的更坏。教师的态度在课上课下都会自觉不自觉地表现出来，如上课时总让那个好学生发言，那个好学生有了缺点毛病也不会影响教师对他的好感，教师会善意地指出或只是轻描淡写地说几句，教师不会吝啬对他的表扬和鼓励。久而久之，这个学生的自信心、智力发育就会更优秀一些。而教师对心目中的差生，就会采取不同的态度，如上课很少让他发言，对他的缺点毛病总是有意无意地放大或进行严厉批评，这个所谓的差生久而久之会感受到教师对他的歧视，无形中会将这个孩子送上“更差”的道路。这个孩子在自信心、学习兴趣等方面就会陷入困境。一个好的教师，要努力克服这个心理，对学生施予无差别的爱。不幸的是，现实中，好教师真的是少之又少。

马太效应在经济领域的体现就是喻指富者愈富贫者愈贫的社会现象。一个大公司老板，因他可以支配的经济资源多，他在经营中会有很多优势，所以他会有很多赚钱的方法，钱能生钱，他会越来越富。而一个穷人，他所掌握发财的手段很有限，他的智力发展也会因为穷而受到限制，因此他会越过越穷。这已经不是单纯的心理问题了，而是关系人类的生产制度的缺陷。虽然不合理，但却是一种现实社会运行的法则，一种残酷的现实。

一个作者，在其未出名时，他非常勤奋地写文章，但却屡屡遭到退稿，是他的水平不高吗？也未必尽然。在他出名之后，约稿信却铺天盖地而来。他有时会将以前的旧作拿出来，得到的反响很可能超过他的成名作。报纸将这种现象叫“炒冷饭”。

马太效应的例子真是不胜枚举，甚至马太效应这个词流传的过程也成为马太效应的例子。在马太效应未被媒体认可之前，文章中很难见到马太效应这个词，等到这个词被媒体认可之后，关于马太效应的文章满天飞。

中国有句谚语叫“锦上添花花常有，雪中送炭炭常缺”，也是对马太效应现象的一个总结。为什么会这样？原因是复杂的，可以从多角度去探索，在这里我只对产生这一现象的心理原因做一个分析，以供读者参考。

我得出的结论是人的价值观导致了马太效应现象。人的生命的支撑是意义感，而价值观则是意义感产生的前提。人是会思想的动物，人的行为伴随着人的相应心理。心里想的什么决定了主体行为的方式和性质。“心里想的”和“行为”之间有一个“中介”就是“感觉”，就是“意义感”。人做某事，是因为他认为做这件事有“意义”。这个意义感是他的行为的动力和目的。显然，意义感贯穿了“行为动作”的始终。假如在这一过程中，他感觉到没有意义了，他就会立即中止这个“动作”，这是不言而喻的。同样，人的心理过程也是如此。倘若主体“觉得”某种“想法”没有“意义”，他就会立即放弃这个“想法”转而去“想”其他“想法”或干脆什么也不去想，放松自己的神经。“心理事实”之所以能够发生，完全是因为主体觉得“这样想”或“那样想”有

“意义”，他才会“想”下去，并由此形成一个“心理事实”。再深入这种心理背后，我们会发现价值观在其中发生着作用。价值观本意就是指看重“某件事”“某个动作”或“某个想法”。显然，价值观是通过比较而来的，在“两件事”或“两个想法”中选择其中一件事或一个想法去做去想，这是人之所以为人，之所以能进化的根本属性，是大自然赋予人的特性。解释也只能到此为止，如果非得找一个终极原因，那我们就只能将人的这种特质归于上帝，归于神，归于“道”的创造和赋予。在心理层次上，这是价值观在起作用。因为意识到这样做这样想“好”那样做那样想“不好”，才会选择“好”的事和“好”的想法去做去想。是非善恶就是价值观的基本表达。虽然价值观每个人都有，但每个人的是非善恶标准却是不同的，没有两个人拥有的价值观完全相同。这就好像树叶，虽然看起来很像，但实际上每片树叶的纹理都有着细微的差别。因此说，人的价值观可以相似，但绝不会完全相同。这也是每个人都有自己个性的原因。个性，可以理解成上帝送给我们每个人的礼物。珍惜自己的个性才不会愧对上帝赐予我们的生命，因为个性是我们个体生命价值的源泉，也是个体价值观、意义感的基石，决定了个体生命的性质、境界和高度。从个性是上帝赐予的角度，每个人的个性都是平等的，天赋人权就是对这一观念的提炼。但是，我们看到在价值观造就了自我的个性的同时，也造就了自我的个性与他者的个性的差异。这一特点在社会层面就会表现出社会的偏好。人不仅是个体存在，而且还是一个社会存在。也就是说，人的个性，不只属于他自己，而且还属于他所在的那个集体、社群或社会。个体之间的相似性决定了社会的偏好。所谓社会偏好，就是指社会中的大多数人拥有大致相同的价值观，并按这一价值观行事。如果一个社会中社会成员足够多，在现象层面，我们就会发现社会成员的行为会不断发生分化，越来越多的社会成员向社会偏好的价值观方向发展，而能坚持自己独立价值观的人数会越来越少。最终，这些坚持自己价值观的人要么被淘汰要么主动出走，离开这个与自己个性越来越不相融的社会，到另一个能够容纳自己个性的社会生活。还有一种可能就是离群索居，过与世隔绝的生活。当然，这只是马太效应导致的一种极端情境的推理。现实的情况是，社会的发展变化不仅遵循了人道还遵循了天道。天道高于人道。马太效应所导致的两极分化在发展到一定程度之后，就一定会向它相反的方向运动，这是天道在起作用的标志。这时，社会偏好就会发生偏转，主流价值观就会变成非主流，非主流价值观就会上升为主流。人们相信所谓风水轮流转明年到我家的说法，同样的谚语还有十年河东十年河西等，都是指社会偏好发生转变的情景。从社会发展的动力机制来看，一个社会的发展，不仅取决于主流价值观的推动，也取决于非主流价值观的推动。甚至在一些特殊的历史时期，某个强大的个体如启蒙思想家，他们的个人价值观和价值取向由于符合了变革时期社会发展的需要，在很短时间内就会由非主流上升为主流，成为推动社会变革的重要力量。一个充满活力的社会，一定是多元价值观并存并互相借鉴互相推动的结果。马太效应是社会不公的表征，《马太福音》指出这一现象，不是让我们要遵循和顺应这一现象，而是让我们更清醒地认识这一现象，从而解决社会不公问题。

◎自我欺骗

自我欺骗是解决现实问题的最便捷的也是虚幻的途径，具有不可抗拒的魔力。做梦是自我欺骗的一种形式，梦的本质就是欲望的象征性满足。

人们为什么喜欢用自欺的方式来满足自己的心理需要？人的自尊心是脆弱的，不得不用自欺的方式来维护，以至于在人的心理世界建立起一种自欺的偏好。事实明明如此，但因为真相让他心里不舒服，他就有意无意地加以掩饰和屏蔽。同样，明明知道对方对自己的赞美有夸大其词的成分而且虚情假意，也依然乐于接受。虚伪成为人的深层精神品质，拉康对自我的精神分析揭开了人的虚伪品质的心理形成机制。作为精神分析医生的拉康，着力从否定性方面说明个人主体构成的虚幻性。依他之见，个人之“我”的形成发生于一种异化的强制性自我认同，也就是镜像中的异化认同。这是一种自恋式的虚假认同。在这里，自我通过投射于客体即镜像，或另一个人来反观自己，这是一个异化的身份，由此，无意识之我被逐放为一个无名的他者。镜像是“可见世界的门槛”，可是从这个入口进去只能通向异化。个体与其自身将处于永不一致的异化命运之中[1]。在拉康这里，主体的异化命运分三步走：第一步是“无意识之我”与支配我的自我形象的一体化。这种无意识之我的被同化导致主体之我的生成，在认同中发生对无意识之我的奴役和异化[2]。无意识的欲望能指成为他者，主体的无意识即是他者的话语[3]。“无意识是我的历史中留着空白或填了谎言的一章：它是被查禁的一章。”[4]第二步是无意识之我与语言符号一体化。无意识之我是被语言询唤成主体的，可是，一旦无意识之我在语言的询唤中认同了自己，无意识之我作为一种存在就“丧失在语言中”[5]。在符号的王国中，主体受到暴力式的统治，在自我惩罚、性格面具和种种变态伪装之下，虚假的主体被确立，而无意识之我却死亡了。依拉康的逻辑推论，“异化”贯穿了主体的一生，永远“不是在说话而是被说”，名为主体实为受体异化的定格。第三步是异化主体之“我”与他者形象的一体化。拉康认为，可见世界作为他者，不过是从“我”的投射之镜发端

[1] 参阅 [法] 拉康著：《拉康文集》上海三联书店 2001 年版，第 91 页。
[2] 参阅 [法] 拉康著：《拉康文集》上海三联书店 2001 年版，第 188 页。
[3] 参阅 [法] 拉康著：《拉康文集》上海三联书店 2001 年版，第 75 页。
[4] 参阅 [法] 拉康著：《拉康文集》上海三联书店 2001 年版，第 269 页。
[5] 参阅 [法] 拉康著：《拉康文集》上海三联书店 2001 年版，第 364 页。

的，这必然是一个虚构的世界。并且，这个世界的本质是“集中营式的社会关系”，在这个世界中扮演某种角色的社会之我本身已经是被谋杀的真我的尸体[1]。因此，拉康改写了笛卡尔的“我思故我在”命题，成为“作为异化主体之我思时，无意识之我（真我）不在，无意识之我在时，异化主体之我不思”。无意识之我不在异化之我思的内容之中，无意识之我在异化之我不思之时显现。[2]

异化之我是主体自欺的逻辑基础，通过自欺彰显无意识之我的存在。因此，自欺是人源自生命深层需要的无法更改的心理偏好，是主体寻求快感的方便之途。即使通过这种偏好所获得的满足是象征性的，在本质上说是虚假的满足，也在所不辞。生命不息，自欺不止。

※※

对待死亡的态度是一种自欺？死亡是每个人在未来都要面对的事实，但我们却不得不假装我们的未来充满希望，还要保持积极乐观的人生观，这是典型的自欺。

自欺心理源于象征性的满足方式。象征性地满足心理需求，并没有解决实际问题，因此问题依然还在，什么时候想起来都是一种痛。因此象征性满足是暂时的。然而自欺并非没有它的积极

[1] 参阅 [法] 拉康著：《拉康文集》上海三联书店 2001 年版，第 95 页。
[2] 参阅 [法] 拉康著：《拉康文集》上海三联书店 2001 年版，第 449 页。

意义。在一定意义上，自欺也是一种积极的心理能力，需要修炼。如果我们每天把死亡的真相记在心里，死亡的阴影就会笼罩在我们的心头。我们的心理被悲观的情绪占据，人生就会变得灰暗。

自欺心理不仅使乐观主义在人的心理世界占有了一席之地，而且还催生了文明制度。私有制是人类进入文明阶段的一个重要标志，它的产生就与人类企图通过自欺心理摆脱死亡阴影高度相关。

※※

私有制，迄今为止依然是绝大多数国家和社会奉行的一种经济社会制度。这一制度由于长期的存在，不仅深刻地影响了人的经济生活，也深刻地影响了人的心理过程。这意味着人的心理反应形式，都或多或少地受到这一制度的影响。私有制作为一种社会制度似乎是外在的，但我们分析一下就会知道，这一制度的基础是人的占有欲。如果没有占有欲望，这一社会制度就不可能建立起来。然而，当人们将土地和房屋视为自己的私有财产时，土地和房屋依然在他的身体之外，“占有”只是一种观念和一种欲望。所谓占有，只是一种想象的占有。这种占有的想象很容易走向极端，进而走向心理失衡。私有财产得到了法律的保障，使这种占有形式好像成为一种客观的存在。人的贪婪的欲望，在这个制度下，无限地膨胀起来。比如说，一个人有100块面包，他一周内只能吃掉50块，但是他将这100块面包视为自己的私有财产，并用武力捍卫他的财产占有权利，拒绝将那多余的50块面包与他人分享，宁愿那50块面包在一周后发霉变质，然后扔掉。显然，他的占有欲已经超过了合理的范围。法律应当是理性的最高权威，对这种非理性行为加以规范，但是法制的力量在不断增长的人类欲望面前显得力不从心，这不能不说是人类的悲哀。

贪婪的人不断地追求更多的土地、更多的房子、更多的面包，似乎只有这样才能保证他长生不老，可以慢慢地享受他的财产。然而，事实是，无论他有多少房产，夜晚也只能睡一张床，无论他有多少块面包，一顿也只能吃一定量。他死后，他的财产一样也不会跟他去阴间。不过，人就是这么愚蠢。在古代，一些有钱人死后，让他的家人在他的坟墓里放入许多殉葬品，以为这样就可以将他在世间的财产带入坟墓，他就可以在阴间永远享用。

从生存角度，坚持自己的占有权利似乎是合理的。个人占有财产，为的是保证他在这个世上活得更幸福更安全。这并没有错，问题是他占有的财产，超过了他在世上全部的合理需要，这就是变态。这种人在今天的社会中也依然大量存在。那些拥有的财富还不能让他一生衣食无忧的人，追求财富是合理的。但是那些已经拥有自己和家人几辈子都消费不掉的财富的富人也依然在追求着财富，而且更加起劲地与那些穷人争夺有限的资源，这就是非理性，是贪婪。

股票是有钱人的游戏，它就是利用了人类的贪婪和变态心理才诞生的。炒股的人，绝大部分都是解决了温饱问题手中又有点闲钱的人。贪婪虽然是人类的非理性欲望，但对人类生产的发展却起到了积极作用。如果人类不贪婪，够吃够用就不去做更多的事情，不去想赚更多的钱，那么人类就可能永远也摆脱不了小农经济的束缚，永远也无法进化到资本主义大工业生产时代。人类的贪欲催生了资本主义的生产制度。没有人类的贪欲和变态，资本主义生产制度就不可能建立起来。然而，没有节制的占有欲望往往会发展到非理性的贪婪程度。

※※

有一位富人拥有一家上百亿元的上市公司的50%股权，每年的收入上亿元。很明显，他的个人消费花不了这么多。他为了保值，花费上亿元收藏艺术品。而那些艺术品，他并不懂。但没有关系，他可以请专家帮他鉴别真伪，他只是把收藏品当成投资，当成赚钱的工具。他的艺术品收藏室，实际上就是一个仓库。当他发现哪件收藏品涨价了，有了不菲的利润空间，就出手卖掉。真是可怜了那些珍稀的艺术品了。艺术品是供人欣赏的，本来可以供一切喜爱艺术的人欣赏，但是，因为所有权归这个毫无艺术细胞的富人，就只能在暗无天日的收藏室待价而沽。所有权不过是富人头脑中的一个观念，他对收藏品的占有其实只是一种想象的占有，是虚幻的。为什么会这样说？我们来分析一下，假如这个富人很懂艺术，我们看看他是如何占有一幅名画的。我们假定他把这幅名画挂在了客厅，每当出来进去时，都要看上一眼。或者在他赋闲时，站在画前细细地品味，或者来了客人，他兴趣盎然地给客人讲述有关这幅名画的故事。最重要的是，他并没有将它当成投资品，而是真心想收藏。这大概就是这幅名画被这位富人据为己有后的最好的待遇了。名画之所以是名画，是因为它能给许多人带来审美享受。也就是说，名画成为名画的前提，是它在社会上的知名度，得到许多人的喜爱。实际上，名画已经成为一件公共物品，甚至可以看成人类共有的财富了。在这种情况下，这幅名画却成了他的私人藏品，这合理吗？或者，他收藏这幅画是理性的吗？说他的心理变态，似乎有些不文明，但问题始终存在。如果这幅画放在公共博物馆，他依然可以抽空去欣赏，满足他的审美需要。这个富人从博物馆的大厅里欣赏这幅名画，与他在自己家里的客厅里欣赏这幅名画，他所产生的愉悦感会有什么不同吗？即使有不同，也只是他的审美能力之外的因素在发挥作用。可能这个博物馆离这个富人的家有10分钟的车程，这个富人感觉有些不方便。但是，这并不影响他欣赏那幅名画所产生的审美愉悦感。将那幅名画挂在客厅欣赏，只是他的自私心理在作祟。他占有那幅名画，实际上剥夺了其他人在博物馆欣赏名画的权利。在法律上，那幅名画是他的私人收藏，他有权利不让别人欣赏。可是，这个权利是合理的吗？名画在本质意义上是公共财产，因为那幅画被创作出来就是让所有长眼睛的人看的，欣赏的。也就是说，欣赏那幅画是所有人的权利。对那幅名画来说，它的价值体现在看的人数上。看的人越多，它的价值就越高，它所产生的社会意义就越大。名画给人们带来的审美愉悦感才是其价值所在。但是，这一切都被名画被私人占有这个事实阻断了。这意味着名画的价值无从发挥了，它的价值只变成了一个观念，而作为一件劳动产品，它的实际意义就在于它的使用价值。只有更多的人花更多的时间去欣赏这幅画，名画的使用价值才会更大。在中国古代，这叫物尽其用。而私人占有名画，妨碍了物尽其用。因此才说这种占有是不合理的。保护这种不合理的权利的法律，也是不合理的，应当对其进行改革。这个不合理的法律长期施行，导致的一个社会后果，就是改变了越来越多的人关于合理性的观念。这是将常态与变态的颠倒，人们的心理也由此变得扭曲，正确的合理的观念与错误的不合理的观念易位。那位富人用高价将那幅名画收归己有，似乎提高了名画的价值。但这只是名义的价值，只是观念上的价值，只是交换价值，而不是这幅画的实际价值和使用价值。观念上的价值，只有得到社会的公认，才可能变成交换价值。名画的交换价值是相对的，只要它在不同的买家卖家之间流通，它的价值或价格就是变动的。名画的价值是不确定的，如果一个国王愿意倾全国的财富换这幅名画，就是天价。如果这个国王破产了，在逃亡的途中，想用这幅画换一块面包而不得，那它就是废纸一张，毫无价值。在理论上，我们可以假定，这幅名画的价值是由画家的创作时间决定的，但这个判断只具有理论意义而不具有实际意义。如果，当初画家将画作创作出来时，无人欣赏，卖不出去，那就是废品。废品既不会有社会价值也不会有使用价值，甚至可能是负价值。如果有人看了这张废品的画，感到恶心，就是一种负价值。这样的画就是倒赔钱给人家，人家也不愿意看。如果为了钱的缘故，捏着鼻子看了一眼，忍受了瞬间的恶心，负价值就由此坐实了。

商人购买这幅画，不是为欣赏，而是为了赚钱。他看好这幅画有升值的空间，也就是预计到可能有人愿意出更高的价格来购买这幅画。这时，他才会出手买下这幅画。不过，商人的眼光也并不总是精明的，看走眼的情况也会经常发生。于是，当占有这幅画的成本高于预期卖价时，他就不得不赔本大甩卖。在本质上，我们可以说商人从来也没占有过这幅画，因为他根本就没有好好地欣赏过，根本就没好好地消费过这幅画。这幅画只是临时寄居在商人手中，只有它被人消费或被人欣赏的时刻，才是它的价值所在。这幅名画被谁占有并不重要，重要的是它发挥作用的时刻。

※※

占有的本真意思是“成为自己的一部分”“别人拿不走”，“被自己牢牢控制住”。但是，世界没有什么东西可以成为人的一部分，“自己的东西”也没什么东西不可能被人拿走，更不会有被自己牢牢控制住的东西的存在。你将一个苹果吃了，消化了，然后排泄了，似乎苹果成为你身体的一部分。你可以说，虽然苹果的大部分被你排泄掉了，但小部分经过消化吸收成为你身体的一部分。然而，事实是，被你咀嚼后进入你的肠胃的只是苹果的变形形态，是苹果的“尸体”，而且是被嚼烂了的“尸体”。你能说被嚼烂了的苹果还是苹果吗？根本就是两个不同的东西，二者没有任何实际的联系了。这就像你不能将张三的骨灰还当成张三一样。张三活着的时候活蹦乱跳，是每天扇你两耳光的恶霸，张三的骨灰还能对你大吼大叫吗？不能！好，既然承认这一点，那你还有什么理由将张三的骨灰还当成张三呢？如果，你觉悟到这一点，那么你就不得不承认“经过消化后的苹果成为你身体的一部分”的结论是荒唐的。

接下来，我们来讨论，每个人是不是有别人拿不走的东西。其实，这个话题一提起，我们就应当注意到这个观念的荒诞性。天下人都会承认，人终有一死，我们的身体连同我们的灵魂都会消失得无影无踪。即使我们相信我们的灵魂不死，它也是在我们的经验世界之外存在。而占有是指现世的占有，“不许别人拿走”也是指在我们的经验世界。连我们的身体和灵魂都可以被“上帝”拿走，那么，还有什么东西不可能被人拿走的呢？答案是——没有！

接下来讨论，被自己牢牢控制住。杂技演员用他们灵巧的双手可以将几个甚至十几个球在两手间不停地倒腾，我们可以说他们的控制力很好。但是如果将球增加到几十个、几百个，他们还可以控制住吗？因此说，人的控制力是有限度的，企图控制所有人所有事是荒唐的，是注定要失败的。但是贪婪的人总是想占有更多的东西，还想把占有的东西牢牢地控制住，可能吗？不可能嘛！不可能，为什么还要去占有？这就是非理性，不自量力。

总结一下，我们可以得到一个结论：所谓占有，只是想象的占有。如果把控制解释为占有，那么有限的控制或占有是合理的，超过自己控制能力之外的占有就是不合理的，是非理性的，是荒唐的，是变态的。生不带来，死不带去。道理谁都懂，但是一轮到自己选择，因为涉及自己的利益，就都会变得贪婪起来，变得非理性起来。

※※

西方经济学中有一个非常有名的小故事——囚徒困境。故事中有两个囚徒一起做坏事，结果被警察发现抓了起来，分别关在两个独立的不能互通信息的牢房里进行审讯。两个囚犯都可以做出自己的选择：或者供出他的同伙，即与警察合作，从而背叛他的同伙；或者保持沉默，也就是与他的同伙合作，而不是与警察合作。这两个囚犯都知道，如果他俩都能保持沉默的话，就都会被释放。因为只要他们拒不承认，警方没有证据就无法给他们定罪。但是，警方也明白这一点，所以他们就给了这两个囚犯一点儿刺激，告诉他俩，如果他俩中的一个人背叛，告发他的同伙，那么他就可以被无罪释放，同时还可以得到一笔奖金。而他的同伙就会按照最重的罪来判决，还要对他施以罚款，作为对告发者的奖赏。当然，如果这两个囚犯互相背叛的话，两个人都会按照最重的罪来判决，谁也不会得到奖赏。

在这种困境中，这两个囚犯该怎么办呢？是选择互相合作还是互相背叛？从表面上看，他们应该互相合作，保持沉默。因为这样他们俩都能得到最好的结果——自由。但他们不得不仔细考虑对方可能做什么选择。B 犯的心理大概是这样的：A 犯不是个傻子，他不会相信我。一定会向警方提供对我不利的证据，然后带着一笔丰厚的奖赏出狱而去，让我独自坐牢。这种想法的诱惑力实在太大了。但 B 犯也意识到，他的同伙也会用同样的逻辑来推测他。所以 B 犯的结论是，唯一理性的选择就是背叛同伙，把一切都告诉警方，因为如果他的同伙笨得只会保持沉默，那么他就会是那个领奖出狱的幸运者了。而如果他的同伙也根据这个逻辑向警方交代了，那么，B 犯反正也得服刑，起码他不必在这之上再被罚款。所以结果就是，这两个囚犯按照不顾一切的逻辑得到了最糟糕的报应：坐牢。当然，在现实世界里，信任与合作的事例也是大量存在的，但在囚徒的两难困境中，人的自保意识占据了上风，将自我利益最大化的考量将他们的心理推向不信任和相互防范的方向，进而做出互害的选择。

在维基百科上，我看到过一份材料。其内容是，1950 年兰德公司的研究人员设计了一个“囚徒困境”游戏用来研究人在困境中是选择合作还是背叛的问题。后来美国政治学家罗伯特·阿克塞尔罗德在其著作《合作的进化》中，探索了经典囚徒困境情景的一个扩展，并把它称作“重复的囚徒困境”。

在一款多人博弈的游戏中，将游戏的参与者置于囚徒困境中的情境，使他们不断地在合作与背叛之间进行选择。他分析了胜率与选择之间关系，得出成功的必要条件：第一要友善。这就是说，不要在对手背叛之前先背叛。几乎所有的高分策略都是友善的，因此，完全自私的策略仅仅出于自私的原因，也永远不会首先打败其对手。第二要有报复心。成功的策略必须是要对背叛自己的人进行报复。始终合作的策略是一个非常糟糕的选择，因为“下流”策略将残酷地将这样的傻瓜打败。第三要有宽恕心。成功策略的另一个品质是必须要学会宽恕。如果对手不继续背叛，就要逐渐放弃报复一直到重新合作。这个策略保证了玩家停止了报复和反报复的长期进行，最大化了得分点数。第四是不嫉妒。坚持友善的初始策略意味着玩家不会追求高于对手的分数。

阿克塞尔罗德得出一个惊人的结论，即自私的个人为了其自私的利益会趋向友善、宽恕和不嫉妒。友善的玩家能先完成交易。当这些对抗被每个选择不同策略的参与者一再重复之后，因为利己者意识到自私的选择会导致失败，因此最终“贪婪”的策略会趋向于减少，而比较“利他”的策略将会被越来越多的人采用。他从这个博弈的结果推论，通过自然选择，一种利他行为的动机可能是从最初纯粹的自私动机进化而来的。

※※

自我欺骗的一个经典做法就是吹牛。有人喜欢吹牛，南山打过狼、北海捉过鳖的光荣经历经常挂在嘴边。听他的口风，他的本领大了，听了让人肃然起敬。假如只是三五相好，喝酒闲聊，自然无伤大雅。但是如果形成习惯，就招人烦了。有真本事的人，不会吹牛。喜欢向别人炫耀自己的丰功伟绩，多半出于对当下处境的一种掩饰。其心理根源在于自卑，企图通过吹牛来抵消自己的自卑心理。在某种意义上，这也是在寻找一种心理平衡。自卑是一种负面情绪，如果觉得事事不如人，自然无法高兴起来。而吹牛恰恰是摆脱这种负面心理的途径。如此想来，吹牛也有它的积极作用，起码在调节自我心理方面有它的实用功效。然而，吹牛毕竟是一种虚幻的方法，并不能从根本上改变自卑心理。象征性满足只是暂时的。当吹完牛，一个人回到家里，钻进被窝里，自卑的情绪就可能袭来，说不定会一个人蒙着被子哭泣也未可知。

在心理机制上，吹牛是用来对付自卑的，但它的虚幻性质所产生的心理效应不是导致正常的自信心理的确立，而是导致盲目自信。盲目自信是源于人的动物性的一种心理特质。超越了建立在理性基础上的自信心理范围，这意味着盲目自信没有经验基础。当现实的挫折袭来，盲目自信就很容易崩溃。打个比方，盲目自信就是一种心理泡沫，任何微小的荆棘小刺，都可能将其捅破。有真本事的人心理往往是自信的，但表现得却很谦虚，甚至谦卑。

这不是虚伪而是在他内心真的觉得自己的能力并没有什么了不起，也许在外人看来他已经取得了别人难心企及的成就。在形式上，谦虚与自卑有相似的地方。但自卑的人觉得自己什么都不行，干什么都干不好，而谦逊的人并不和自信心理相对立。一个谦虚的人，也可以是一个很自信的人，而一个自卑的人，很难通过正常渠道建立起自信心理。吹牛，并不是源于自信，而是源于自卑，企图通过吹牛抵消自卑。这种努力，只是一种纯粹的心理上的努力，无法将这种努力融入他的行为中。超越自卑，如果只局限于心理上的努力就会向吹牛方向发展。只有将心理和行动上的努力结合起来，超越自卑才是可能的。吹牛是一种虚假的超越，是一种象征性的超越，实际上是一种自我安慰。当然，它的积极作用也是存在的，那就是在一个短暂期间内达到一种临时性的心理平衡。应当承认，这也是调整自卑心理的一种方法。自信是一种正向的心理素质，但是过度自信就会导致心理麻木，从而向盲目自信方向发展。完全的理性的自信是不存在的，因为如果理性是指一种心理上的宁静，在这一时刻可以客观公正地对待客体，那么，当客体发生变化，原有的认知就会发生改变。这时，自信就可能发生动摇。因为自信是建立在原有的认知结构基础之上的，如果认知结构发生改变，自信就不复存在。只有新的认知结构建立起来之后，新的自信才可能建立起来。这意味着，自信也要有个前提，也就是在自信的同时也要具有适度的怀疑，使自己的自信心理处于一种可以流动状态。信仰是一种深度的自信，信仰是不允许怀疑的心理出现的。为什么人们在日常交往中，信仰是一个忌讳的话题？就是因为有信仰的人对别人对自己的信仰的质疑有一种天然的反感，因为别人质疑，有可能动摇他的信仰。信仰坚定的人，怀疑精神就可能差一些。信仰与科学精神是对立的。信仰过于坚定，就很容易一条道儿走到黑，就容易固执己见，形成盲目自信。

※※※

如果对人的心理做一个分类，大概只有两种：一种是常态，一种是变态。这两种心理状态，每个人多多少少都会存在，这也是人的心理经常处于纠结状态的原因。用自我欺骗的方式并不能保证人的心理持久的逻辑统一，内在的心理冲突反而会因此而加大。

举重若轻是人的一项重要的心理素质。举着一个铁锤就像举着一团棉花一样。在别人看来能把他的精神压垮的大事，在他自己看来就像是家常小事一样。对他的心理影响，外人完全看不出来，这就是举重若轻。据媒体报道，曾经有个官员得知自己的儿子出了车祸之后，第二天照常上班上电视，就好像什么事也没发生一样。我很疑惑是不是应当将他的这种态度归于举重若轻的范畴。或许在他的心里保住官位比他的儿子的生命重要得多。如果果真如此，他就不是举重若轻，而是将重要的放在了重要的位置，将不重要的放在了不重要的位置，心理完全正常。正是因为明白什么是最重要的，所以他的心理才没有崩溃，还能在政敌面前保持镇定。

人的心理真是很奇妙，原本是波澜不惊，表现出来的却好像是山崩地裂一样，用山崩地裂表达波澜不惊。原本是山崩地裂，已经到了崩溃的边缘，却可以表现出波澜不惊的样子，用波澜不惊表现山崩地裂。我拿不准是不是应当把这种表现称为心理变态。从逻辑上，将这种方式称为心理变态是没有问题的。但是在许多人看来，这种表达是有城府有深度的人的心理特质，而且这些人常常是那些成功人士，如高官、大贾、名艺人。我担心，一旦将这种表达方式归入心理变态的范畴，对社会的定性就会改变，没有人愿意生活在由一群心理变态的人主导的社会。让有健康人格和心理的人占据社会的重要岗位，引领着社会的潮流和风尚，才会让人放心，我在叙述中才不会犯逻辑错误。

人的心理像人的身体一样也会遭到伤害形成心理创伤。早年的心理创伤对之后的心理影响很大，这种心理创伤会导致心理阴影，长期笼罩在心理阴影里容易导致心理变态。我不知道这是不是一个医学定论，但肯定是一个合乎逻辑的推论。心理创伤经过心理治疗是可以康复的，但心理创伤发展成心理变态，是不是还能康复就会打上一个大大的问号。从逻辑上说，变态并不是一种病，只是与常态心理不同的另一种形态而已。从特征上看，两者都有高度的稳定性，只是心理运作的方向刚好相反而已。

心理变态的人，经常会被心理正常的人送进精神病院。但这并不能证明心理变态就是一种疾病。法国哲学家福科对心理变态、精神病做过精深的历史研究。他发现对心理变态的定义，不同的历史时期是不一样的。总的趋势是对心理变态的定义越来越宽泛，这说明人们对心理变态的宽容度在慢慢提高。对今天被称为心理变态的那些人来说，这是个好消息。不过且慢，高兴得不要太早了。福科的研究对象是法国社会及西欧，并没有将他的结论推广到整个世界。在许多社会中，多数人对少数人的迫害大面积存在，这与常态心理对变态心理的迫害呈正相关态势，社会的宽容度不是在上升，而是在下降。也许，这并不是一个坏消息。毕竟由正常人统治的社会，将少数变态的人送进精神病院，符合少数服从多数的原则，这个原则迄今为止依然是世界上大多数国家或社会奉行的治理原则。问题在于，对常态和变态的定义发生了混乱。很明显，常态和变态并不是由人数的多与少来决定的，而是由常态和变态的定义决定的。麻烦就出在这里。不同的人有不同的定义，每个人都倾向于将自己的心理定义为常态，而将与自己的心理不同的心理定义为变态。如果按多数人都同意的标准来定义常态和变态，显然，大多数人属于常态，少数人属于变态。如果多数与少数保持足够的比差，少数人的反抗就不会对社会的稳定造成威胁。如果多数与少数的比差接近，那么少数的反抗就可能引发整个社会的动荡。

无论是常态心理与还是变态心理都有其难解之处。但无论多么难解，也应当将其中的界线弄清。我们换个角度，从信任感入手或许能让我们看得更明白些。人们常说“人心隔肚皮”“知人知面不知心”，这种认知给人的交往带来了困难。人与人之间缺乏起码的信任感，交朋友就很难，充其量是酒肉朋友。所以人们经常抱怨“相识满天下，知心能几人”。人们喜欢交朋友，但却不相信能交到几个知心朋友。这种态度多少有点自相矛盾。从心理健康角度，知心朋友当然很重要，知心朋友经常被用来进行心理调节，有什么苦水向朋友倾诉一下，平衡一下心中的不平和郁闷。看来，交知心朋友也是有着很明显的功利色彩的。交不到知心朋友，有些事就只能憋在心里不和别人说。于是发展出人的另一项心理品质——城府深，据说这是一种成大事的素质。不过，在今天的心理学中，对这项品质并不怎么推崇。现代心理学认为语言是抒发情感平衡心理的最好的通道，应当发泄的情绪长期得不到释放就会积郁成疾。抑郁症就与心理缺乏深度交流有关。

◎心理安全

寻求心理安全的意义在于寻求生命的安全，是人的心理最强劲的需要，因为人的生命始终处于一种不确定性的危险之中。

鸵鸟为什么将自己的脑袋埋进沙子里？当鸵鸟遇到危险时，会将自己的脑袋埋进沙子里。过去，我们常讥笑其愚蠢。其实，从心理学角度看，在这个复杂的充满不确定性的社会里，“鸵鸟智慧”也是有积极意义的，它保证了鸵鸟的心理安全，虽然这种安全是短暂的、虚幻的。

为什么说通过逃避现实拒绝真相而实现的心理安全是虚幻的？这要从什么是真相谈起。一般说来，人们头脑中的真相概念，都被赋予了政治的意识形态色彩。显然，人们夸大了这个词对心理建构的意义。在意识形态化或宗教化社会，人们对真相的探寻欲望已经减弱，因为意识形态的价值观对真相已经做出判断和定义，将“什么是真相”的标准通过各种仪式植入受众的头脑中去了。人们对真相已经不那么敏感了，人们在心理深层已经学会了拒绝真相。之所以有这种心理效果，是因为真相这个词本身就是人们语言中的一个主观设计，并不如人们想象的那么神圣。客观真相虽然存在，但通过语言文字表述过的历史和真相，都不可避免地被表达者中介化了。在这一过程中，任何真相都被中介主观地改编了。因此，从主观方面看去，真相只是一种主观设定。我们认定某个事实真实存在，那是因为我们头脑当中有一个是真是假的主观标准。当从认识对象当中获得的认识符合我们头脑当中的真理标准，就会给它贴上一个真理的标签。然后，将这个“真理”放入我们信仰的意识里面，以后就不会再去对这个“真理”怀疑了。当我们获得的新信息中包含了与我们原先的判定不一致的负面信息时，我们头脑当中的价值观的自我保护装置就会发挥作用，它会拒绝接受与我们原先判断不同的信息。信仰就是价值观自我保护的最好的装置。我们害怕真相，因为真相与我们原来的认识和价值观截然相反。我们已经习惯于在既有的心理模式当中思考问题，我们的头脑对我们已经存在的观念或者是关于真相的判断有一种天然的保护的倾向，这也是自恋心理的来源。

※※

如何进行心理保护？那就是拒绝新的。这里遵循的不是同性相吸、异性相斥的原理，而是恰恰相反，即惺惺相惜。所谓非我族类其心必异。从心理安全角度来看，这样做是有道理的，因为新的信息依然是一种主观判断，我们没有办法证实新的信息与客观真理是否一致。新的信息即使是真相，我们也无法在短时间内加以证实，更不可能据此加以确信。

在我们头脑当中，遭遇两种不同而且相互冲突的价值观呈现的事实时，面临的问题就是选择。通常的情况下，心理的惯性会使我们的大脑自然选择原有的价值观，这也称为路径依赖。面对相互冲突的真相，我们没有办法进行核实，但又不得不进行选择，那么按照思维经济的原则，选择我们已经充分理解并驾轻就熟的价值观，就是自然的事情。除非外来的信息足够强大，对原有的价值体系造成严重冲击，才有可能对事实的原有判断产生怀疑。但是如果我们对原来的事实判断已经发展到信仰的程度，那么，我们也可能会坚持拒绝接受新思想。当然这种能将自己的原来的价值判断坚持到底的人，必定是少数。大部分人都会有一种从众的心理，人云亦云。只有那些意志力强大，有着深厚的信仰心理习惯的人，才可能坚持自己的看法。顽固不化，在这里就不是一个贬义词了，而是信仰坚定的一个标志。

拒绝真相，不是没有真相，而是因为我们内心已经具有了一个真相，而且坚信到信仰的程度。确切地说，拒绝真相是指拒绝改变真相，不相信新思想的真理性。这样做是为了使我们生活得更方便更快乐。在某种意义上，是在捍卫我们自己的原有的生活方式。因为接受真相，意味着对我们现有的生活秩序的打乱。我们会发现原来习以为常的事现在都变得不对劲。因此，这种改变是痛苦的。为了避免痛苦，一定会选择拒绝，通过拒绝接受真相来维护我们的自尊、信仰和我们的生活方式。

真相有可能会改变我们原先的信念。因此，人们总是倾向于寻找那些支持而不是否定自己信念的事实，拒绝与信仰相违背的真相和事实。例如，一个病人在内心里已经隐约地相信自己的病情很糟糕，但又不愿意将这种模糊的信息变成确定的信息。当医生告诉他真实的病情，他会对这种真相感觉到很痛苦。这时，医生是告诉他真相好，还是不告诉他真相好？告诉他，他的痛苦会更大，可能会加速他的死亡。不告诉他，让他生活在希望当中，虽然虚幻但对他的心理却有一种安慰的效果。

在这里，我们会遇到一个程序正义还是结果正义的问题。告诉病人真相，是医生的职业道德所在，但结果却是加速了病人的死亡。而如果为了延长病人的生命，医生就得做违反职业道德的事情——说谎！前者为程序正义，后者为结果正义。

其实，这是个假问题。在程序不正义的前提下，结果的正义只是一种偶然现象。对于偶然事件，人们是不值得花更多的理性精神去思考的，因为偶然事件是人们无法控制的，只能听天由命。但是程序正义则不一样，人们可以通过理性努力加以控制。因此，我们看到，一方面，人们具有寻找真相的强烈的好奇心，另一方面，又具有相反的倾向。拒绝与自己价值观不符合的事实真相，就是这种矛盾心理的一个特征。人的心理倾向往往都是双向的，所谓相反相成。一种心理倾向的产生往往伴随着另一种相反的心理倾向的产生。在这两种倾向相互博弈中会达到一种平衡。一旦平衡被打破，那么他的心理倾向就会发生偏斜。要么陷入自我欺骗盲目乐观的心理陷阱，要么陷入极度痛苦的深渊，这是进入价值观转型期的征兆。这两种倾向发展到一定程度都会形成某种心理障碍。人与环境的正确互动对个人来说是培养健全人格必然要经历的过程。

这两种相反的心理努力在实际的心理运作中表现为一种控制的欲望。一旦我们对信息刺激和反应的把控失败，就会发生心理平衡的瞬间崩溃，心理偏见乃至心理障碍就会随之而来。避免心理偏斜和痛苦的最好方法，就是努力在人的理性能够把控的范围内去思考，而对那些偶然的现象，就要学习选择放弃，因为这只是杞人忧天式的思考。拒绝真相，实际上就是放弃了理性的权利，应当去关注和思考的事情却拒绝，其心理动因虽然情有可原，因为他是为了避免可能发生的痛苦而拒绝真相的。但是因为这种可能性的原因而拒绝做实际的思考，则是一种偷懒行为，是理性能力发展的一种心理障碍。

拒绝真相，以一种自我保护的心理机制形式掩盖了另一种心理障碍。还有一种情况，信息本身难以理解，需要我们付出更多的精神能量。这时，懒惰的心理就会自然产生。与其花费时间和精力去了解，不去了解就是一种最好的选择。这种选择使我们的心里更加舒服，就像我们的身体在休息的时候会感到很惬意一样。

知道了上面的道理，我们就会了解，有些时候人们为什么会极力拒绝去了解自己。因为我们对自己的认识越多，以前所积累的自信就有可能会怦然倒塌。哲学家强调人要认识人自己，其意是说人只有不断认识自己的不足才能不断超越自己，才能不断进步。但是，人活在这个世界上是需要信念支撑的，有信念和信仰才能够维持。否则，我们连活下去的信念都成了问题，就会走向否定自己的道路。这种心理趋势一旦形成，离真实的死亡也就不远了。

拒绝真相作为一种心理倾向有时也会伤害自己，因为拒绝真相就意味着拒绝改变。而如果此时的他正处在不改变不足以改善其心理结构时，拒绝真相就成为一种自杀行为。比如，有些病人因为讳疾忌医往往错过了治疗的最佳时间。

拒绝真相虽然算不上一种心理疾病，但也绝不意味着它是一种健康的心理。控制信息并不意味着盲目地拒绝。拒绝真相要建立在了解的基础上，也就是说拒绝在了解之后而不是之前。当然要有一个良好的判断力，盲目相信和盲目拒绝都是不可取的。

保护我们的心理健康，不要让不良信息冲击我们的心理和价值观，这是重要的。同时也要对新信息保持适当的好奇心，这样，我们才不会错过让自己变得更好和改掉不良嗜好及心理偏向的机会。健全的心理和人格就是在这种看似相反的心理建构当中发展壮大起来的。一味地拒绝真相回避真相，我们就有可能把自己变成一个地地道道的伪君子。而狂热地追求真相，我们就会陷入痛苦的心理陷阱而不能自拔，最终毁了自己的心理健康。

※※

在这个世界上可以信赖的人是稀缺资源吗？我看也未必，关键是人的观念不开化。“他人是地狱”的观念本来源自西方，但今天却长期盘踞在一般人的大脑中，对人缺乏信任感就是征兆。你不信任别人，世界上就没有可以信任的人，这才是问题的关键。对人缺乏信任这种心理并不是天生就有的，而是在生活实践中逐渐养成的。有过几次上当受骗的经历后，对人的信任指数自然会下降。这意味着，他感到心理越来越不安全了。

如果这种心理成为大多数人的一种心理定式，那么可以肯定，他们所生活的那个社会一定出了问题，坑蒙拐骗的事情一定不少。对个人来说，对别人缺乏信任，说到底也是自我保护的一种方式，算不上一种缺陷，但无形中却向孤独与冷漠的方向迈出一大步，说不定抑郁症的大门已经向他打开。

如果把找知心朋友的目标设定在倾诉自己的苦，平衡自己的情绪上，我看，这个知心朋友不找也罢。并非说孤独与冷漠是正能量，而是说交朋友的动机就有问题。遇到不平的事，找人聊一聊，的确可以让自己的心情好一些，但却不是解决问题的正道。问题不真实地得到解决，即使心情好了，也只是暂时的，什么时候想起来，都是一种痛。因此，企图找个知心朋友用来平衡自己情绪的意义也会大打折扣。重要的一点是，自己有了心事一定要讲给他人听吗？难道不可以将自己的心事当成自己的秘密吗？答案当然是可以！不然，世界上就不会有“隐私”的说法存在了。我女儿只有7岁，就已经有自己的秘密了。我问她在电脑上玩的是什么游戏，她说，不告诉你，这是我的秘密。

每个人都有自己的秘密和隐私，保护个人的隐私已经成为许多国家法律的重要原则。个人“秘密”是人的心理建构的基础，是人的主体性成长的一个标志。如果一个人没有任何秘密，他的每个想法，所做的每件事，都愿意拿出来与人分享，这样的人就是一个没有“自我”的人，是一个完完全全的社会人。这样的人在现实中是不存在的。

人为什么会有秘密？为什么不愿意把有些事和有些想法告诉别人？究其原因就是为了心理安全，为了自我保护和规避风险。在这里，我们看到人同时具有两种相互矛盾的心理倾向。一方面，有一吐衷肠的心理需要，另一方面又具有保护隐私保证心理安全的需要。哪些话非说不可，不说就可能导致心理障碍，哪些话打死也不说，说了就可能感到无地自容，不死不足以平息心理的崩溃。这个真的难以一概而论，如何选择完全取决于个人的心理素质和个性。

一个人心里装载的秘密太多，固然可以称其心理强大，但再强大的心理也会有一个限度，超过这个限度要么主动“泄密”，要么心理崩溃，从而恢复心理平衡。一个人无论如何肤浅，心里装不下半点“秘密”，但再肤浅也一定有一个深度，半点秘密装不下，半半点的秘密总是有的。正常人总是在保守秘密与倾诉之间寻找一个平衡点，而这个平衡点是随着时间和场景的变化上下浮动的。

心理健康的尺度设置的标准应当宽泛一些，起码要能容纳各种不同的个性。个性孤僻，交友的欲望就会弱些，个人的隐私相应就会多些。反之，个性开朗，交友的欲望就会强烈些，需要保护个人的隐私就会相应少一些。交友与保护个人隐私，两者是负相关关系。心理健康在某种意义上还是一种社会学概念。在一个宽容的社会，个人的自由有充分的保证，那么心理健康的标准就会很宽泛，而在一个政教合一的社会或一个政治化的社会，对心理健康的定义就会变得很严格，因为这样的社会也会把宗教的或政治意识形态的因素纳入心理健康的范畴中来，以维护社会的稳定。因此，我们会看到，心理健康是一个相对的概念，此社会中的心理健康，在彼社会中就可能是一种病态心理，反之，此社会中的病态心理，在彼社会中就可能成为一种正常的心理。当然，从人类精神存在着普遍价值的角度考虑，心理健康会有一个共识的标准，显然，这个心理健康的标准，其门槛会非常低，否则许多无辜的个人，即使是某个社会的合格公民，也可能会被纳入病态心理的范畴。

保护好个人隐私的需要与窥视别人隐私的心理是一种矛盾现象。在这里，显示了寻求心理安全中出现的悖论。

一个人与另一个人打交道的时候，之所以会感觉到很舒服和很安全，是因为他感觉到很轻松没有压力，可以自由地表达自己的所思所想。但是事实上，和人打交道不可能一点压力都没有。即使母女之间、情人之间、知心朋友之间能够做到无话不谈，心灵相通，也不太可能做到一点隐私都没有。在心灵深处，总会有一些小秘密不希望被任何人知道，这是人性。如果承认这一点，那么在我们的意识中或心理上就一定会有一个特别敏感特别柔软的地方，我们总是在守护着它，不让它受到伤害。因此，当我们和外人接触即使是最亲密的人，会不自觉地在心里铸造一堵防火墙，保护我们心中的圣地。这就是压力，这就是神经紧张。在这种情况下，我们不可能感觉到舒服，也不会感觉到轻松，不可能自由地表达，总是有所选择，有所忌讳。我的结论是，只有一个人独处的时候，它的心理才可能是舒服的，因为这时他才会感到安全。不过，话是这样说，真正做到心理安全并不那么容易，因为人类还发展出与之相对应的另一种心理——窥视。能否保守自己的秘密，不光取决于自己，还取决于那个有窥视爱好的人的能力。

窥视，就是一种了解的欲望。人的生存离不开环境，包括自然环境和人文环境，对环境的探索是生存的基本前提。原始人为了获得更多更好的食物，他会对周围的动物和植物感兴趣，于是动物学和植物学就开始萌芽。对大自然奥秘的探索活动就是在窥视心理的驱动下开始的。人类知识大厦的形成起源于人的窥视心理。之所以叫窥视，是因为人类对自然的探索永远是部分的，一般是与人的生存相关的部分。随着人类的发展，人类的生存方式越来越复杂，人类对自然与社会奥秘的探索，经历了从无知到知之甚少再到知之较多的渐进过程，但是无论发展到什么样的水平，未知的永远比已知的多得多。人类的知识永远是对自然奥秘的部分解答，而且这种解答具有相对性。因此，人的探索活动仿佛是在偷看自然的奥秘，没有经过上帝的允许，自然的奥秘就不会主动地呈现在人的面前。在古希腊神话当中，有盗火的传说。普罗米修斯盗取天火，送给了人类，他因此受到天神的惩罚。因此，将人类对环境的探索活动比喻为窥视是再恰当不过的了。

窥视心理，体现在社会生活的方方面面。在国与国之间的交往活动当中，窥视心理体现在间谍活动当中。间谍就是专门从事窃取他国情报的人，间谍成为一种职业，是社会分工所造成的。间谍这个词，听起来就让人感到神秘，其实如果从通俗的角度来理解，间谍就是小偷而且是职业小偷。当然，间谍和小偷还是有差别的，小偷偷东西的直接目的是自己的生存，间谍盗取他国的情报，主要是为了自己国家的利益。间谍因为受雇于国家，他的生存是由国家来保障的，但是也有间谍，把盗取的情报当成商品卖给其他国家，这种间谍实际上是一种商人，是商人和小偷的合体。

心理密码

每个人都有自己的隐私，都有不愿意为人知道的秘密。当有人窥视自己的隐私和秘密，就会在心里产生不快，甚至报复的心理。这是自然的，因为他感受到了危险，出于自保的目的，他才要反击。如果男人偷看女人洗澡，这个男人一旦被女人抓住，有可能会遭到一顿痛打，因为这个女人感受到了心理伤害。窥视导致对信息量需求空前增大，好奇心加重，了解的欲望增强。然而，对信息的追求，并不一定是好事，有时反而会成为一个人的负担。比如说，在一个大企业，老板主宰了这个商业帝国。如果你为了向上爬，不断秘密地收集老板的信息。在你，是为了拍老板的马屁。可是，在老板方面，他有许多不愿被人知道的秘密，这些秘密不仅关乎他个人的命运，更关系到他的商业帝国的兴衰成败。无论你的动机如何，你的窥视癖好都是他的危险。一旦他发现机密泄漏，就会像一只遭到攻击的狮子，立即反击。这时的你，就可能会面临灭顶之灾。即使你和老板达成利益共同体，但是他对你的防备绝不会减轻分毫。任何利益共同体，都不是牢靠的。因为利益不是一个定在，而是不断流动的。利益的流动性质导致所谓的利益共同体注定会解体。到时候，就会大难临头各自飞，帝国的秘密就会成为被人攻击的软肋。

所以，一个人在世界上生存，该你知道的，你自然知道，不该你知道的，就不要挖空心思地去窥视窥探。知道得太多，就可能成为你的负担。如果运用不当或被人窥探，你的安全就要注意了。当然，窥视心理并不是不可以有，而是说不能太强烈，要有一个限度。窥探别人的秘密是为了保护自己，如果你意识到某人对你有危险，你就要有意无意地尽量多地了解他关注他，防止他对你发动突然袭击，或在他发起进攻时，进行有效的反击。

就人类总体而言，对自然的好奇心，驱使人类不断探索自然的奥秘。人类对自然和宇宙的了解，极大地增进了人类的福祉。然而，人类对于自然奥秘的探索与了解，越多越好吗？有许多人坚信科学主义，认为科学能解决人类面临的所有问题。我对这个观念持怀疑态度。任何事都应有个限度，如果将科学主义推向极端，无论科学为人类立下了多大的功绩，也有可能毁于一旦。对科学家个人来说，从事科学研究似乎是一个高尚的职业，其实这个职业隐含了巨大的风险。就像普罗米修斯一样，从神那里盗火，送给了人类。他本人却被绑在了悬崖上，接受天神的惩罚。科学家所做的工作与普罗米修斯所做的事情，性质上是一样的。他们探索自然的奥秘，目的是掌握奥秘，为人类所用。科学家似乎不惧怕神的报复，因为他们大多数人都不相信神的存在，但他们遭到人的报复的危险却是真实存在的。科学家的工作增进了人类开发自然、掌握自然的能力，照理应当受到人类的尊敬才对。道理固然没错，问题是，人类并不是铁板一块。人类被国家和利益集团分割的现实，在人类文明诞生那一天起就已经存在了。

世界上绝大部分科学家，都是为了某个国家或某个利益集团工作的，他们的生活也由国家或利益集团提供保障。真正独立地从事科学研究的科学家并不多见。国家与国家之间、利益集团与利益集团之间的争斗，自然会波及科学家群体。科学家的研究工作，促进了本国或本利益集团的实力增长，这本身就对其他国家或利益集团构成一种潜在的威胁。科学家与本国或本利益集团构成利益共同体，他们在本国或本利益集团内部是安全的，他们不仅分享了科学研究的秘密还分享了由此创造出的巨大财富。这正是他们面临风险的原因所在。因为一旦卷入利益之争，科学家的身家性命随时都会陷入无妄之灾，他们要么成为权力斗争的牺牲品，要么成为竞争对手陷害或争夺的牺牲品。

掌握了国家机密的科学家，很可能成为另一国的收买对象。科学家不是政治家，他们在科学研究方面可能是天才，但在政治斗争方面可能就不太擅长。最重要的是，他们依然是人，有着普通人的情感，也有普通人都有的人性的弱点。因此，作为一个科学家来说，对自然的奥秘的知识并不是越多越好，要知道哪些知识对自己有利，哪些知识对自己可能造成伤害。对此要有清醒的认识，要学会抑制住自己的好奇心，才可以全身而退。知识不一定越多越反动，但是，也绝不是知识越多越有利。这里有一个非常矛盾的现象，就是在探索自然的时候，人对自然环境的认识掌握得越多，安全感越强，因为人在这个环境当中可以更加如鱼得水。但是对社会环境的了解刚好相反，人对别人的事情知道得越多，就越危险。

窥视他人的秘密，本身就是一个危险的行为。因为窥视本身就是你的秘密。在窥视别人的时候，你当然不想被别人发现。能够做到这一点，除非顶级高手。然而顶级高手，世界上能有几人？现代网络技术的发展，使人在网上的行为已经无秘密可言。能在网上畅行无阻，而又不会被人发现，只有那些顶级黑客才有可能做到。对那些顶级黑客来说，窥视别人的秘密是他们展示工作水平的一个手段。但是，风险也是显而易见的。当他们窃取了某大国国防部的军事机密，他的顶级水平倒是可以证明了，但他的生命也面临着前所未有的风险。

在今天的世界上，秘密越来越多。在这样的环境中生存，有一点好奇心，留点心多观察，增加一些对环境的了解，对我们的生活有益无害。但是，要有限度，不要养成刺探别人秘密的习惯，否则就会把自己置于一个危险的境地。最好是少说多看，这是最聪明的求生技巧。言多语失，话说多了，自己的秘密就可能被人窥探。不要主动去了解别人的隐私，如果一不留神知道了，也要装不知道。这不是什么城府深，而是自我生命安全的需要，这已经超过心理安全的范畴。不过心理安全与生命安全是匹配的，追求心理安全，在深层意义上也是在追求生命的安全。追求心理安全的最好的方法就是学会拍马屁。当你学会恭维别人的时候，你才是最安全的。拍马屁有一个重要作用，就是麻醉作用，可以让对方感到心理安全。对方心里感到安全了，自己也就安全了。因为，被拍的那个人，被拍到洋洋得意，就不会关注你的心理状况了。这一招，可以说无往而不胜。

※※※

有的工商局局长为什么变成了腐败分子？其心理原因在于权力意识追求心理补偿的结果，通过这种方式实现心理平衡和心理安全。工商局的工作人员，本来是为企业服务的，但是在实际操作中，却把“服务”变成了“权力”，并通过寻租方式，完成了这种蜕变。在腐败的工商局局长心里，面对一个上市公司老板，他会这样想：没有我给你批执照，你的企业办都办不成，更别说赚大钱了。现在你一天赚10万，我一天赚100，这也太不公平了。于是，寻租的动机产生了。他在找心理平衡。可是，他忘记了，工商局局长的本分是“服务”。对个人来说，给别人提供服务，也应当有合理的回报。工商局局长的工资就是法律认可的回报。工商局提供的服务所得到合理的回报应当有一个上下浮动的区间，合理的区间应当围绕所在地的社会服务业的平均工资水平上下浮动。但是，由于工商局提供的服务性质，工商局局长的心里产生了一种高人一等的变态心理。在这个变态心理的推动下，不断强化提高服务回报的预期，以寻求心理平衡。当涨工资的诉求不能得到及时满足时，利用权力寻租的意识开始萌动，于是一个腐败的工商局局长诞生了。

腐败分子的深层心理机制在于想象的占有在许多情况下会导致幻觉的出现。我们以对那幅名画的占有为例。收藏家收藏名画，将名画据为己有。但实际上，他并不能真实地将这幅画变成他身体的一部分。名画永远是在他身体之外的另一个物品。对那个身体之外的另一个物体的占有，只能通过人的观念和想象的意识加以确立。占有欲望是建立在人的想象基础之上的。占有欲望越强，想象的动力越强，由此导致出现幻觉的可能性就会增大。虚幻的想象，就是一种幻觉的表达形式。或许，他的想象还没有导致他在白天出现幻觉，但这种想象一定会在他的梦中出现。如果在梦中还没出现他在白天想象的内容，那说明，他对名画的占有欲还没达到相应的强度。

追求权力的欲望同样是建立在想象的占有基础之上的。在追求权力的人的想象当中，权力就是上帝。拥有了权力，就拥有了上帝。好像占有了权力，就拥有了一切，就可以像上帝一样为所欲为。想象的占有是一种象征性的满足方式。因为人们并不能真实地占有某物，因此，只能通过象征形式满足占有欲。这是人类心理的本质特征之一，也是人类社会生活专门化的开始。它使人类社会建立在想象的等级关系之中。然而这种虚构的想象的等级关系，每逢社会大变革时代来临，就如泡沫一样，一遇风暴就消失得无影无踪。现代社会的物质生产形式，也是建立在象征性满足的基础之上的。说到底追求权力也可能发展出一种心理变态。因为权力本来是用来为他人服务的，是社会建构的一个必不可少的因素。但是个人一旦占有了社会权力，就会产生一个幻象，似乎他为之服务的人群，都是在为他服务，进而演化为必须为他服务。这个想象的颠倒，源于他与人群的交往形式给人造成的错觉。

母亲给婴儿喂奶，在本质意义上是在为婴儿提供服务，但在母亲的心理上形成的印象却是婴儿是她的一块肉，她有权力支配婴儿的行为。她总是给婴儿下着各种指令，要干这个，不要干那个，成了她的常用语。久而久之，婴儿是她的，她有权支配的心理“自然”形成。然而，这个心理却是建立在颠倒的想象形式基础之上的。婴儿明明是一个独立的个体，但是在母亲的心里却变成“我的”，这种想象的占有形式，最终把为婴儿服务颠倒成为“你必须听我的，不听就打你”的权力意识。母亲为什么会把为婴儿的服务意识发展为权力意识？也许这是母亲在追求一种心理平衡的结果。给婴儿喂奶，是母亲的付出，付出意味着对自己身体能量的消耗。这种消耗在母亲的心理上产生的是一种负面情绪，尤其对那些自我意识很强的母亲更是如此。于是，在她心里产生了一种补偿的意识。

※※※

三个和尚为什么没水喝？这同样是一个心理安全的问题。在中国有一个广为人知的寓言故事，大意是说一个和尚自己担水吃，两个和尚抬水吃，三个和尚没水吃。为什么会形成这种局面？简洁的答案就是因为心理失衡。

一个和尚自己生活时，他要想喝水，当然要自己担水，否则就得渴死。那么，两个和尚在一起生活时，就会有一个合作的问题。喝水，两个人都是需要的，但是让一个人担水两个人喝，担水的和尚心理就会不平衡。于是，两个和尚抬水吃就成了一种必然的选择。这样，两个人的心理都平衡了。这时，两人都能喝到水，责任和权利很匹配。可是，三个和尚在一起生活，无疑三个人都需要喝水，但是无论一个和尚担水还是两个和尚抬水，总会有一个和尚不劳而获，于是担水和尚和抬水和尚心理都不平衡。

解决三个和尚心理平衡的方法很多，但在这个故事设定的情节中，同时保持心理平衡又能喝到水的概率为零。于是，他们选择了心理平衡，宁愿放弃合作。从这个故事可以得出以下几个结论：第一，三个和尚都是要求平等的，三个和尚权利和责任是一样的。这种故事的结果告诉人们，在一个集体中，成员间的权利与责任绝对地平等是不可能的。要求绝对地平等，就可能招致集体的解体。第二，在一个集体中生活，权力的存在是必要的，虽然权力会导致成员之间权利和义务之间的不平等，但却能使集体成员之间进行分工与合作。第三，合作是集体生活的必要条件，分工合作在没有权力存在的前提下是可以实现的，通过建立人与人之间的契约关系，实现集体生活有秩序地进行。在这个案例中，三个人约定每个人一天一轮换就可以解决问题。此外，还存在着许多种合作的可能性。第四，这个故事实际上有一个假设就是每个人都是自私的，三个和尚都在争取自己权益的最大化。追求自己的权利的实现本来无可厚非，但目标的实现必定以生活在社会关系中为前提。每个人的合理权利，只有通过社会成员的互相竞争、博弈和妥协实现。建立平等的合作关系，必定是把权力排除在外的。反之，有权力参与的合作关系，也注定是不平等的。由不平等的关系构成的社会，稳定就是一种奢望。但凡是一个人，谁会甘心受别人欺压呀。不稳定是由权力主导的社会必然要付出的代价。这是由每个人内心中向往平等自由的诉求决定的。追求维护自己的合理权利与权力的冲突，是社会不稳定的根源。通过协商方式解决二者的冲突，社会付出的代价最小，建构一个平等合理健康运行的社会才有希望。

三个和尚没水喝的现象说明，在寻找心理平衡的过程中，如果方法不当，就会将事情搞砸。

※※

心胸宽广，说明心理结构足够复杂和灵活。复杂的心理结构可以容纳更多的差异，灵活则意味可以迅速找到合适的方法处理生活和心理难题。反之，心胸狭隘，就容易导致心理失衡，如果不能及时找到解决的方法恢复平衡，就会引发痛苦的感受。中国有句老话：易涨易退山溪水，易反易复小人心。易反易复是心胸狭隘的人典型的心理，不仅小人有，所谓的君子也不能免俗。为什么会这样？那是因为他们都在寻找心理平衡的道路失去了方向。在本质上，人的心理就是不断流动的意念流。心理的流动是沿着一条虚拟的中轴线进行的，而心理平衡就是意识流在流动过程中沿着这条虚拟的中轴线来回穿叉而形成的效果。

人的心理流动是由人的情绪推动的，喜怒哀乐是心理变化的直接动力。最强的心理能力就是在任何条件下都能保持内心的平静，进行冷静思考，所谓波澜不惊。这时，人的意识处于开放状态，既要有广泛的兴趣，又不偏执于某一具体兴趣。只有这样，才能保持意识的活跃，又不至于陷入某一个具体“问题”之中无法自拔。在经验中，如果与他人的利益和兴趣发生冲突，就会导致心理活动的紧张。只有不执着，才能避免与人发生冲突。也就是说，当现实中的某种利益与人发生矛盾时，要及时转移注意力，将兴趣转移到其他方面，这样才能恢复心理平衡。这不是简单地回避矛盾，而是通过自我的心理调理，保持内心的平静。要保持内心平静，主体本身要有博大的胸怀，高超的智慧。或许难以做到，但却是人们应当努力的方向。

原则上讲，追求心理平衡是一个理论假设，是一个目标。在现实的人当中，心理平衡是不存在的，存在的只是人们不断追求心理平衡的过程。这就像走路一样，如果你沿着一条直线走，在实际中因为受到各种因素的影响是无法做到完全直线的。也正是因为无法完全走成直线，心理调节的功能才有了用武之地。

当意识流与那个虚拟的直线相交，这时人的心理就趋于平衡。人在心理平衡的时刻，会产生一种身心和谐的感觉和一种安全感，这是一种瞬间的感觉。因为人的心理是不断流动的，当跃过平衡点，心理又走在失衡的道路上。当这种失衡达到一定程度，往回走的心理就会自然产生，所谓物极必反，人的心理也是如此。比如说，你有一个赚100万的目标，当你赚到100万的时候你会满足，但这种满足感不会持续时间太长。事实上，心理平衡与目标大小没有关系，心理平衡是通过比较形成的。实现了100万的目标带来的满足是瞬间的心理平衡，但当看到别人拥有了1000万，你的心里就会产生一些小激动，心理平衡状态就会被打破。攀比心理推动了心理向失衡方向运动。向上比，是动力。向下比，就是傲慢和骄傲的心理来源。

比较目标的不同会形成不同的心理状态。拥有100万的人，他的攀比目标自然会锁定在比他高，但相差不大，感觉通过努力可以实现的目标上。他可能会将目标设在200万、300万甚至1000万，但不太可能与拥有上百亿千亿的超级大富豪攀比。因为，这种不成比例的比较，会让自己的心理绝望和崩溃，倒是更容易产生出羡慕和崇拜的心理，这也是寻求心理平衡的一种表示。比如说一个开饭店的小老板崇拜世界首富，他的心理没什么不平衡，因为在他心里并没有将自己与那个高不可攀的目标相比。他无法计算出100万与100亿之间所包含的实际距离以及其中所包含的他必须经历的人生遭遇是什么。

※※

中国有一句老话儿，即所谓“逢人只说三分话，未可全抛一片心”。原来没细想，现在因为写文章的缘故仔细想了想。这一想不要紧，引发了许多联想，发现这句话的逻辑并不完美，值得考究一番。粗一听，这话没什么问题，只是告诫人们要有保护自己的意识，和人说话要小心。如果单指这层意思固然没啥问题，但这话是一句抽象的话，说的是“逢人”，这就有点绝对了。假如你和你的朋友每每聊天总是半吞半咽，只说三分话，那久而久之，哪个朋友会和你继续交往下去呀，一句整落话都说不全。这种说话方式明显是对交谈对象缺乏信任，没有诚意。你这样对人家，还指望人家与你交心吗？做梦吧！恐怕这朋友是做不成了！如果交谈对象是商人，说多了担心泄露底牌，说三分话似乎可以理解，但也要看具体情况。既然是做买卖，你就要把你的意图说清楚，太含混，让人猜恐怕不是好的策略。在报价的开始阶段似乎应当留点心眼，不能让谈判对手一下子摸清你的底牌，否则不利于讨价还价。也许你的心理价位在达成交易后也没亮出来，但这不在“说三分话”的范畴之内，你要清楚地告诉对方你的成交价位，否则交易就无法达成。当你面对自己的父母，你还是“三分话”，那不得把老人家气歪了鼻子才怪。尤其对你的年轻漂亮的老婆，说十分话都嫌不够，最好十二分，带些夸张才好。你只和她说三分话，不仅不合适而且后果很严重，道理你懂的。

只有和陌生人打交道时，说三分话才有一定道理。毕竟头次见面，你不了解对方的身份意图，更不了解对方的性格德性，说三分话先看看对方的反应，如果说得来就多说几句，说不来就此分手。在不了解对方的情况下，话说多了，容易言多语失，把对方得罪了，自己还蒙在鼓里。如果出现这种情况，就会无端给自己以后的生活增加风险。从这个角度，在陌生人面前少说几句话，的确是上策。

逢人只说三分话未可全抛一片心，在某些场合是正确的，但在许多场合是不正确的，要具体问题具体分析。与人的交往要有善意诚意，不在于话多话少。这个没有一个固定的指标，有些时候三言两语你就可以把你的诚意表达出来，有的时候一火车的话也不一定能让人感到你的善意和诚意。该说三分话时说五分话，就是过了。该说十二分话时说十分话也是不足。

※※

讨价还价是出于什么心理？日常生活中，人们对讨价还价现象司空见惯。但是对这一现象反映的心理动机未必认真地探究过。仔细观察就会发现，这个现象反映了人的一个基本心理诉求，就是追求合理性。

我们假设有一个村庄，有100个人，共用一口水井。忽然一天，来了10个土匪，手里拿着枪，将水井围住，要求村里人用食物和其他物品交换吃水的权利。这种情景，相当于一个强盗抢了名画，又将名画存放在博物馆，通过收费允许人欣赏一样。那口水井本来是公共物品，正常的状态是每个人都有吃水的权利。但是，如果出现秩序混乱，全村人就会打成一锅粥，这时就需要有人出来维护秩序，才能保证全村人都能吃到水，而不至于发生冲突。全村人选出一个德高望重的人当村长来维持秩序。村长很公道，全村人都能及时喝到井水。但是，村长将时间全部用在维护秩序上，自己却没时间打水了。于是，全村人每天从自己水桶中，舀一瓢给村长，于是，全村的生活秩序又恢复了平静，人人都很开心。这种情景，相当于收藏了名画的富人，将名画摆在了博物馆，通过收费的方式向公众开放，他从中收取一定的租赁费一样。这种形式是相对合理的，但是，如果收费过高，就会变成不合理收费了。在这里，合理不合理取决于价格的高低。同样的道理，如果那个村长偏心眼，谁给他的财物多，就先让谁到井里取水，秩序就会又变得混乱，变成有村长没有村长一个样，甚至比没村长还混乱。这就相当于，那个富人自己开了一家博物馆，谁开的价高就先让谁看一样，没钱就不能看。显然，穷人被剥夺了欣赏名画的权利。在井水的案例中，井水是公共财物，大家的权利是平等的，雇一个维护秩序的，就要大家共同出钱。村长的角色实际上就是政府的功能，是为村民服务的。如果水井被强盗霸占，然后向村民卖水，这时强盗的作用就相当于暴君政府，反抗事件就会层出不穷。因为这种方式的不合理性侵犯了村民的合法权益，必然招致村民的反抗。如果惧怕强盗的淫威，村民就会敢怒而不敢言，长期在这种恐怖的气氛中生活，心理就会受到严重压抑，并反映在性格的变化上。抑郁症病人会增多，脾气暴躁的人也会多起来。生命的灵性会慢慢衰竭，与生命当中美好一面相关的品质就会下降，刁民会多起来，治安状况会每况愈下，纯朴的民风会荡然无存。这种混乱就是井水和名画被不合理的方式变成私人财产带来的后果。当然，私人占有财产，并非没有它的积极意义，关键在于那些财产获得的途径是不是合理，以及占有的财物是不是侵犯了他人的权利。如果财产是自己的劳动创造的，他对财产的占有就是合理的。如果是靠他人的劳动获得的财富或是抢来的骗来的，这种占有就是不合理的。那些占有了巨额财富的人，即使来源完全合法，也一定是不合理的。因为，那个法律本身就是不合理的。

衡量占有财富是否合理，并不以是否合法为标准，而应以是否保证了生活在这个社会中的每个公民的合法权利为标准。拥有巨额财富的人，在形式上，他们的获得方式可能是合法的，但却一定是侵占了其他劳动者的合理的劳动权利。任何财富都是劳动创造的，人与人之间即使有体力与脑力上的差别，他们拥有的财富也不应当有那么大的差别，因为财富是劳动创造的。在市场经济条件下，资本、技术和劳动共同创造了财富，三者对财富的分配应当有一个合理的分配比例。以生产电灯为例。爱迪生发明了电灯，另一个企业家组织1000个工人把电灯生产出来。爱迪生、企业家和1000个工人共同创造了一亿美元的财富。那么如何分配这一个亿的财富才是合理的？现在公认的分配方式是按劳动分配。那么，爱迪生、企业家和1000个工人都为此付出了劳动，只是劳动形式不同，如何衡量不同劳动形式的价值才是合理的？这是个值得好好研究的问题。1000个工人喜欢用体力的消耗作为标准，爱迪生喜欢用脑力的消耗作为标准，而企业家则主张用资本的多少作为标准。标准不同，就会发生分歧，但既然是合作生产，就表明他们一定在生产之前就达成了妥协，否则生产就无法进行，这一个亿的财富就无法被创造出来。现在的问题是，谈判的三方是不平等的，三方的议价能力不同，导致的结果必然是不合理的，即使在形式上是合理的，也是如此。之所以说形式是合理性的，是因为他们在生产前已经达成了妥协，但是因为他们三方在谈判中的议价能力不同，在谈判中谈判三方都倾向于高估自己在生产中的作用和价值，议价能力强的一方，一定会将自己的意志强加给另外两方。在谈判前，三方在心里都会对自己的分配方案给出两个价，一个是最高价，一个是最低价。为了追求最高价，他们要最大限度地压低另外两方的价格，但他们也知道，对方也是有底线的，超过底线谈判就会破裂。在这种格局中，议价能力强的一方就会将自己的底线水平提高。这意味着，他一定侵占了另外两方的合理权利。这完全是由他的强大的议价能力所带来的心理优势决定的。在法律上，三方的人格是平等的，但在政治经济社会生活中，他们的不平等是历史遗留的老问题。在现有的不平等的社会体制中必然会形成强势心理和弱势心理。企业家的心理最强势，因为他投资电灯生产，是为了追求更多的财富。他的基本需求已经得到满足，他对自己的谈判底线自然最高。总之，赔钱的买卖是不会干的。那1000个工人议价能力最差，他们指望着每月的工资生活呢，他们的心理价位最低，只要能保证一日三餐他们就可能答应合作。当然随着社会的进步，工人群体的议价能力也越来越高，但在总体格局中，他们的议价能力依然是最弱的。他们在财富分配中所得到的份额与他们的劳动创造的价值之间依然还有相当大的差距。这意味着，他们的合理权利并没有得到有效的保障。议价能力弱源于弱势心理，这意味着他们对自己在生产中的作用的预期低于他们实际中的作用。而企业家则相反，他们的强势心理使他们倾向于夸大自己在生产中的作用。这种反差，反过来又强化了双方心理趋势，使弱者更弱，强者更强。这又是一个马太效应的案例。马太效应导致了不合理的现实，但也刺激起人们追求合理性的心理。因此，不合理的现实与追求合理性心理之间展开了一场贯穿人类历史的持久的博弈，最终鹿死谁手，还有待观察。

第四章

日常心理分析

内容提示：

本章对日常生活中最常见的心理进行了分析。涉及爱情心理和爱钱心理的形成原因以及如何正确对待爱情与金钱等问题。

◎性别心理

一提到性，好色的人就会两眼放光，把色眯眯的眼光投过来。不过，以这种心态阅读本章，恐怕会让他们失望了。这里讲的性，当然有性生活的意思，但主要的意思还是指人分两性的性，是性别之性。人要么是男性要么是女性，二者必居其一。因此，从哲学角度看，“人”是不存在的，只是一种抽象，是对男人和女人的一种混合命名。讨论人的问题，实际上是一种思辨，而讨论女人或男人才是有实际依据的话题。

有一种观点认为，女人和男人是两个物种。女人与男人的关系是一个物种与另一个物种的关系。女人和男人的身体结构不同，思维方式不同，以及由此产生的许多属性也不同，没有任何实际的根据可以将他们归于同类。如一个成年女子和一个成年男子组成家庭，现在大多数国家的法律都承认女人与男人各自在家庭中的独立性。因此有些女性主义者认为，女人与男人同属人类只是一种观念，女人与男人之所以有这种观念，完全出于她们或他们对自己行为的主观判断。

中国的传统观念认为女人是男人的附属，实际上只将男人看成人，而女人是“非人”。这种观念本身包含着巨大的逻辑冲突。因为，如果将女人和男人视为两个物种，就应当承认女人和男人的各自独立性。无论女人或男人都具有完整的自由意志的可能性，而将女人视为男人的附属，与这一逻辑正好相反。这说明，这种观念只是男权意识形态的一种主观建构。

在《圣经》中，有女人是上帝用男人的肋骨造成的说法。这种观念也是一种主观的发明，与女人是男人的附属物的观念遵循了相似的逻辑。原始的人类为什么不承认女人的独立地位？现在看来，这只是男人自我意识的一种膨胀，是男权意识形态强权逻辑导致的结果。在形式上，作为一个物种的女人是自己延续自己。女人可能会这样认为，男人是女人所生，男人的精子是天然地属于她的，女人只是用“自己”的精子使自己受孕。这种说法在逻辑上是说得通的。世界上是先有男人还是先有女人的问题实际上又是一个“鸡生蛋还是蛋生鸡”的哲学命题，结果就是公说公有理，婆说婆有理。但在实际生活中，遵循的是谁权大就听谁的的逻辑。在母系社会流行的一定是先有女人的说法，而在男权社会流行的一定是先有男人的说法。不管哪种说法，都不完整。中国的先贤老子给出的说法，可能更为本质。他认为，道是万物的根源。无论男人还是女人，都是从道衍生而来的。女人和男人是同时降临到这个世界上的，没有先后。道，是什么？会无婚而孕？老子认为，“道”不是实有，作为“实有”的“物”是从“无”中按道的原则生长出来的。在老子哲学中，道就是一种原则，它体现在任何实际存在的事物里面，并支配事物的运动和变化。人的感官直接感觉不到，只有通过人的反思能力才能认识和体验。道、无和有，这三个概念，是老子哲学解释世界起源的基本概念，辩证意味浓厚。自然、世界和文明都是通过道的演化产生和创世的。按老子的逻辑，可以将女人和男人看成共生的。西方有将女人和男人看成一个人一劈两半的观念，这与老子的观念很相似。不过西方主流的观念是上帝造人说。上帝是万能的，男人和女人都是上帝造的。但西方的上帝是有偏爱的，据说上帝按神的模样造出个男人亚当，亚当一个人在世界上生活没意思，于是造了个女人夏娃陪亚当玩。也就是说，先有男人，后有女人。显然，上帝造人说，是男权社会的产物。在母系社会是绝对不会有这种观念的，即使有也会被封杀。

※※

一男一女组成家庭，生儿育女，被视为一种自然的选择。人类的这种生存形式，与精子卵子结合而生成一个新人，具有同样的结构。在男性意识形态中，精子具有生命的本质意义，而卵子只是生命产生的一个环境，是附属的，甚至是可有可无的。现代的试管婴儿的出现似乎为这种观念提供了强有力的支撑。然而，事实上，精子不是独立的存在，虽然它可以离开子宫而演化为人的生命，但它一旦离开子宫与其他环境结合繁衍生命时，精子的遗传基因就会改变，从而形成新的物种，例如杂交。也就是说，男人一旦选择与其他物种结合，就会不由自主地改变自己，从而丧失自己原有的属性。

从哲学视角，我们可以说，精子是内容，卵子是形式，内容与形式的统一形成人的概念。形式离不开内容而独立存在，就如女人离不开男人而独自繁衍一样。而内容同样也离不开形式，就如男人离不开女人而独立存在一样。形式可以容纳许多个内容，内容也可以在诸多形式中表现自己。但无论如何，形式与内容都不是独立的存在，离开了对方，就会丧失存在的意义。这就是生命存在的自然样式，无论男人或是女人都无从自我选择。男人和女人，通过爱情的中介，实现了对自身有限性的超越，从而在精神层面形成一个新我。女人在接受男人时总是格外小心，担心所遇匪人，自己的一生就会被毁掉。而男人则不吝啬选择的权利，就像家庭主妇买菜一样，选来选去。有时买回家去，发现不对劲又给退了回去。这种差别有人用男人主动是天生的，女人被动也是天生的来解释。其实，这也是一种社会的选择。在传统的男权社会，女人附属男人，家庭生活几乎是女人命中注定的生活方式。独立地在社会上谋生是男人的特权。男人和女人都是卵子和精子结合并发育而成的。这意味着，在起源上，女人与男人是平等的，在自然秩序中处于同一序列。在古代中国，宇宙被想象成一个巨大的子宫（道），世界上一切事物都是这个子宫生产出来的。在西方有一个古老的观念，认为宏观宇宙是微观宇宙的精确反映，卵子被想象成一个小女孩，而女人则被想象成一个巨大的卵子。有趣的是，基督教中的圣母玛利亚也是无婚而孕的。

然而，人类的繁衍离不开男人也离不开女人，两者的结合才是人类繁衍的正道。人类对性的态度成为人类心理建构的基础。在人类文明的初创阶段，人们对性的态度是自由的，如传说中古代社会的群婚制和走婚制，男女之间没有固定的对应关系。对男人来说，这是一种没有责任的自由，而女人则不同，一旦怀孕就不得不承担抚养的义务，否则婴儿的成活率就会很低，人种的延续就会有因此而中断的危险。女人在抚育婴儿的过程中，发展出最初的利他主义情感。原初的男人对性的态度是纯粹个人主义的，之所以要性活动是因为体验到了快乐，快感强化了男人的性活动的兴趣和频率。男人与女人性活动关系中的责任和义务的差别造成了男人和女人的不平等关系，这在人类文明诞生的早期就已经表现出来。婚姻制如一夫一妻制，从理论上推测，很可能就是为了解决男女性权利不平等的问题建立起来的。婚姻制限制了男人的性活动权利和自由，使之对抚育婴儿承担起相应的社会责任。从而使男女之间在性自由和承担社会责任之间达到平衡。社会责任意识的确立，使男人的利他主义思维得以确立和成长起来。男人由绝对的性自由转向相对的性自由阶段。纵欲主义是男性的本能之我原始的意识形态，这一意识形态在现代社会中的特定群体依然盛行，许多人把性活动的快乐神圣化，心甘情愿拜倒在石榴裙下。

※※

我们应当承认性与爱的情感存在本质差别。本能之我对待性的态度很单纯，不会附加太多的爱的情感。处于无爱的婚姻状态下的男女就是本能之我在发挥作用。他们依然会有性活动，但却缺乏激情，性活动品质会大打折扣。出于本能需要的性活动，是短暂的而且是容易变化的。性活动通常会以情感为先导，触景才能生情，这就意味着随着情境的变化，性活动的地点和性活动对象也会发生变化。本能之我的性欲是原始的、猛烈的和野蛮的，但是随着年龄的变化这种能力就会随之丧失。本能之我对待性活动对象的态度就是将对象当成满足欲望的工具，或许工具都算不上，因为工具通常是随身携带的，需要时可以很方便地拿出来使用。而本能之我对待性活动对象则完全是随机的，对性活动选择不那么重视。对本能之我的这一行为特征的利用成为社会组织行为的一个技术，如在军队中提供慰安妇的做法就是对这一本性的利用，虽然野蛮但却有效，对稳定军心和保护士气起到一定的客观效果。在许多国家的古代军队中，都有不成文的规定，就是每征服一地之后，就放纵士兵奸淫当地妇女。用性活动产生的快感平衡对死亡的恐惧，这是对士兵的心理进行调节的原始方式。利用人的性本能进行社会管理的做法在现代被视为一种野蛮行为，但是人类文明就是这么走过来的。对野蛮行为的反思虽然年代久远，但在社会行为层面有所改进也只是近百年来的事情。在20世纪发生的两次世界大战中，都曾发生过奸淫当地妇女的有组织的恐怖行为。

从道德的眼光看待性别问题，就会呈现出形式与内容分裂的情境。道德之我信誓旦旦地要对自己性权利和性自由进行限制，但是被压抑的本能之我却在人性的另一端虎视眈眈地伺机反扑。道德之我的欲望越强烈，反扑的力量就越大。禁欲主义就是道德之我对性的态度的一种极端表达。道德之我企图用精神的快乐取代肉体的快乐，但是这只是形式的，而且是主观的，实际上，肉体与精神是无法切割的。肉体的快乐本身就是精神快乐的一种表达，精神的快乐如果不与身体的感官感觉相连也不会单独存在。不过，古代人宁愿相信精神是一种实体。幻觉中的人物形象与现实中的人物形象在性质上是同一的，如灵魂、鬼魂之类的精神存在。而本能之我强调的是肉体的快乐，与道德之我的诉求刚好相反。道德之我与本能之我的矛盾在现实的利益之我身上达成妥协，形成了现实的合理性概念，这是人的精神和意识成长的一个里程碑，为人的社会公共生活确立了一个标准，从此之后的一切社会进步，必然会体现在形式的合理性上，形式的合理性成为社会进步的标准。但是在内容上，道德之我的活动却淡出公共生活之外，成为个人的隐私。最初的隐私一定是道德之我的发明，其目的是给本能之我的性自由一个隐蔽的空间。因此，我们看到道德之我在表现形式上的特征就是虚伪。示人的是一种表现，私下的是另一种表现。这种人格和行为的分裂在其最初的发展中是有积极意义的，那就是在公共生活和个人自由之间建立了一个平衡。当然，理论上我们不应当排除圣人的存在。这里的圣人，就是指道德完人，即公共行为与私人行为合二为一的人。仔细一想，我们会发现，圣人在实际生活中是不可能存在的，只要人还是肉体之身，就一定会有七情六欲，就一定会有私欲和个人利益诉求。圣人所能达到的最高境界就是老子所讲的少私寡欲。道德之我让我们看到了圣人出现的希望和人的神性一面，同时，也让我们看到了人性的虚伪和兽性的一面。两面人格、变态、精神分裂成为我们这个时代的人的精神状态的显著特征。

人类进入父系社会是四五千年前的事情，与人类从起源到现在的5万年的历史相比，男性可以说是“新上任的领导”，人类学家已经证明母系氏族社会在人类历史中存在的时间，10倍于父系氏族社会。从这一角度看，今天的女人没有任何理由自卑，而应当自豪才是。女人比男人更富于自信有事实支撑，女人主导男女关系的漫长历史一定会以遗传基因形式发生作用。如果将女人视为独立的个体，那么在最初的女人意识形态中，男人就只是一个工具，就像后来的男人将女人也视为工具一样。女人的自信，建立在男人也是女人所生的事实的基础之上的。也就是说，在自然逻辑上，男人是女人的财产，女人对男人的支配权是天生就具有的。男权意识形态是后天建立起来的。对作为个体的男人来说，男人的独立意识是在他长大成人之后形成的。孔子说“三十而立”，也就是说男人在30岁之后，才开始独立生活。而作为个体的女人，在其生了第一个孩子后，女人的独立意识就实际地建立起来了。在古代中国，15岁的女人就开始生育，比男人早成熟15年。这种对比虽然没有明确的数据支撑，但作为一种趋势是完全可以确定的。现代科学已经证明，女性比男性成熟要早。在人们的日常经验中，也能体验到这一趋势。

※※

男人和女人由于性别的不同在身体和精神气质方面存在差异，这是自然选择的结果。女人是娴静的、被动的，她总在等待，而男人则是自由的、敏捷的和主动的。男人经常处于一种焦躁不安的情绪之中。女人就像是靶，男子就像是箭。箭的功能就是在快速的运动中射中靶心，而靶总是等待着迎面而来的箭。女人有充分的自信将那箭的锋利融化成温柔的海绵。女人的自信是不可思议的，这与男人对女人的天生兴趣是分不开的。男人对女人的兴趣是全方位的，看到女人在街上行走，对女人走路的姿势也会品头论足。男人在女人面前总是心怀不安，他总想好好表现，为的是克服自己的不自信。男女交合，生儿育女，实现物种的延续，这是大自然精巧的设计。在这一过程中，无所谓谁的作用大或小的问题，如果强行划分，也只能是一半对一半。对人类来说，男人和女人都是不健全的，而且这种不健全是天然的，根本无法在经验世界改变。男人与女人的合作的关系是基于自然的设计。而男人与女人的竞争关系则基于对人类延续的控制权的争夺。合作，在男人和女人心理上造就了利他主义的无私精神，而竞争则造就了男人和女人的自私心理。人类的自由精神在无私与自私的辩证运动的推动下发展起来。

女人是所有女人的抽象，是抽象的“人”的一半，另一半是男人。抽象的女人与抽象的男人，是不会产生性关系的，因为他们都失去了感性的特征。在传统的男权社会，女人的社会地位是附属型的。近代世界历史上的妇女解放运动，其基本诉求就是女人的独立，但是性别关系的不平等是根深蒂固的。人类文明的诞生就是以女人自由交配权的丧失为前提的。现在动物学已经发现，在野生的猴群中，也会有一个猴王。猴王的标志就是对母猴的交配权的垄断，人类文明就是在这一基础上发展而来的。交配权的垄断，意味着人类开始出现私有意识，是人类最早的财产意识的起源。财产意识为人类生产能力的提高开辟出一条道路。妇女解放的目标在于女人自我意识的确立。男女平等与同工同酬只是通向女人自我意识建立的途径（而且不是唯一的途径），而不是目标。今天看来，争取男女平等的口号已经不能适应妇女解放的历史任务，因此有必要修正这一口号。男人与女人生理上的差别是自然形成的，男女平等的要求意味着对这种差别的忽视，是一种反自然的要求。在本质意识上，人类无论在征服自然的道路上取得多大的成就，都无法改变人类是自然的造物这一事实。因此，反自然的要求，实际上是人类自由精神的一种夸张的表达，是人类非理性的诉求，不可能真正地实现。幸运的是，人类在经历了许多次自然的报复之后，已经开始思考人类自身能力的限制。在妇女解放的运动中，也有人开始反思男女平等的意义及其局限，在要求妇女解放的诉求中加入尊重自然形成的男女差别的事实，从而使妇女解放的事业行走在更加健康的道路上。

妇女解放和争取自由权利的诉求，在工业革命之后，已经通过世界性的妇女运动被广泛提出来。这是因为男性主导的男权社会形成的男女关系是不平等的。女人在社会生活和生产过程中，她们的自由精神受到普遍的压抑。随着资本主义生产体系的不断发展，劳动力的需求发生了深刻的变化。随着科学技术在资本主义生产体系当中的广泛应用，传统的男人主导社会生产、女人主导家务劳动的社会劳动体系被打破。所谓男主外女主内的社会生活形式，越来越不适应现代社会生产的发展。妇女在社会劳动体系当中的地位和作用越来越重要。这种社会生产和劳动体系的变革，是妇女获得解放和自由的前提条件，没有这种变化，妇女解放就不可能。

◎爱情心理

爱情是为了人种延续而产生的一种衍生属性和心理诉求。所谓的真爱就是给爱的对象以自由。

为什么说爱的情感是心理建构的源头？爱的情感是人的心理建构最重要的质点，人的心理随着爱的情感的波动而源源不断地从无意识领域流出。作为观念性的“人”，它的心理的可能性是无限的。作为一个物种，人的延续是通过生殖完成的。爱情是生殖的中介，或者说是为了生殖而产生的一个附产品。在爱中，生命寻找到生存的终极意义，从此不再寂寞也不再空虚，并成功逃脱死亡感的恐惧和控制。

爱作为人的一种普遍的情感，按精神分析学的理论可以分为三种类型。第一种是动物性的本我之爱。爱出自本能，性关系占据男女关系的主要位置。在一些婚姻专家看来，性关系在婚姻中起着决定性的作用。性关系越和谐，夫妻关系就会越好。家庭中的夫妻关系的和谐与否取决于两个人性关系的融洽程度。第二种是自我之爱，这种爱是自私的，主要表现为占有欲。爱一个人就想占有他或她，把爱的对象看成一件稀世珍宝，这是普通人通常都会有的情感。第三种是超我之爱。一个人一旦具有了超我之爱，就会将爱看成一种信仰。其心理特征就是无私奉献，这是爱的最高境界。这种爱超越了社会习俗和社会制度，具有神性的成分。基督教中的上帝之爱，佛教中的慈悲为怀，启蒙运动提倡的博爱，都可以看成这一类型。在日常生活中，把爱看成给爱的对象以自由的观点，也可以归为这一类。具有超我之爱的精神的人是道德模范，这种爱不会因为对方的漂亮或丑陋，贫穷或富贵，健康或残疾而发生改变，能将初心坚持到老。以这种态度对待爱情，世所罕见，但却令人神往。虽然现实中的人未必能做到，但作为一种价值理想，对普通人的行为和心理建设却会起到一种引领的作用。

※※

占有欲是爱情吗？对大多数人来说，爱就是占有。一个小伙子娶了一个姑娘，他会把她当成珍宝，别人碰一下也不行，和别的男人说说话也不行，摸一下更不行，完全把对方当成一个物品，不顾对方主观感受如何。这样的例子随处可见。我们可以说这是出于嫉妒，但在做人的品质上说，就是不懂得尊重人。他的妻子，是一个独立的个体，她与他有着完全不同的成长经历，有着完全不同的社会背景、文化背景、家庭背景等。要学会与自己在人格上完全平等的人和平相处、相亲相爱，最重要的一点就是要尊重她。

将爱理解成一种占有欲，这是从人的自私本性发展出来的爱情观，是利益之我对待爱的经典方式。持有这种爱情观的人，对爱的态度就是利益为先情感在后。有的女孩儿选择结婚对象，提出的条件是男方必须有房有车，否则一切免谈。持有这种爱情观的人，也会认为爱很重要，但这种爱是有条件的，是需要物质利益来保障的。文学作品中宣传的那种超越身份、地位的纯爱在这种人身上是找不到的。在本质意义上讲，这种人将爱看成一种占有。在体验到与女人交往的种种美妙之后，他们会自然产生将这种美妙占为己有的欲望，并希望这种美妙可以随时再现。占有欲望是私有制的基础。古人讲，食色，性也。因此，最初的占有首先是物，随后就是对人的占有。当家庭现象出现，意味着女人成为男人的财产。从此，把女人当成一种物品加以占有就成为一种普遍的观念。

说到人的占有欲，就不能不提占有欲与自私的关系。通常来说，占有欲是自私行为的深层心理基础。这里有一个奇怪的对称，就是爱与占有欲有着形式上的关联。爱一个人或喜爱一件物品，通常都会希望把那个人或物品占为己有。将某件物品占为己有，是因为那个物品对自己有用，自己在生活当中可以很方便地使用，来满足自己的需要，如买了一个手机随身携带，可以与家人和朋友随时联络，就像身体的一部分一样。应该说这种占有欲望有其合理的一面，是人体功能发育的有效方式，有利于人的智力和身体功能的发展，也是实现人的自由而全面发展的途径。但是像喜欢物品那样喜欢人，就会导致许多人间悲剧。爱情悲剧那么多，与将爱看成一种占有高度相关。

每个人在人格上都是平等的，在心理上都希望被人尊重。而占有欲却把物的情感施加到人身上，这是对爱的对象人格的不尊重。说明没有把爱的对象看成与自己一样的具有灵性和具有主观创造精神的平等的人来对待。奴隶主对奴隶的占有，把奴隶当成会干活的畜生。这种人与人的关系，不可能产生爱的情感。不尊重人就不可能产生真正的爱。

如果一个人对一个人不尊重，然后那个人说他或她爱上了她或他，这是不是有点自相矛盾呢？如果说他或她在说假话似乎冤枉了他或她，如果说他或她真心爱着她或他，被爱的对象却在遭受着人格上的侮辱。这种现象或许可以称为爱情的悖论。我们观察一个人是不是心中有爱，只要看这个人对待爱的对象的态度即可。从日常行为的细微情节中，就能做出判断。主要看他或她是否尊重对方，这在具体的交往过程中是很容易体验到的。

※※

爱可以用来交换吗？在市场经济中，爱也经常表现为一种交换。我们大家在日常生活当中可能会注意到这样的一个情境，如一个姑娘在表达自己的爱的意愿时，经常会说：“你不爱我，我也不会爱你，你爱我，我才会爱你。”这个想法实际上就是把爱情当成了一件商品来进行交换。她这样做或许有她的理由，但这一做法，在某种意义上既没有尊重对方也没有尊重自己，因为她把自己的爱情当作为一件商品。不能否认，这种观点在日常生活当中有其合理性。因为在物资匮乏的年代，人的生存欲望自然会渗透到人的爱情观念中去。这种想法的合理性，还在于它体现了平等意识。这种想法总比那种已经感觉到对方不爱自己了，还要去纠缠好得多。纠缠多半是为了自己的“利益”，毫无尊严地去维持一段并不幸福的婚姻。没有人愿意承认情感是可以交换的事实，但是在现实生活当中，这种交换情感的现象并不罕见。譬如在传统观念当中，有一种说法：养儿防老，积谷防饥。一个母亲养育了子女，当她老了，子女却不愿意养她。于是她就将子女告上法庭。从现代的社会价值标准来考察，这种做法并无不妥，而且符合现代的法制精神。但是从哲学角度来看，母亲的这种要求报答的想法和动机，实际上将自己年轻时抚养孩子的经，当成一种劳动付出，把自己抚养孩子的经历当成一种有偿服务，她把这种付出看成一种赊账。到年老了，她希望已经长大成人之后的子女偿还债务。在本质意义上，这样的母亲将抚养子女的劳动当成了一种商品，而不是出于对子女的爱而做出的无偿付出。有偿服务和无偿服务是鉴别一个人是否有无私的爱的一个标准。出于真爱而付出是不讲究回报的，但是出于真爱付出而不要求回报的人在社会上其实是很少见的。

应当承认，交换的概念有其合理性，否则人类就无法繁衍下去。指望年老时从子女那里得到回报也是自然的。人在儿童成长时期和年老后，不具备劳动能力或丧失劳动能力，必然需要他人的养育和赡养，绝大多数人都会经历这一过程。值得质疑的是，有些父母在养育孩子的过程中，出现对孩子人格不尊重的行为。这种不尊重有时会影响孩子的健全人格和心理的成长。许多孩子，从小就被教育要孝顺父母，要报答父母的养育之恩，这种说教本身并没什么问题，问题是父母的付出并不是按照孩子的成长规律进行的，孩子的生活、学习、玩耍等各方面都受到父母的制约，许多孩子是在父母的主观干预下成长起来的。有些家庭甚至有家规家法，孩子不听话就用家法伺候。这样看来，许多家长对孩子的爱，还没有达到爱的最高境界——爱，就给爱的对象以自由。

※※

爱是一种信仰？是的，爱的最高境界就是将爱看成一种信仰。持这种观点的人譬如说一位男士，他会把老婆或他的心爱女人当成神一样对待。神的话语永远是正确的，而且要绝对服从，就像一个信徒对待神一样。心爱的女人不论干了什么，他都是支持的，都是欢欣鼓舞的。如果他的心爱的女人爱上了另一个男人，这个把爱当成信仰的男人，不仅不会吃醋，还会为他心爱的女人找到了自己的新爱而高兴。这样的男人世上绝无仅有，但也并不是没有。普通的女人对这样的男人估计也很受不了。因为她会怀疑这个男人对她的爱的真实性。为什么会有这种怀疑呢？因为这个女人还没有自信到相信自己是女神的地步。在这种情境下，这个男人其实并没有真正理解到这个女人的真实需要。把女人当成神加以崇拜，并不代表这个男人对这个女人有多深的了解，这种信仰是盲目的。如果一个女人真有女神范儿和女神的心理情感，她需要的是另一位男神，而不是一位崇拜者。女人也是人，她需要的是与她相爱的人以平等的态度对待她、尊重她，这是每个女人都需要的，无论她是公主、女生还是普通女人。

爱就是给爱的对象以自由吗？爱就是给爱的对象以自由，这句话在本质意义上就是尊重人。对孩子的爱，最重要的体现就是大人对孩子自由意志的尊重。这种尊重并不是放纵，而是在与孩子共同成长的道路上，尊重孩子的自然本性。

持有这种观念的父母，在内心深处会相信孩子的学习能力。孩子的行为和心理是通过模仿大人的行为和心理而建立起来的，而不是通过说教。父母和教师的以身作则是最好的教育。大人尊重孩子，在孩子的心中就会留下深刻的印象。在他或她长大之后对待父母，对待他人，也会自然采纳同样的方式。这就是文化基因传承的效果。这里有一个难题：孩子的行为选择与大人流行的社会标准不一致，大人是否应当制止以及应当采取什么样的方式制止？譬如孩子不愿意上学，如果尊重孩子，那就得允许孩子不上学，但是父母亲又没有能力或者没有时间陪孩子玩儿，将孩子一个人放在家不放心，找保姆又请不起。这时应该怎么办？这是现代社会中做家长的无奈，只有把他送入学校。这是大多数家长的做法，是孩子的悲哀。我认同“小孩儿的教育应该顺其自然”的观念。我不认为现在的大多数家长能做到这一点，但是我很愿意传播这一教育理念，我想这对家长们树立正确的教育观是有益的，也是必要的。让他们知道世界上还有一种顺其自然的教育方法，甚至可以不进学校，尽量顺着孩子的意愿，让孩子顺其自然地成长。顺其自然，并不意味着放任不管，而是指家长尽其所能支持孩子的爱好。我们要相信孩子，作为一个年轻的生命，他们的生命力比成年人要旺盛得多，他们的脑子里会产生出各种各样的与生活相关的想法、理想。这些想法有时看似幼稚或难以实现，但是只要孩子愿意，作为大人就应该提供支持，帮助他们坚持自己的想法，实现他们的理想。在实践当中，孩子们自然会对哪些事情能做到，哪些事情做不到，有一个自己的理解和判断。也就是说，遇到困难，他们会自然地选择要么坚持要么放弃。也许这样的孩子，长大成人之后，并不能按自己的爱好谋生。但是，在这样一种过程中，孩子的审美能力、智力和体质方面的天赋，会发育得更好。天赋能力只有在孩子们做自己喜欢的事情中才能被发现并开发出来。因为喜欢，他们就愿意付出，就会坚持得更久。

能把一项爱好坚持得最久，那就是他们的天赋所在。要相信他们在世界上在社会中一定会找到他们自己喜欢的事情作为谋生的手段。因此上学并不是能力成长的唯一途径，读书也不是。孩子的兴趣的全面发展，才是孩子能力成长的最佳途径。当然，读书写字是现代社会劳动者的基本的素质，但我们也应当承认，文盲在现代社会也有权利生活得很好，有尊严地工作。依靠自己的体力为社会为他人提供劳动和服务和知识劳动一样，都应得到社会的尊重。在重视体力劳动者的社会，普通工人如那些矿工、地铁服务人员、农民等，他们的生活水平与脑力劳动者的差别不应很大，这应当是社会主义社会的状态。文盲大多生活在农村，他们依靠体力劳动在农村生活，如果他们生活得不好，不是因为他们不识字，而是他们的劳动没有得到应有的尊重，劳动价值被大大地低估。随着整个社会物质生产的发展，他们的生活会越来越好。当然，不上学不意味着他不需要学习，不需要努力。在这个社会当中，找一份自己喜欢的工作并不容易，但也并不是不可能，要相信天生我材必有用。

中国的家长有一个由来已久的传统，就是对子女的事忍不住地去操心。这种干预有时超过了子女的忍受程度，甚至逼得子女发疯。事实证明，以爱的名义对子女生活施加的干预更具有杀伤力。前两天在网上，我看到一则消息说白领阶层中的大龄青年，存在被父母逼婚的现象。有的人为了逃避节假日父母逼婚，跑到国外旅游，眼不见心不烦，好像听不到父母唠叨了，问题就能解决似的。这种现象表明，父母的关心关爱，超出了爱的合理限度，把爱变成了一种强制。

※※

爱就是奉献？为了爱情宁愿赴死，虽然不常见，但也时有耳闻。尤其是在年轻的大学生中间，将爱情至上奉为人生信条的人还不在少数。现在，我们就来分析一下产生这一观念的心理原因。

愿意为对方做任何事甚至牺牲自己的生命，这似乎可以看成爱的极致，但这只是一种意愿，在真的需要他或她冒着牺牲自己生命的危险去做事的时候，他或她做怎样的选择只有天知道！如果他的女朋友落水，他会不会不顾一切地跳入水中去救人？假如，他是个旱鸭子，做这种选择心里就更加纠结。因此，爱是奉献的观点如果是出于非理性和盲目，那么由这种情感导致的结果必然是悲剧。持爱是奉献的观点的人，只是在表达自己的愿望。原则上说，我同意有爱的人是无私的。遇事时，总会首先想到对方，而不是自己。如在地震中，教师组织学生疏散，这是作为教师的职业道德所在。但是如果教师先找个安全地方自己躲起来，置学生的安危于不顾，那就不能说这个教师爱孩子了。夫妻也一样，大难来临时，先想着对方的安危，才说明他或她的心中有爱，否则就只是爱自己，是自私的人。我有一位很要好的朋友要和他老婆离婚，他老婆坚决不离，声称对他还有爱。这位朋友私下对我讲，他并不怀疑他老婆对她的感情，但他已经受够了她的“爱”。也难怪，他不仅工资全部“上交”，而且回家后手机也要由他老婆保管。为了离婚他耗费了很大的精力，痛苦不堪。最后在法律的帮助下终于获得自由。听了他的故事，我就想，他老婆对他的感情叫爱吗？爱一个人却让那个人痛苦，这是不是很残忍？后来通过反思，我领悟到，那不是爱，而是人的占有欲。有许多人把占有欲当成爱，其实这是一个逻辑的错配。爱一个人首先要让对方快乐，如果对方感觉到的是痛苦，就说明那不是爱，而只是占有欲，是自私的情感。两人相爱，无论男女都会伴随着相应的心理活动。在表达爱意时，如果只顾自说自话，而没有顾及对方的感受，那就说明这不是爱对方而是爱自己。

爱一个人就要给那个人以自由。这话说起来很容易，做起来却很难。试想，你爱的人离你而去，如果按照上述原则，你就要高高兴兴、毫无心理障碍、心甘情愿地让她离你而去，这样才说明你是爱她的，因为她的离开，是她自愿的，也就是说，你尊重了她的自由。我虽然很推崇这一观点，但不能不说，在生活中如果遇到这种人，那一定很奇葩。在理论逻辑上，我们没有任何理由反驳这一观点，起码我找不出理由反对它。但在现实中，持这种观点恐怕会被别人称为心理不正常。在过去，夫妻离婚，能够和平分手的很少。为什么？就是因为他们之间的感情缺乏互相尊重。无论男的主动离开，女方千方百计地挽留，还是女方主动离开，男方无理取闹地纠缠，都是因为缺乏尊重人的品质，不尊重对方自由的选择，一句话，就是缺少真爱。自由精神在爱的情感中的表现，就是自愿和主动。主动追求你爱的人，是自由精神的表达。如果你在感情生活中总是喜欢别人追自己，那么你的精神就不能说是自由的。

※※

夫妻之间的相互尊重不只是抽象的原则，还应体现在生活的细节中。譬如你给你媳妇儿买礼物，那么你就要考虑她的感受和喜好，如果只是为了表达自己的爱意，根本不在意对方的感受，那就说明你不是真的爱对方。也许你会来一句“她喜欢不喜欢我哪里知道”来搪塞，这就更说明你并不在乎她。给她买礼物，只是出于礼节或别有用心。同样，在接受礼物的一方，在她心里一定会有喜欢不喜欢的判断。如果她喜欢，她就会很幸福。自己喜欢的人给自己送礼物，没有理由不幸福。如果心里的确不喜欢对方买的礼物，就直接说了出来，这不仅不礼貌，而且表明，她心中无爱。如果她心里有爱，对自己爱的人送的礼物就不会不高兴。即使不高兴也不会表现出来，因为担心说出来伤了对方的自尊心。这时，她说违心的话，就不应当看成欺骗，而是有爱的表现。如果对方给自己买的礼物，经常是自己不喜欢的，这说明对方其实是不爱自己，或不懂自己。这样的人，你就要考虑是不是还要和他或她过下去了。表面上，只是你们没有达成默契，但在实际上，如果你足够细心的话，会对他或她是不是虚情假意，心知肚明。许多人做事，光想着自己，很少想着与他或她交往的那个人的真实感受，其实这种人只生活在自己的幻觉中，是一种心智不成熟的体现。譬如，我的一个农村的亲戚，过年时，送我一筐豆芽菜，是她自己发的。我知道她在释放善意，但是她却没有考虑到我的实际需要。虽然豆芽菜我也喜欢吃，但是那么一大筐的豆芽菜，短时间是不可能吃了的，80%会烂掉，最后当垃圾倒掉。写到这里，我突然想到军队贪官谷俊山。据媒体报道，这个人没什么真才实学，但他有一个看家本事，就是会送礼。他到上级的家里看一下，就知道领导最需要啥。然后，过几天，就会把这些东西买回来送过去。他的记忆力很好，去谁家送了什么，过了好多年他都记得一清二楚。他可以记住好几百人的电话。他靠察言观色的本事上位。因为会交往会送礼，上级领导和他在一起很愉快。这个本事说明他善于体察别人的心思，这是他的强项。我的那个农民亲戚就没有这个本事，所以受穷。谷俊山察言观色的本事，并不是他的错误，只是他没用对地方。如果他对士兵，对下属，也很善于体验他们的心情和需要，他就会是一个好官。一个政府官员，善于体察百姓的疾苦，这是一个好官清官的必备前提。但是他把这个本事，用于体察领导的心理和需要，然后通过行贿讨领导的欢心，谋取个人私利升官发财，那是他没把他的本事用在正道上。察言观色，是一项技术活，与道德无关。关键是把这一项技术应用到哪里，动机是什么，这才是道德问题。

夫妻之间能否坦诚相见，取决于双方的良性互动。如果对对方的真诚持怀疑态度，那么可以确定，这个人对他或她的爱就不是出于真爱，只是一种占有欲。反之，一个男人或一个女人，已经不爱对方了，故意在外边逗留，但是因为习俗或其他原因而勉强维持与对方的夫妻关系，所谓在家红旗不倒，在外红旗飘飘，这样做显然是不真诚的。这样的人，绝对没有幸福可言。这不是诅咒，而是一种自然而然的结局。即使他或她找到了一时的快乐，终究会被在现实当中引发的各种冲突所抵消。问题不是他或她不可以在外面寻求自己的快乐，而是说他或她这样做是对妻子或丈夫的不尊重。如果他不爱她了，他可以明确地说出来，这是他的自由权利。离婚在现代社会也是被社会价值观所认可的行为。传统价值观认为，离婚是件很不幸的事儿，但是从今天的价值观来看，离婚对双方都好。有许多人因为财产纠纷而不愿意离婚，但是，我们应当知道，维系没有感情的婚姻同样是不道德的。

※※※

附

相约，

两条小河，

在撞击的浪花处汇合。

奔向大海，

一路活泼。
浪花直把两岸淹没。
向前向前，
涛头已经无法回溯。
纵有坎坷，
一概轻松越过。
歌声拨动青波，
孤独的心，
不再寂寞。
海底石心，
倾听静卧，
大海的波澜壮阔。
忘却时间，
只因感受到了爱的抚摸。
从此之后，
飞翔的心有了一个浪涡。
秋去春来，
潮水涨落，
日月经天，
流星划过银河。
大千世界，
变幻莫测。

唯有此在的爱意，
真实地存在着。
绕过山间小路，
方知曲径通幽。
盘过弯曲老树，
才见月下含情脉脉。
吸入空气中每一缕清新，
呼出水体里每一点污浊。
一呼一吸间，
流动的水不断地化合，
南北合流，不分你我……

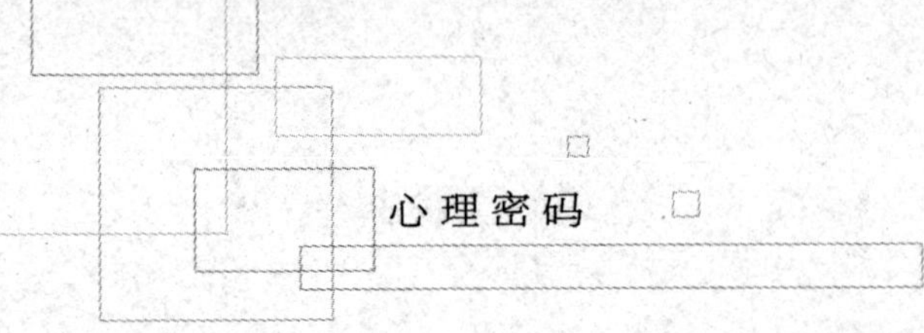

◎货币是我们时代的上帝吗?

在现代市场经济社会，人们爱钱是可以理解的，但将钱当成上帝就是不可取的了，因为这种观念会将人引入歧途。

爱钱心理是人类交换行为衍生出来的物性心理的表达形式。什么是物性心理？物质需要是心理建构的外在物质前提，源于生命的物质属性。肉身生命的维持需要物质资源的支持。所谓人是铁饭是钢，一顿不吃饿得慌。心理建构源于满足生命的物质需要，我称之为物性心理。然而，这只是与动物共有的心理特征。人的心理的建构原则，基于动物性同时又高于动物性。其原因在于人类获得了与动物不同的谋取生活资料的方式，这就是交换。

交换行为是市场经济条件下人的基本行为方式。交换心理是在交换实践中产生的。到市场去交换劳动产品的次数多了，与这一行为相适应的交换心理就会慢慢成长起来，并最终形成相应的心理模式，成为人的内在性的一部分，并支配人的行为和人生。交换行为是人追求平等与合理性的产物。它是人从动物界脱颖而出的一个显著标志。通过交换满足无法用自己的力量来满足的需要，由此开启了人的需要丰富性和多样化的发展道路。或许，我们可以说这是人的大脑智力发展的一个前提，没有交换行为的产生，就不会有人的智力的发展。

一个人在这个世界上生存，都免不了有衣食住行玩乐的需要。但是，满足这种需求从来都不是由自己独立完成的，需要他人的协助。如刚出生的婴儿吃奶。的确，他得自己张嘴自己吃，但如果没有母亲的提供，他就无法完成吃奶的动作，饥饿感就无法解除。对成人来说，满足自己的需要有两种方式：一是自助式，即用自己的劳动生产出自己需要的产品；二是他助式，即通过获得他人劳动创造或生产出来的产品来满足自己的需要。随着人的需求多样化和丰富性的发展，自助式越来越让位给他助式。

获取他人劳动成果和服务的方式有三种：一是抢，二是交换，三是得到他人的赠予。强盗获取他人劳动产品的方式就是抢，不管别人愿意不愿意，只要看到他人手上有自己需要的物品，就依靠武力来抢夺。早期的人类主要就是通过这种方式来获得他人的劳动成果的。这就是物竞天择适者生存的社会，达尔文主义的生存法则。显然，这种方式风险系数很高，搞不好对手的财物没有抢到手，自己的小命儿却给混丢了。第二种方式就是用自己的劳动产品换取他人的劳动成果，前提是双方的劳动产品具有差异性，他人的产品可以满足自己的需求，自己的产品可以满足对方的需求。因需求互补，通过交换才能实现各取所需，这是一种进化的生活和行为方式，具有互惠和合理性的特征。第三种方式就是他人的赐予。婴儿需要的奶水，就是母亲的赠予。好心人施舍自己的财物给穷人也是赐予的一种形式。

从总体上看，交换的方式是人类满足自己需要的主要方式，人们在交换实践中形成的交换心理也成为人类的普遍的心理模式。交换行为心理贯穿于人类各类行为之中。在人类的早期阶段，人的需求相对简单，获得食物的方式主要来自自然。原始人自己摘取果实的行为，是自助式行为。随着人类的发展，通过交换取得他人劳动果实来满足自己的需要成为主要的方式。不过，以抢劫的方式谋生的人并没有退出历史舞台，反而成为主导人类命运的力量。毫无疑问，以这种方式谋生的人是少数，但是他们崇尚武力，用武力征服其他人。当他们发现通过杀人抢劫获得财富不可持续时，就开始了强迫他人劳动来生产和提供他们自己需要的产品和服务，这就是奴隶制社会的诞生，这是通过强权催生和维系的社会。用动物性原则与人交往，人与人之间的冲突就是不可避免的。没有人甘心接受这种欺压，也没有人甘心自己的劳动成果被他人抢走，反抗这种强权，保护自己的劳动果实是被压迫的人们心里合乎理性的心理反应。如果被压迫的人们在进行反抗时，将强盗打翻在地，然后将强盗的不义之财据为己有，这时，反抗者的行为就越过了合理性的界线，成为一种非理性或不合理性的行为了，因为他们本身已经变成了强盗。在强盗与反抗者之间势均力敌时，两败俱伤或同归于尽的结局就是大概率事件。当早期的人类意识到同归于尽的风险时，为了规避这个风险，就会朝交换行为的方向发展。在偶然的交换行为中，他们发现这种行为的好处就是可持续性。虽然不如抢劫那样来得及时和痛快，但也降低了风险。于是，人们找到一条满足自己需要的安全通道。交换成为人类文明发展的新路径。

少数人奉行的强盗原则，使他们成为社会的统治者。强盗原则在满足人的在场需求时虽然很管用，但是，风险高而且不可持续。如强奸犯，如果没被对方的防卫过当要了小命儿，十之八九也会被绳之以法。在法制健全的社会，侥幸逃脱制裁的可能性很小。所谓法网恢恢疏而不漏。如果强盗经过漂白成为社会的上层，他们的命运也注定不乐观。因为他习惯于用暴力维护自己的财产权，在暴力对抗中要想长命几乎就是不可能的。中国历史上的朝代为什么出现循环更迭？原因可能很多，但我想，主要的原因还是那些政权都是通过暴力维系的。每一次更迭，都是报应的结果。而交换原则主要流行于民间，普罗大众因此而生生不息，代代相传，这也解释了中国文化薪火相传而政权的血脉却一再中断的现象。值得庆幸的是，以剥夺他人劳动为前提的文明开始出现分化。追求平等自由已经成为世界潮流，交换原则成为普遍遵循的原则。当然，这个原则不论在哪个社会都还没有完全落到实处，人剥削人的现象还很普遍。但是作为一种发展趋势已经确立，这是不争的事实。没有哪种势力可以逆转这个潮流，这是人性当中不可阻挡的冲动。在一定意义上，交换心理是对强权原则的理性拒绝。强权原则，在少数统治者那里，形成了太多的丑恶，并把这些丑恶当成隐私不断加以掩盖。市场经济成为人类文明的共识，传统的自给自足式的生产生活方式正在为市场经济所取代。人们生活的物质来源越来越依赖于市场交换。这为每个人自由而全面地发展打开了无限的空间。但是，交换行为绝非完美，由交换制度衍生的人的行为和心理也包含着不平等因素。这是由人的物性心理决定的。贪婪是物性心理的一种典型形式，是动物心理在现代人心理中的一种自然延伸，它会渗透人的交换行为和心理当中。

※※※

人，从一出生就开始了与自然物的交换过程，在个体与外物的物质交换中，个体的生命才能生存和成长。个体生命的生存和新陈代谢无外乎通过吃喝拉撒这些活动实现的。当一个原始人将没吃完的食物如一只烤羊腿放在阴凉的地方储存起来以备饿时再吃时，实际上就为货币的产生提供了行为基础。储存食物在心理上的反应是，我现在饱了，但过一段时间我就会饿。饿了，我就要四处寻找食物，而把这顿没吃了的食物留在下顿吃，就省去了下次四处寻找的劳碌。“四处寻找”存在一个风险，也就是并不一定能找得到。因此，储存食物就避免了下顿找不到食物的风险。

储存得越多，就会使自己的生命规避更多的风险。然而，食物的储存是有时间限制的，时间长了会腐烂变质，而这时另一个人刚好想吃，于是“我”将羊腿给了他。而在另一个时候，同样的情况发生在“我”身上，“他”将羊腿又给了“我”。这时，信用就产生了。两个原始人为了避免挨饿，在不同的时间点上进行了食物交换，这种交换是以信用为前提的。而信用是依靠大脑的记忆唤醒的。时间长了，“我”就会将吃过别人的羊腿这回事忘得一干二净，另一个人也是如此。为了解决记忆遗忘问题，信用符号——货币就此诞生。

最早的货币形式，就是人的一句承诺。实物货币如贝壳之类的产生那是后来的事。货币把两件不相干的物品联系起来，这真是一件很神奇的事！如用5个贝壳交换1只山羊。从外在形态上，怎么也无法想象它们之间会有联系，但在人的观念上，5个贝壳与1只山羊等值！因此可以说，货币是主观想象的产物。在某种意义上，我们可以把货币当成一种观念的符号，是一种一经产生就会在经验世界中不断强化的一个概念，是由人类习俗和制度支撑起来的概念。作为个体，他在成长中会自然领会这一概念的意义并成为他的行为参照。人在交换行为中，不断地强化着货币概念，并成为人的交换行为的一部分。货币不是交换行为本身，但却是交换行为的前提和结果，是此次交换行为与下一次交换行为的中介和中转。

人们爱财的心理，与现代人类社会生活的货币化趋势高度相关。货币化意味着人的活动的公开化和社会化，所谓“要想人不知除非己莫为”。电子技术和网络技术的发展，使人的活动充分地被记录，当然这种记录是以人的活动的货币化为前提的。人的活动只要被货币计量，就是社会性的，就处于“公共场所”之中。因此，可以认为人的社会化在本质意义上就是货币化。在现实世界，没有人能匿名生活，你一出生就有了名字，周围就有一群人为你服务，你的一举一动都有人在注视着你，你实际上处在演员的位置。无论你乐意不乐意，你一出生就是一个“演员”。当你长大成人后，就具备了与周围人一样的共性特征：为别人提供劳务并在这种过程中寻找自己的快乐。从个体经济学角度观察，人一出生，就开始了负债的过程。因为你的成长有赖于他人提供的劳动和服务，包括你的父母在内的所有人。当你长大成人有劳动能力时，就开始还账，同时用自己的劳动养活自己。这是作为一个社会人不可逃避的过程。

货币通过人与人之间的信用关系来运转，它所代表的是一些人的劳动和服务。拥有货币，意味着你预先订购了某些人的某些劳动和服务，当然在你没去支付前，很多时候是不确定的。只有当你实际地支付时，那些劳动和服务才会为你所用。一个自给自足的人，是不需要货币的，一个由自给自足的人组成的社会，也不需要货币。按照西梅尔的表述就是“货币在没有相互关系的地方是无立足之地的，要么是因为这个人并不希望从别人那里得到任何东西，要么是因为这个人生活在一个迥异的环境中——就像不需要跟任何人有来往那样——并且能够满足自己的一切需要，而无须他人提供任何服务。”[1] 然而这样的人和社会在现实中是不存在的，只存在于人的想象中。

我们也应当看到交换行为中也孕育了平等的基因。在市场经济中，作为商品的桌子被生产出来的直接目的并不是供人们的使用，而是为了交换。这种生产目的变化既是市场经济的必要条件，又是市场经济的结果。交换行为对人的心理模式进行了重塑，以适应生存的需要。在交换中，卖方为了将商品卖出去，什么方式都愿意尝试。这就给卖方提供了一个自由想象的空间。追求自由的目的是生存，离开了生存的自由是不存在的。对买方来说，只要能满足自己的欲望，他什么都可能买。不仅买他需要的物质产品，他的精神需要也可以通过这种方式来满足。商品作为有形的物品，在视神经中留下的光的印象并刺激起视神经的兴奋，商品的这种可感形式是购物心理形成的发端。在视觉中，商品发出的光与眼睛发出的光的物理接触，引发了交换心理反应。在人类的原始阶段，原始人的食物需要通过自己摘取树上的果实或打猎获得的猎物来满足。在这一过程中，表现为自己满足自己。但在人类文明进入商品交换阶段后，人的需要满足方式并不是由自己直接获取所需之物，而是由他人提供。因此，马克思认为，商品交换表面上是物与物的交换，实际上反映的是人与人的关系。

[1] 参阅 [德] 西梅尔著：《货币哲学》（一）中国社会科学出版社 2007 年版，第 289 页。

对商品提供者来说，货币是一种可能性商品，对消费者来说，货币是一种可能性欲望。对货币经济中的个人来说，每个人既是商品的生产者和提供者又是消费者。这种双重身份成为个人生存的基础。只有扮演好这个双重身份，两者之间达到自我平衡，才能在这个世界上更好地生存下来。双重身份，在个人心理上造成了矛盾的特征：一方面是拥有一切的欲望，另一方面是个人能力的不足。这一矛盾，在交换行为中通过追求金钱得到象征性满足。当拥有的金钱达到相当大规模，在他的心理上就会产生一种幻觉，仿佛他的一切欲望都能得到满足，而且对这个幻觉深信不疑。但事实上，即使富可敌国也无法满足人的一切欲望。因为个人的欲望不是固定存在的，而是在一定生活条件下和场景中的随机产物。随着生活条件和场景的变化，欲望也会发生变化，而且商品在满足人的欲望时，永远是部分地满足。希望通过拥有货币来满足自己的全部欲望是不可能的事情，因为欲望本身就是一个变量。欲望满足的最高实现形式，是精神和心理的调节。用金钱满足自己欲望，是一种象征性满足，在本质意义上就是一种“自我欺骗”。用心理调节方式满足自己的心理需要，则是合理性的实现，或者说是一种心理平衡。追求心理平衡与自我欺骗是不同的，自我欺骗是主观世界内部操作的结果，而心理平衡则包含了与外部世界相对应的心理特征。健全的心理源于心理平衡，而不是源于自我欺骗，后者只会导致心理障碍。

商品的价值在于对人的有用性，但在交换行为中，人们重视的是商品的交换价值。这意味着每个人都具有将自己的劳动价值放大的心理趋势。用同样的劳动创造的劳动产品换回更多的金钱和商品，来满足自己的生活需要。因此，将自己劳动的价值最大化是交换行为心理的最基本的特征。当交换行为的双方都以这种心理从事商品交换时，所谓的平等交换发生了。不同的商品等值，如一头牛与一件时装等值，是交换价值相等，即心理上的等值，而不是使用价值的相等。使用价值是无法比较的，一头牛如果被当成生产工具，可以生产牛奶或当成种牛，可以养活一个人或几个人，而一件时装只是偶尔出席盛大宴会才穿一穿，用途不一样，怎么比较？但在交换时它们等值，比如它们的标价都是2000元人民币，这是双方都认同的心理价位。更妙的是，现代的商品交换已经由原始的易货交易，转变成商品与金钱的关系。金钱是价值的标识，它掩盖了商品的使用价值，使商品交换的原始意义即使用价值的交换变得难以确定。人们拥有了金钱，在理论上可能购买任何商品，也可能产生任何出其不意的消费欲望，但即使是金钱拥有者本人，也会出现不知道拿钱买什么的困惑。有些守财奴，赚了一辈子的钱，但一生生活简朴，人们还称这种生活方式为美德，这就是商品拜物教的升级版——金钱拜物教。

在心理学上，这种对金钱的崇拜心理，实际上是由非理性的信念支撑起来的，也是一种虚幻的满足方式。人们到商场购物以满足日常生活需要，在这一过程中伴随了复杂的心理动机。购物是一种交换行为，表面上是消费者与售货员之间的交换，但在本质上是生产者与生产者之间的劳动交换。货币是交换的中介，是劳动与服务的象征符号。在货币经济中，每个人必然既是生产者又是消费者，在逻辑上是先有生产后有消费，因此说交换是两个生产者之间的交换，交换的目的都是消费对方提供的劳动产品和服务。在市场中，交换双方在对方那里“看”到自己想要的商品，刺激起自己的消费欲望，于是经过讨价还价过程，达成交易。很明显，人们消费的不是抽象的交换价值而是商品的使用价值，但在交换中人们看重的是商品的交换价值即价格。人们不可能将货币当饭吃，但是，交换行为却是建立在交换价值基础之上的。这就为货币这个一般等价物提供了一个充当媒介的机会，它利用这个机会进入市场交换，并成为交换心理的主宰。这种市场交换心理本身包含了交换行为的一个倒置形式：将货币这个价值抽象物当成了具体的财富，当成了商品的使用价值。这个倒置形式是市场主体意识不到的，因为它处于市场主体的无意识领域，也就是说这种倒置是市场主体正在做的事情，但他们没有意识到上帝之眼正在看着他们。在市场的交换行为中，人们关注的是商品的价格而不是这个商品的使用价值。结果，商品的价值成为商品交换的实体，这个实体的最高抽象形式就是资本，资本不仅吞吃了商品交换的倒置形式，而且堂而皇之地成为市场主体的核心意识，即爱钱的心理。

※※

货币是我们时代的上帝吗？在人类的远古时代，原始部落普遍存在着自然崇拜和图腾崇拜现象。这种原始的拜物教是对外部自然客观物或神秘力量的崇拜。这种拜物教心理发展到今天就是对金钱的崇拜。

西梅尔在他的《货币哲学》一书中说，“货币是我们时代的上帝”。他的观察不无道理，因为他看到了资本主义体制下的人们，即使不是全部也有相当多的人相信货币是万能的，相信金钱万能就如同相信上帝全能一样。

这种对待金钱的态度对一个社会的心理和道德风尚产生了深刻影响，一个标志性事件就是道德行为的货币化。应当承认这是现代文明中人的生存现象，不用大惊小怪。有些人一提道德的货币化，就好像这个世界要翻车一样。急于反驳、排斥道德货币化的倾向，可是如果有人出钱购买他的反驳话语，他会不会接受呢？或他还会不会继续反驳呢？如果他不接受别人出的价钱——无论多少，那他实际上就是那个想出钱收买他的人的免费的服务提供者。他拒绝将他的行为货币化，可是他真的能做到吗？

许多社会已经进入万物商品化的时代。可是现在需要反思，人的活动货币化是不是走过了头，以及人类应该如何利用这种趋势来引导人们的活动向更高的道德境界迈进？每个人的文化背景和经历都是不同的，因此合理的需要对每个人来说有不同的标准，这个标准存在于每个人的内心。如果有人发帖说他想看一本书，但他却找不到或买不到，而这本书又是国家法律允许发行的书，那么就可以断定，他的这个需求是合理的需求。但是如果这本书在书店能买到，而且他也能负担得起，那么他想免费得到这本书，就是不合理的需求。市场经济下的人的行为，自然会浸染货币的色彩，然而作为一个具有丰富内在潜质的人，如果将自己的行为局限于市场的交换行为，他就会变成一个“货币人”，从而失去人的丰富性。生命的五彩色，只有通过更高级的行为方式才能展现出来。

货币给了持有者更多的休闲，让这些人不必为生存而奔波。但人类天然就是活动的，不为生存而活动自己的身体，就会从事其他的活动，如艺术。因此，货币是人类活动多样化的一种催化剂。

货币是人类活动方式的主要支配原则，也是到达未来社会的通道。理想社会是一种有内在思想逻辑的理论体系，作为一种意识形态，在不同历史时段，会赢得一部分人的支持。但是，理论逻辑无论多么完美，只是一种思想形式，与现实的逻辑是不一致的。如果两种逻辑一致，这种划分就失去了意义。未来社会，只能是现实活动逻辑的结果，不可能是理论逻辑的结果。

如此说来，追求货币增值并没什么不好，但要做到君子爱财取之有道。当然，一个必不可少的前提是社会要提供保证，使每个人的劳动形式的价值评估合理，否则，即使人人都努力劳动，理想社会也不可能实现，因为大多数人得不到相应的合理的收入，而少数有钱人过度富裕会鼓励他们把货币花在不合理的消费上面，实际上会引领社会走向歧路。现代科技极大地提高了劳动生产率，因此，人人发财的梦想是有可能实现的。社会的管理者和引领者应当对这种趋势善加利用，对各种劳动形式的价值合理评估。利用大数据等现代科技，将按劳分配原则落到实处，从而实现全社会范围内的公平与正义，让人们切实感到劳动不仅是光荣的，而且是他过上幸福生活的唯一保证。

货币的社会意义首先在于：它成了个人生命中不受条件限制的目标。每个人生活在这个世界上都有自己的目标，不同的生命阶段，具体的目标会有所变化。但在人生中的各种各样的目标中，只有追求货币增值的目标可以并可能贯穿人的一生。过去人们渴求的人生目标主要是美好的爱情、神圣的事业等，现代越来越多的人则将人生目标定位于货币。这是由以货币为交换手段的经济生活决定的，我们日常生活的每个环节和行动都离不开货币。人们在追求爱情的时候，并不总是将爱情挂在嘴边，而是将他要追求的那个人记在心里。当他还没有一个具体的追求目标时，他心里也会存在一个获得美好爱情的愿望。这个恒定的潜在的生活目的与他的日常生活行为没有直接联系。而人在追求货币增值时则与追求爱情时所表现出来的心理状态就不一样，他会将赚钱的愿望落实到生活的每一个细节中去，他的一举一动都可能与赚钱的愿望或目标有关。因为，赚钱的目标是一种“持续不断的刺激”。在西方，从前，宗教虔诚、对上帝的渴望才是人的生活中持续的精神状态，如今，对货币的渴望代替了这种持续的精神状态。

人们持有货币，看重的不是货币本身，而是货币所能代表的商品。货币是一种可能性的商品，因为我们要消费更多的商品才需要货币。而消费商品是需要时间的，我们不可能在某一时刻消费太多的东西。饭需要一口一口吃，商品要一件一件使用，服务要一秒一秒享受。这一特征，使人类产生了货币的需要。货币就是保证在将来的某一刻能够获得想要的东西。在这个意义上，可以说货币就是储存的商品和服务。

追求货币增值所获得的意义感是可以外化的，这一特征实际上也为计量人的活动的正义性或正当性提供了一把实际的尺度。然而，这并不意味着富人就比穷人更富于正义感，而是说，社会提倡和鼓励的正义的行为，可以通过物质奖励的形式使之货币化。在这一情景下，就可以引导正义行为成为社会的时尚。比如，你做了一件好事，那个接受了你帮助的人，就可以在社会的公证部门做一下登记，这时，你做的好事就可以进行货币化估值，在你需要别人帮助时，就可以有权利得到相应价值的奖励或回报。因此，我们看到追求货币增值的行为，在许多情况下容纳了正义性的要求。也就是说，追求货币增值的行为，在许多情况下，行为本身就是正义的。这种正义性不是由主观确定的，而是由社会确定的。追求货币增值的行为是以满足他者需求为前提的，这本身就说明追求货币增值的行为具有利他主义的精神品质。追求货币增值的唯一缺陷是，如果个体以追求货币增值为唯一目标，他就可能忽略满足他人欲望的手段和方法的正当性，这将导致假冒伪劣商品的盛行。导致这一现象发生的并不是市场行为的本真意义，而是人性中恶的一面产生的副产品，与追求货币增值的欲望无关，只与追求的手段有关。事实上，在现代社会的法律体制中强调手段高于目标就是试图阻止和限制人性恶的一面的泛滥。一个人无论主观上多么邪恶，但他的行为和手段合理合法就不应受到法律的制裁和舆论的谴责。同样，一个人无论其抱有的目标多么崇高伟大，如果他以犯罪的手段去追求，也应当受到法律的制裁。

◎心理分析示例

我认识一个女孩儿，她特别怕老鼠，一见到老鼠就会大喊大叫。我很好奇，问她为什么会那么怕老鼠。她也回答不出什么原因。后来，我查阅了心理学著作，知道这种现象叫过度心理反应。

之所以称这个女孩子的心理反应是过度反应，是因为老鼠对人的危害并没有她的心理反应所表现出来的那么大。中国有句俗语，叫“过街老鼠，人人喊打”。可见，老鼠虽然令人讨厌，但并没那么可怕。要不然，就不会人人都敢于喊打了。如果大街上看到一只大狼狗，就不会人人都喊打了，不吓得大喊大叫就不错了。那么，这个女孩子的过度反应是如何形成的呢？我们来假设一些情景，推理一下可能性原因。

过度反应源于心理反应模式，而后者主要是主体在早期经历的适应性生活中形成的。由此，我们可以推知，过度反应源于这个女孩子早年经历形成的对老鼠的认知。一种可能是，这个女孩子在童年时代受到过老鼠的惊吓，如老鼠在她熟睡时上了她的床，把她从梦中惊醒。可以想见，她吓得大喊大叫的情景。她还可能看到过老鼠在家中四处乱窜的情景，看到过她的父亲拿着棍子或盆儿在屋里或院子里对老鼠围追堵截的场面。这种场面对精神的刺激是强烈的，可能是她形成惧怕老鼠的心理的一个原因。见到老鼠就大喊大叫，实际上是一种驱除恐惧的努力。童年时遭受的心理刺激与童年时做出的过度反应在她的心里留下没有平复的创伤记忆。这种记忆潜伏在潜意识中，在她长大成人后，一遇到老鼠，整个创伤记忆就会在瞬间打开，从而形成大喊大叫的症状。还有一种可能，就是她在童年时看到过老鼠被大人追打的场面，给她留下深刻印象。当时，她的感觉不是恐惧，而是对老鼠的怜悯。如果小时候的她看到过米老鼠的动画片，这种可能性就更大。在她幼小的心灵里，老鼠是可爱的形象。但是大人并不这样看，见到老鼠肯定是要打的。于是，由怜悯就会产生自责的心理，她把老鼠挨打的原因归于自己，因为是她首先发现了这只老鼠。也许在目睹了老鼠挨打的场面之后，她就回到床上睡了，但是这种自责心理并没有消失。经过大脑的无意识运作，这种心理就有可能演化为一种替老鼠受罚的愿望。这种心理变化是为了平复自责所带来的痛苦。于是，我们看到在她的心理上发生了心理投射现象，将自己当成老鼠，替老鼠受罚。这个心理过程发生在无意识之中，是大脑自运动的结果。但是，当受到外界的刺激，如看到老鼠，激活了这个意识，于是我们看到，已经长成大姑娘的她见到老鼠依然还会大喊大叫。

早期的经历对人的心理成长起到至关重要的作用，这是从长期趋势上观察得出的结论。其实，从短期趋势上观察，这一结论同样有效。因为，某种心理的形成遵循了先入为主的原则。

※※

由林妹妹葬花想到了什么？《红楼梦》中的林妹妹和众姐妹在花园里赏花，别人都高高兴兴，唯独她看到落花引发了她对自己身世的感伤，竟然演绎出一场葬花戏来。看落花，很容易引发人对生命短暂的感伤，但并不是所有的人都会产生这种情绪的变化。只有特定的人才会产生这样的感伤情绪。由落花引发的林妹妹的情绪变化，谁能预测得到呢？就是善于体会女孩子心理的贾宝玉，也只能暗自胡乱猜测吧。林妹妹一句“花谢花飞飞满天，红消香断有谁怜”，显示落花引发了她对自己处境的联想。少女怀春，追求爱情，但却遭遇挫折，伤感自然难免。“侬今葬花人笑痴，他年葬侬知是谁”，在她的心目中，能陪伴她终身的那个人，因为宝钗的加入，变得不那么确定了。担心自己嫁不出去，死后没人给她送葬的悲怆心情溢于言表。而“一朝春尽红颜老，花落人亡两不知”，则将这种心情推向极致。葬花的象征意义就是埋葬了自己的爱情，通过葬花释放了她失恋后的绝望情绪。如果她真的由此情绪好转，那么这种移情就产生了效果。从结果来看，她并没有成功。

移情效应对个人来说经常是过去积累的某种情感和感受在当下的场景中引发共鸣导致的一种结果。当下的心理通常是有感而发，接触的一些人、一些事、一些物品，引发了潜伏多日的心理情感的爆发。因此，所谓移情，就是指过往的情绪的滞后反应。只要有了一些经历，就会在心理上积累各种情绪。如果这些情绪不及时抒发，就一定会在以后的某个时候爆发，当然会有一个导火索。这样看来，移情并不是指情绪和心理的转移，而是一种情绪在不同时间点上的爆发。

在一个集体中，如果某个成员，在面对同一个场景引发了与众不同的反应时，我们可以断定，他这是触景生情了。每个人都有不同的过去，能够引爆他的情感爆发的现实场景，大多数情况下是个性化的，但也不能排除同一场景可以引发许多人的情感共鸣。同一时代的人，会有一些共同的经历。因此，现实中的一些事件会使有过共同经历的人群产生共鸣。

林妹妹葬花戏，为什么感动了那么多人？就是因为触发了他们的情感共鸣。我们不好说，他们与林妹妹有共同的经历，但类似的经历和情感一定在他们身上发生过，而且也可以肯定地说，过往积累的这些情绪和情感没有正常地发泄过。否则，就无法理解有人看到这一场景被感动得一把鼻涕一把泪的。移情现象会发生在每个人身上，你今天嘲笑别人痴迷不悟，不定哪一天遇到什么事情也会让你陷入痴迷不悟当中。这是因为在人的心理当中，有一种追求心理平衡的强烈欲望。情感爆发就是舒缓心理紧张、实现心理平衡的一种方式。

我们可以把移情效应理解为两种心理状态之间的转换。这种转换伴随着自我对自我心理状态的认同。或者我们还可以这样理解，我们感知事物的方式发生了变化，导致感知方向的转移。这种心理状态的改变是自然发生的，很难通过人的主观意志有意识地控制。比如说一个女生和一个男生第一次接触，感觉很好。两人聊得热火朝天。按照逻辑推断，这种情绪应当自然地延伸到第二次会面中。但是，在第二次会面之前，在没有接收到任何有关这个男生的信息刺激的情况下，她的感受发生了变化，以致拒绝与这个男生第二次会面。这种变化的原因不是来自外来的信息刺激，而是来自她自己的心理变化。在一般的情况下，我们会推测，她的这种情绪的变化是有心理原因的，第一种心理状态与第二种心理状态有逻辑关联，其实也未必。因为，此一时彼一时。随着时间的推移，即使没有任何外在的有关的事件发生，她的心理也会自然发生变化。她的身体内部的运行就有可能推动她的心理变化。早晨，阳气上升，云开雾散，会让她的心情舒畅，而阴雨霏霏，会让她的心情很不爽。我们很难确定生活中发生的什么事影响了她的心理变化，但我们可以从她的心理变化反推生活中可能发生了哪些事情引发了她的联想，从而导致她的情绪变化。

※※

小秋为什么会踢哈巴狗？哥哥小春放学回家，对妈妈说："我饿了。"因为家里人还没到齐，妈妈让小春再等一会儿。于是，小春不高兴了。这时，弟弟小秋手里提着个笼子举得高高的，让他看笼子里面的蝈蝈。小春正在生气，看都不看一眼，就一巴掌打过去，笼子打落在地上，随后还踏上一脚，将笼子踩个稀巴烂。小秋气得大叫起来，可他自知斗不过哥哥，只好懊丧地扭头走了。正巧，家里的哈巴狗从外面进来，从小秋身边经过。憋了一肚子火的小秋，抬脚就朝哈巴狗踢了过去……

哈巴狗何罪之有？它成了替罪羊！在这个心理学小故事中，包含情绪积累和释放的整个过程。情绪积累就是心理失衡阶段，情绪爆发就是情绪释放过程，也是寻找心理平衡的过程。小春的欲求没有获得妈妈的恩准，按理说，他应该对妈妈发火。可是他不能，因为妈妈是长辈，他不能"犯上作乱"。然而，胸中这口气弊在心里又让他难受，于是，弟弟小秋就成了他的情绪的发泄对象。而小秋因此积累的负面情绪，最后在哈巴狗身上得到了释放。其实，如果小春最先看到是哈巴狗，哈巴狗也一定是替罪羊。任何让他看着不顺眼的事物都可能成为他的发泄对象。在他的情绪寻找释放的阶段，他身边的任何事物都可能将他心中的情绪引爆。因此，在面对正在生气的人时，最好的方法就是离他远点。转移目标是移情的一种便捷方法，在医学心理学上称之为"消极心理转移"。虽然属于轻微的心理障碍，但它却是一种值得人们关注的多发病、常见病。它不分发病人群，男女老幼人人都可能患上，也不分季节，一年四季随时都可能爆发。

人生在世，总会遇到一些不如意的事情，这很正常。因为我们既不是神仙也不是上帝，不可能做到事事都称心如意、心想事成。如果我们遇上不顺心的事情就通过转移目标的方式，寻找便捷的发泄途径，那么，不但搞得自己越发地不愉快，还会影响甚至伤害到别人，最终导致不良情绪的恶性循环。

※※

如何给招聘教师留下良好的第一印象？大学毕业生，对找工作十分敏感。在今天就业难的形势下，找到一份称心的工作，确实是幸运的。然而，幸运女神只钟爱那些有心理准备的人。因此，在招聘中给招聘教师留下美好的第一印象就成为大学毕业生们的最大的愿望，这是他们走向美好人生的第一步。如何给招聘人员留下良好的第一印象？

首先，你要对招聘主管的心理运作机制有所了解，才可能达到你的目的。我们知道，心理反应是刺激出来的。反应的强弱取决于被刺激的人的心理属性。对见多识广的人进行刺激所产生的心理反应比相同的刺激在少闻寡识的人身上所能产生的心理反应要小得很多。越无知，越容易大惊小怪。要给别人留下美好的第一印象，就要注意自己的形象包括言谈举止，这些是作为信息刺激施加给刺激对象的。第一次刺激时，被刺激对象处于对你的“无知”状态，因此，微小的刺激也会给他留下深刻印象。刺激与反应的对称是一次性事件，相同的刺激只要刺激的时间点不同，所得到的心理反应就会有差异。

人的心理属性是有弹性的，第一次对弹簧施加压力，弹性最强健。同样的压力施加的次数多了，弹性就会变弱，直至丧失弹性。人的心理反应也是如此，如何在第一次见面时给对方留下深刻印象？方法其实也很简单，就是想方设法给对方强烈的视觉刺激和听觉刺激。比如你是一位歌手，第一次在大庭广众面前唱歌。你唱得好，唱得与众不同，才会给听众留下强烈的印象。这话听来起像是正确的废话，然而废话当中却包含了生活的智慧。

给别人施加心理刺激，是一门技术甚至可以说是一门艺术。要掌握这门艺术，起码要把我写的这本书仔细地看上两遍。这样，你就会对人的心理与反应的一般原则有一个了解，这对你掌握这门技术至关重要。

第一个原则，突然袭击法。突然袭击才会给对方一个强烈的心理冲击，这叫出其不意。比如，你还是那个第一次出场的歌手，如何在观众的心理造成一个突然袭击的效果？答案会因人而不同，但起码你要做到衣着打扮要与众不同，唱的歌也要不同凡响，出场方式要让观众意想不到，这就是突然袭击法。

第二个原则，挠痒痒法。挠痒痒，你得首先知道对方哪里痒痒。不是要你给自己挠痒痒，而是给你要见的那个人，或者你要面对的观众。这时，了解对方的心理至关重要。你要知道对方的心理需要是什么，你要想方设法满足对方的心理需要。如果你面对的是一群年轻的观众，你就要选择年轻人爱听的歌曲来唱。年轻人爱听什么歌？一般来说，年轻人喜欢动感的歌，节奏感要强，最好边唱边跳。这样，你才可能与观众产生共鸣，满足年轻人的心理需要。

第三个原则，点穴法，或者叫精准打击法。做到这一点，你就要对你要见的那个人当下的现实需要有准确的把握。假如你是一个大学毕业生，到一家高科技公司应聘，你就要在应聘前对那家公司的经营情况有一个尽量深的了解，对那家公司面临的问题有一个分析判断。然后，你要掂量一下自己的特长和功力，对解决公司发展的难题会有什么样的作用。在做足功课之后，你在见面时把你对公司的价值说清楚就行了。如果你做到了上述要点，你在招聘人员的心理上留下什么样的印象，估计你自己也会有一个判断。

第四个原则，伤口撒盐法。这个方法不只在第一次见面时会对人的心理造成强烈的刺激，任何时候，这个方法都有效。每个成年人都或多或少地经历过心理创伤，当你和人打交道时，为了引起对方的注意，你就要做足功课，挖掘对方不愿被别人知道的秘密，然后在见面时，用委婉的暗示性的语言，将他的秘密说出来。这个手段很毒辣，心术不正的人最爱使用。不过，既然是手段，其实是不好去做价值判断的。坏人可以用这个手段做坏事，好人也可以用这个手段做好事。如心理医生会使用这个方法治疗某些心理障碍症或通过这种方式刺激患者的创伤记忆，帮助失忆患者恢复记忆等。

第五章 梦的解析

内容提示：

本章讨论了梦的产生心理机制，并以具体梦境为例分析了梦心理的主要形式。

◎为什么会做梦?

一个人，如果没有出过神发过呆，也一定做过梦。梦是心理幻象最常见的形式。那么人为什么会做梦？最简洁的答案就是梦是大脑自运动的结果。

我们常说，日有所思夜有所梦。其机要在于，大脑在睡眠时依然在运动。大脑的运动，将白天看到的形象或感受，以变形的方式送入大脑的内视功能区域，一般认为由松果体控制。于是，在内视功能的驱动下幻影出现了。那么，为什么将清醒时的阅读过程中产生的形象和意念也称为幻象呢？这是因为清醒时大脑的理性能力，在其产生的机制上与梦境的产生机制性质是相同的，也是大脑自运动的结果，并受欲望支配。大脑之所以会运动，有两个原因，一是外部信息的刺激，二是内在欲望的推动。梦中的幻象与阅读时产生的形象和意念，也都是这两个原因造成的。

在这里有一个疑难，就是阅读时的视觉与睡觉时的内视功能的区别是什么？内视功能的感性能力是否可以看成与阅读时的视觉功能具有同样的性质？要分析这个问题，一要弄清我们看到的对象的性质是否相同，二是内视之眼与外视之眼是否存在性质上的不同。阅读时，我们看到的是文字符号，大脑的理解功能产生相应的形象和意念符号。请记住，是在符号的刺激下产生的形象和意念符号。在梦中，内视功能看到的是纯形象和意念符号，是大脑自运动的结果，似乎是在没有现场的信息刺激的情况下产生的视觉形象和意念，是幻觉的符号。梦中的视觉形象真的是不经过信息刺激就能生成的吗？表面上的确如此。但是，只要我们想一想大脑运动的原因就会明白，梦中的大脑运动也是受到刺激而产生的。刚才，我们提到日有所思，夜有所梦。如果我们承认这个观念是真理，那么我们就得承认梦里的视觉形象是白天外视之眼受到看到的视觉形象的刺激而产生的延迟反应形式，这是合乎逻辑的推测。这样，我们就能理解到，两者的差别是非本质的。在梦中，我们的感觉真实地相信，我们看到的是“真的山”“真的水”，这与我们白天看到的山是“真的山”，看到的水是“真的水”的感觉是一样的，都是无意识信仰机制在起作用。

当然，我们在这里还需要说明，白天看到的山的形象与经过文字刺激所产生的山的形象的区别。对这个问题的说明涉及前面提到的第二个问题，就是“谁在看”，即内视之眼与外视之眼的区别。从字面意义上区别很明确，一个内眼，一个外眼。但是如果从更本质的维度去理解，这个区别也是非本质的。无论内眼外眼，都是视觉神经在起作用。

山的形象，无论是梦中山的幻象，还是阅读时大脑中浮现的山的形象，还是游山玩水时看到的山的形象，在终极意义上，都只是视觉神经的一组悸动，其中伴随着相应的微电聚集和放射。在这个意义上，内眼外眼的区别就是非本质的。外眼就好像一架望远镜，内眼通过外眼看世界。外眼并不能单独起作用，而内眼不仅可以通过外眼看外在的形象世界，还可以看大脑自己生产的“形象世界”。

※※※

对梦的经典解释是：梦是欲望的虚拟满足或象征性满足。这是精神分析学给我们提供的智慧。

梦的现象表明，睡眠中存在着脑运动和意识活动。人的一生，有三分之一的时间是在睡眠中度过的。无论梦境多么奇异诡谲，它也只是大脑的自我运动的效应，是大脑由于受到外部信息刺激所产生的物理、生化和微电子的反应形式。

人类接受外部信息的渠道无外乎口、眼、鼻、耳、身、意，如果按佛教说法还有“末那耶识”和“阿赖耶识”。现代哲学还将直观视为人与外部联系的“交通”方式。无论“末那耶识”“阿赖耶识”还是直观，在现代的知识语境中，都可以归到意识的名下。

所以，人类接受外部世界信息的方式就是上述的6种。大脑被认为是对外来信息进行加工处理的中枢。在处理信息过程中，首先要将各种信息“意义化”，然后将杂乱的信息条理化，并分门别类“装入”大脑的“各个功能区”。被处理过的信息才有“意义”，并构成梦的“素材”。同时，在这一过程中，大脑运动得以进行。大脑对信息的处理引发了大脑各部分“能量”结构性的变动。一方面是“能量”的储存，另一方面是“能量”的释放。记忆的过程就是“能量”储存的过程，梦的过程就是“释放”的过程。“能量”储存于大脑的皮层褶皱中，当大脑褶皱“延展”时能量得以释放。释放的“能量”，并没完全消耗掉，绝大部分被大脑的其他部分记忆、储存起来。因此科学发现，老年人的脑能量与青年的脑能量差别并不大。在一定意义上，释放即是储存。“能量”释放是以构图、意念运转等意识形态完成的，此时，就是“梦”的时刻。运思也是释放“能量”的过程，但运思则是“清醒”时的表达形式。并不是所有的信息都被大脑所吸收，大脑结构还不具备这个能力，起码我相信这一点。因此，大脑发展出一种对外部信息进行选择的机制。哪一类信息能够被大脑储存起来，这取决于大脑对外部世界的“兴趣点”。这些“兴趣点”是在长期的对杂多的信息刺激“选择”的结果。“选择”的最初根据是生存需要，并形成机体的感受性。但并不是每一次的“选择”结果都被沉淀下来成为精神性的心理结构的永久构成。精神性的心理结构是根据生存条件的改变不断对兴趣点做出调整的结果，反映了“兴趣点”

的变化历史。但大脑“兴趣点”的开启，又是在后天的生活条件刺激下及选择中逐渐展开的，表现为后天的具体的形成。对个体而言，大脑的先天结构只是预示了“兴趣点”的可能性，后天的“兴趣点”的开启才是个性形成的根据。个性的差异主要是在后天的生活实践中形成的，但先天的基因因素对人的最初的对信息的反应方式具有基础的决定作用。人对外部信息刺激的接受、反应形式与“兴趣点”不可分离。在相同的环境中生活的孩子，由于他们兴趣点的不同，对相同的外部信息刺激会做出不同的反应。他们由此获得的感受、记忆、印象及反应行为表现出差异，由此形成不同的个性特征。

※※

梦就是具有了“自组织”能力的大脑在其“自组织”过程中的内部能量和信息交换产生的效应。在交换过程中，损耗是不可避免的。也正是因为有损耗才有了聚集“能量”的理由。从婴儿出生到人的自然死亡，我们会领悟到：大脑就是在这种聚集与消耗的争夺中达到一种动态平衡。从原则上说，梦是释放能量时的一种效应。释放的能量并没有消失，而是被其他部分吸收。“能量”聚集是以“能量点”的形式进行的，能量释放也必然是这些点在达到其形式的临界值时的突然爆发。“每个点”的爆发都会形成一个画面、一个意念流。由于这些能量点在数量上巨大，体积上大小不一，分布不均匀，在爆发时极为无序。所以我们有时会看到梦境在“意义”上是断断续续的，使画面一个接一个地出现、消失，但上一个与下一个之间在“意义”上是不同的。梦所处理的“材料”不是外部信息本身，而是经过意识加工的“第二手材料”如感受、印象、知觉、记忆、观念等“主观意义”，是对信息的再加工形式。大脑中的意识“兴趣点”的强度是按照“能量点”所包含的“能量值”的大小来确定的。梦境虽然在内容上无序，但在形式上却是按兴趣点的强度大小进行的。每个点的爆发同时也是下一个点的导火线，因为爆发时释放的能量可能被“另一个点”吸引。如果这个意识点因为吸收了上一个意识点的能量而达到爆发的临界值，那么它就会爆发。就单个大脑整体而言，会有一个爆发梦境的临界值，但不同的个体这个临界值会呈现出差异。意识点的能量临界值是一个只有在“爆发现场”才能测定的值。现在的科技水平还无法精确地测定这个值，我们只能通过科学的想象力来进行逻辑推断。大脑的“兴趣点”主宰了梦境内容。虽然梦境的意义是间断的，但却反映了梦境随着兴趣点变化的事实。因此，我理解，一个梦境在大多数情况下都是一个复合梦，梦的象征意义是丰富的，绝对不会只有一种解释。对外来刺激的强烈感觉本身就说明有“兴趣点”的参与。清醒时，大脑“兴趣点”的表现一定是以“生存需求”的名义出场的。所以在清醒时，人的行为所表现出来的兴趣与大脑“自组织”运动所表达出来的兴趣是不同的。梦中的“兴趣点”的展开是按自身逻辑进行的，它不用伪装自己。而清醒时人的兴趣是被修饰过和伪装过的形式，此时的兴趣点服从“外在刺激物”“意识”的展开逻辑，它只起到隐性的支配作用。只有在意识中失去了“外在刺激物”条件的控制，它才会直接表达。清醒时，兴趣点的直接表达在大多数情况下表现为欲望的满足。梦境是“兴趣点”的完全表达。既包含了自身的兴趣点，也包含了对“外在刺激物”的感受、印象、观念等第二手材料所聚集的兴趣。所以我们会看到梦的意象既有与“外在刺激物”“感觉”一致的东西也有不一致的东西。不能将本能反应与“兴趣”混同。本能反应是对外在刺激物刺激信息的直接处理，而梦中的兴趣是对二手主观“材料”的处理。由于所处理“材料”性质的不同，它们的意义也就不同，虽然它们所应用的原则有时是一致的。

※※

有人认为梦是对生活现实的反映，这话要具体分析，否则就会误入歧途。梦只是对现实生活的“感受”等主观因素进行处理的结果，它与现实生活并没有直接的对应关系。现实生活对大脑的刺激所产生的主观形式是梦的材料，因此，梦与现实生活的关系是一种想象的关系。人的感受能力是因人而异的，它的形成过程是复杂的。小学生会对教师的评价特别重视，但一个经常遭到教师表扬的学生会对教师表扬的感受性随次数增多而递减，而对另一个较少遭到教师表扬的学生，同样的表扬却会有强烈的激励效果。同样的刺激对不同的人会产生不同的感受。再如，一个成年男人会对一个女人感兴趣，这是由其生物本能发展出来的兴趣。但看到同样一张裸体女性图片，不同文化背景的人由此产生的印象及感受却有巨大的差别。这种不同表明，人的“兴趣”都是经过主观性过滤、改编后的形式。但在梦中，人的“兴趣点”在结构上却表现了深刻的一致性。这一点可以从“存在着大体一致的梦境”这一事实领悟出来，如人在出生后的一段时间里（哺育期），都会遭遇到大体相同的外部环境的刺激，这是哺乳动物的共性特征，这种共性特征造成了人对乳房的普遍兴趣。这种兴趣不会因人而异，但在3岁之后（或更早），随着性别意识的出现对乳房的兴趣开始发生分化。以后随着文化因素更深入地介入，差异会越来越大。这种兴趣点的变化会被本能之我的大脑“记录在案”。任何成年人在生命中，婴儿时期对乳房的兴趣都可能在其梦中再现，当然“脚本”可能经过后来“兴趣点”的改编。

※※※

大脑的物理运动与意识结构有关，但不能将两者看成机械的联系。大脑的物理运动必然会伴随意识的流动，意识的流动也必然会伴随着物理运动。但并不是所有的物理运动都是意识的活动，大脑的物理运动也可能是无意识的运动。而意识的流动，一定伴有大脑的物理运动。在梦中，物理运动带动意识的流动；在清醒时，意识的流动带动物理运动。物理运动只与意识形态有关而与意识内容无关，但意识的流动恰恰是由意识内容主导的。因此，物理运动只主导梦的意识的流动的形式，而梦境则要由意识内容来调节。梦境在本质上就是对外在刺激物的感受、记忆、观念等主观“材料”在大脑物理运动的“引诱”下的复活与更生。复活的主观材料不是“尸体”的起死回生，而是一种“新生命”的诞生。精神分析学为我们了解个体的兴趣结构及意识的流动提供了相当多的事例及科学说明，对我们了解梦与个体的意识活动的关系给出重要的提示。在精神分析的理论中我们可以体味到“生活感受”是如何通过隐喻、换喻、转喻等变化来形成梦境的。

※※

梦是人的心理调节的一个机制。梦中的情境，是清醒时没有想到过、经历过的，但却是清醒时的经历的一种象征性表达。为什么是象征性的表达而不是直接地再现？说到底，还是与人的欲望的表达有关。白天看到树上有一只苹果，饥渴难耐的主人公非常想摘下来吃，可是树下站立着一只大狼狗，他只得忍下来，悻悻地走了。晚上，他梦见一个人在苹果地里吃了十几个苹果，没有任何人干预。白天的欲望，在晚上的梦中实现了，这就是象征性满足。但是，在梦中大狼狗没出现，这是他刻意回避和掩盖的结果。他把自己的恐惧心理掩盖了。因此说，梦的一个心理调节作用就是对主体某种负面心理的一种调整，说到底也是在维护自尊。如果将梦视为外部信息刺激的结果，那么可以肯定的是，这个刺激不是梦的在场刺激，而是对清醒时信息刺激的延迟反应。在反应过程中，主体的大脑对来自外部的信息刺激，进行主观性的加工改造，这种改造首先来源于心理的误认机制。外部信息进入大脑的一个先决条件就是信息的符号化。如果主体不将信息进行符号化处理，外部信息就不可能以主观化的符号形式进入大脑。感觉，在主体产生心理反应前，也要被主体进行符号化处理。如果缺少了这一环节，感觉就会被完全地主观化。但事实上，任何感觉都是客体作用于主体的结果。

齐泽克推断，不仅梦是误认机制的结果，人的理性认识也是误认机制的结果。在他看来，外在于主体的客体，在主体不知情的情况下，给主体提供了一个图像，主体通过符号性认知，将这个图像体验为真。然而，这个图像不过是客体为了向主体暗示它的秘密而玩的一个捉迷游戏。主体不从“梦”中清醒过来，就永远也不能探测到这个秘密。不过在主体是如何清醒过来的原因上，在精神分析理论中有不同的解释。一种解释是，梦幻的出现是主体为了延长睡眠时间，对外来的刺激信息进行拒绝时产生的一种自然反应。主体将外来刺激编入他的梦境，以此来达到他继续睡眠的目的。当外来的刺激过于强烈时，他才被迫从梦中醒来。拉康则提供了一个完全相反的理由，他认为，主体在梦中醒来是主动的，而不是被动的。主体醒来是因为他在梦中遇到了他不想见的东西，即看到了隐藏在自己心里的秘密，这个秘密是个令人不愉快的秘密。为了逃避这个秘密被揭穿，追求心理安慰，他一定要醒过来。

从这里我们可以领悟到，秘密对梦中的无意识主体来说已经不是秘密，当主体清醒过来时，无意识主体将大脑的控制权交给了理性主体，理性主体无条件地执行了无意识主体的指令，将这个秘密掩藏起来，甘心生活在被蒙蔽中。之所以说是无条件地执行，是因为是在“无知”的情况下进行的。理性主体在无意识主体面前就是一个“稻草人”。之所以说是甘心，是因为理性主体的任何心理操作都是在无意识信仰的支配下完成的，这种“甘心”是被动的。

◎炫示与遮蔽

梦就是对成就感的炫示和对挫折感的遮蔽。下面的几个梦都可以归入这一类。在我所做的所有梦中最为奇异的是我梦到了天空是倒立的，这个意象象征了什么？梦中，我看到在体育场看台的最上一层，我站那里，望着天空。台阶变成一条路，一些身材高大的人带着一群高高矮矮的像小孩子一样的大人，走来走去。也有零星的单个人，在空气中像鱼一样游来游去。我想练习太极拳，巩固内功。但看到眼前过往的人，感到好玩，觉得他们也在练功夫。我身旁有一扇门，感觉那些人都是门卫。所以在门前走来走去。我推开门，惊异地睁大眼，看到门外满眼的天空。天空是倒立着的，从下到上，一片空旷，还有淡淡的云，感觉就像是一堵墙挡住了大门。我想跨出去，却担心一脚踩进天空里，会掉下去。我在门前犹豫时，醒了。

在梦中，我就断定梦中的体育场象征的是人生竞技场或战场，这个意象隐含了我对人生的一种看法。在我的观念世界，似乎把人生看成战场。早年，我对毛泽东语录有过接触，对“与天斗其乐无穷，与地斗其乐无穷，与人斗其乐无穷”的观念印象深刻。因此，在梦中，我将体育场喻指战场——为了生存和荣誉而与人厮杀的战场，就没有什么想不通的了。考虑到现实中我刚到一个新单位工作，还没完全介入单位内部的复杂的人事关系，还只是一个观众，所以有看台的意象出现。但看台变成一条路，表明我已经行进在通往竞技场的途中。梦中意象表明，我对新单位人的评价是较高的，而认为自己则有点油唆子发白——短炼。但梦中与我同路的人是看门的，表示我在潜意识中认为，这些人可能对我进入竞技场有点妨碍。梦的奇异之处在于，现实的天空在头上，而梦中的天空在脚下。天空是施展才华的地方，所谓天高任鸟飞，沿这条思路可以认为，我的才能发挥的地方就在我的脚下，不用他求。在梦中，我的犹豫不决表明我也预见到了在天空中生活的危险。

※※※

我是学哲学的，在我的心目中自然有几个哲学家的偶像。有一阵子，我对黑格尔哲学颇为着迷，因此梦到黑格尔也就不足为奇了。有一个梦境，我记得很清楚，在梦中，我看到了黑格尔老先生。黑格尔老先生拄着皇帝御赐的雕着仙女形象的金拐杖，颤颤巍巍地陪着我在花园里散步。疲惫苍老的声音从他的干瘪的嘴形中传出。走了一会儿，实在支持不住了，就慢腾腾地在池塘边的一块大石头上坐下来。这是一个很大的花园，池塘、假山、花草树木、鱼虫鸟兽一应俱全。在离我俩不远处的草坪上，散落着几多人影，都是黑格尔先生的学生，还有一些新来的学徒。有的三五个人聚在一起，互相切磋哲学问题；有的独自对着自己的影子深思；有的手捧着象牙制的简牍埋头研读。他们或坐或站，或倚或靠，好一派学院的田园风光！他们身着什么样的服装？啊，对不起，这个我实在没看清。当我努力想看清时，醒了。

这个梦很有意思吧！我是黑格尔迷，经常陷入黑格尔哲学的思辨境界不能自拔，经常夜里起来，写日记，记述有关黑格尔思想的即时感悟。在深夜坐在床上沉思默想，是不是有点疯狂？是的，同寝室的同学开始还有点担惊受怕，以为我真的疯了。后来习惯了，也就不以为意，随我怎么折腾。

然而有一天，因为违反交通规则我与警察争吵了起来，被警察拘了起来。在派出所，我给警察们大谈黑格尔哲学，弄得警察丈二和尚摸不着头脑，送我进了精神病院。一个哲学系毕业的警察听说了这件事，找到我，听我讲了大半天的黑格尔，知道我说的并非全是胡说。于是打电话与学校取得联系，这才将我从精神病院里搭救出来。

※※※

人生如戏，梦到舞台也是自然而然的事。不过，就具体的梦境而言，其中的象征意义也是非常个性化的。有一次，我梦到舞台，不知是什么含义。不过，我还是将还记得的梦境记录下来，留到以后慢慢体会。在梦中，我好像置身演出大厅，演出正在进行。在舞台上，年轻女演员们正在跳舞。我从观众席走出，从舞台前穿过，跑到右侧台前爬上了舞台。然后，在众目睽睽之下，从演员的身体后面穿过舞台，向左侧走去。一个女演员穿着演出服举手，招呼我过去。我过去后，有人告诉我，要我和演员们一起跳舞。于是，我在舞台左侧靠后的边缘，随着音乐的节奏跳起舞来。

按照弗洛伊德的解梦理论，大厅一定是女人的象征。大厅与子宫的共同之处在于它们都是封闭的空间，在里面会产生相同的空间感。不过在这里，我不愿意做这种解释，我倒愿意追随弗洛姆的说法，将大厅做社会文化方面的联想。人们常说人生大舞台，演出大厅在梦里出现，可以理解为对生活本身的反映。就我个人而言，梦见礼堂表示的是我对公共生活的向往。在我内心深处，有一种表现欲。梦中意象表明，我正试图向能展示自己才能的公共领域努力，但现实却处于边缘状况。在梦的结尾，我与演员们一起跳起来，表明我愿意加入表演的行列，希望有人拉我一把。有贵人相助，才可能出人头地。这个贵人最好是个会跳舞的年轻女性，正像梦中预示的那样。

在现实生活中，我的想法有点与众不同。在别人眼里，我总是有点怪怪的个性。平时对表现自己没什么兴趣，还常常标榜自己对名誉地位的轻蔑，但梦中意象暴露了我的真实的欲望。其实我并不清高，也是俗人一个。生活中有时也自称自己是个俗人，但却有点假惺惺的味道，总是放不下“穷酸”架子。在利益面前不好意思伸手，一伸手脸就红，但内心也是很想占便宜的。看来，我平日生活在面具里，虚伪得很，也想让自己变得坦率一些，但到具体情境中，却总是将自己的真实欲望埋藏在心底。绕弯、委婉，有时甚至用相反的形式表达，言不由衷。当欲望不能实现时，心里却着实地不自在。总想改这臭毛病，但就是改不了，本性难移。梦境揭穿了我的虚伪面目，让我在人前也表演了一回。

※※

梦到参加表彰大会，几乎肯定这是自己的虚荣心在作怪。梦中，好像是表彰大会散会的场景，人群沿台阶走出礼堂。十几个受到表彰的商业精英沿食品街闲逛。他们是我在会上结交的几个商人，我要请他们吃饭。一扭头，看到我的小学同学国威，我从他的身后跟上去，对他说：“这顿饭由你请。”他说：“行啊！没问题。你只要将人请到就行了。”他的意思是想让我请几个头面人物，但我请的十来个人中，只有两个够资格。我的心里有些不自在，和这些人在一起，感觉自己的经济实力最差。但我却挺能煽呼，不断回头、转身和这个吹吹和那个聊聊，还将国威介绍给他们，以显示我的荣耀……

国威是我小学到大学的同学。国威大学毕业后进入一家公司工作，我则进了市委机关。当时一般人的看法，我得到一份好工作，前途无量，而国威进了公司而且是一家小公司，没什么前途，充其量是个小商人。我本人也是这么认为的，不过我并没有因此而高兴，因为为了进入市委机关，我和国威十几年的同学之谊就此终结。事情是这样的，大四毕业分配之际，省委组织部到大学里物色青年干部到基层挂职锻炼。因为名额有限，所以竞争激烈。当时国威最有资格入选，他是班长，而且和教师的关系很好。然而他没有想到的是，我从半路上杀出来。本来我是想考研，但听说国威要作为后备干部来培养，心里就有点不自在。说心里话，国威当班长对我没少照顾，每次先进、奖学金我都有份。不过我并不领情，感觉这是理所应当的，因为我在班上的学习成绩也很好。我心里这样想：如果我学习不好，你再帮忙我也当不上这个先进。不过我嘴上还是挺甜的：谁让咱们是朋友、老乡加同学呢！在骨子里，我有一种傲慢和自大的心理。不仅因为我的学习成绩好，还因为我是在一个富裕的家庭长大的孩子，从小骄纵惯了，无法忍受别人超过我，尤其是熟人。现在我决定要与国威争这个职位，多半原因是出于这种无知傲慢的优势心理。可怜国威眼看着到嘴的肥肉生生被自己的好朋友夺走了。国威心里明白，只要我加入竞争的行列，他就没戏。他很了解我的个性，不仅傲慢而且刚毅。

果然，学校宣布后备班干部候选名单时将他的名字划掉了，换上了我的名字。十年后，国威投奔的那家小公司成长为全国性的大企业，并成为公司总裁，我则成为市委某部门的正科级科员——一个为安置闲人而设置的职位。我们两个人的性格气质都发生了很大的变化，但却是分别朝着相反的方向发展的。国威由黑黑瘦瘦变得白白胖胖，三十几岁的人，已经长起了啤酒肚，显得比他的实际年龄老些，但脸上则添了几分富贵气、几分自信、几分果断。我则由白白胖胖变得黑黑瘦瘦，脸上则添了几分圆滑世故、几分谦卑、几分穷酸。在梦中，我将我们两人的实际状况做了对照观察。我发现造物主真的很残酷，它那把无坚不摧的刻刀，不仅雕琢人的外形，而且改变了人的内在心灵气质……

※※※

我敢肯定，梦到国威是我的发财欲望的一种表达。几乎每个人都做过发财梦，这也是一种成就感的炫示。每个人的发财梦都是不同的，但可能却有共同的意象。许多解梦书里都十分肯定梦见粪土象征发财，我对这一解释也是深信不疑。

梦到大粪，自然有点恶心，但如果想到梦到大粪是要发财的象征，多少也会抵消一些不适感吧。我曾梦见大杂院儿老刘家的用玉米秸围成的厕所，大粪汤从里面流了出来。我光着脚蹚着走过大粪汤，蹲下，还解出几段干粪。

在中国，梦到大粪象征发财，是一个深入人心的观念。在许多解梦的书里，都非常热心地传播这一观念。现在，我梦见自己的双脚踩在大粪汤里，我很愿意相信这是一个发财的梦。果然，做这个梦的第二天，单位的会计来看生病的我，送来了3000元现金，包括单位发的补助和稿费。

我心里有点奇怪，为什么会有金钱如粪土的说法？为什么将人的欲望之极与人的讨厌之极联系在一起呢？在弗洛伊德的书里，我找到了答案。按弗洛伊德的理论，这种观念来自婴儿时代用手抓粪撒尿和泥的快乐感受。在弗氏看来，婴儿将自己的粪便当成自己的创造物，他的快乐表明他在享受一种创造的快乐。人们对粪便的厌恶乃是文明教化使然。但是，即便如此，我也很难理解人们将金钱与粪便相提并论的说法。在我看来，这种联系可能反映了中国人心灵结构相互矛盾的一面。心里很喜欢金钱，但不好意思直接说，结果以表面上相反的意思表达了自己的真实想法。有人说，在中国人性格结构中有虚伪的一面，如果从上面的现象来理解，这个说法是成立的。我猜测，这种说法是某个穷酸秀才的发明。他“囊中羞涩”又死要面子，发明这说法以掩饰自己的贫穷。商人，在中国古代文明中价值排序一直是很低的，自古就有士农工商之说。原因在于，商人的生活与金钱打交道。这种观念并不会因为其虚假就不对人的意识发生影响，这种念头会潜入人的日常生活的判断中去。吃不到葡萄说葡萄酸成为中国古代一部分知识分子的典型心态。从我的梦境推测，我就是这一部分人中的一员。视金钱如粪土以标榜自己的清高。其实再清高，生活也离不开金钱，实际中也挡不住金钱的诱惑。不好意思地说，我就是这样的人啊！不过金钱如粪土的观念，对没有钱的我来说，的确是维护自我尊严的好方法，也是实现自我满足、自我陶醉的灵丹妙药，以至于梦中之我肯在大粪汤里走一趟，而不嫌其臭，不嫌其脏。可见金钱的作用有多大！都改变了梦中之我的价值取向。如果以上说明了我梦到大粪的原因，那么如何解释第二天有3000元进账的事实呢？如果说这一事实与梦的意象无关，那么我就只能用巧合、偶然来说明了，但我不会满足这种解释。原则上说，梦的意象与现实是无法进行比较的，两者应该没有任何客观的联系。但我们绝不能制止大多数人将两种风马牛不相及的现象进行主观比较。实际上，这些人在观念上有一个误解，那就是将对现实的解释当成现实本身了。对现实的解释是大脑产生的关于现实的意象，是观念支配下的产物，在性质上与梦中意象是一样的，只是大脑不同的表达方式而已。

虽然3000元进账的事实与梦境无关，但我却愿意相信两者之间存在着象征关系。我可以将3000元的进账解释成现实欲望的实现，即金钱欲的实现，如果与梦境无关就无法展开欲望实现的过程。欲望实现意味着一种兑现意识的完成。任何兑现都是事实在说话，3000元到账的事实结束了象征意义的不确定状态，给梦境画上了句号。我当然希望梦中的意象及其象征意义能够及时找到自己的归宿，在现实中有一个安身立命的根据地，否则这些意象将使我陷入迷茫之境。冲破混沌，走向澄明，找到意义所在是人的心理趋向，是人性。用这种理由解释我在现实中为梦境寻找根据，虽然大而无当，但却可能是终极的解释。较为具体的解释应该是：3000 元现金，对当时的我来说，算得上是一笔收入，足以获得一种发财的感受。这当然与我现实中的收入水平有关。如果是 30 元，我可能就会产生一种失落感。我会想，梦里见到那么多的大粪汤，只代表 30 元，有点名不符实的味道。也许我要自我安慰：有总比没有强，30 元虽少，但足可以证明梦的预示是准确的。如果第二天并无进账，那也不要紧，我会对梦境与现实的关系重新做猜测，但绝不会对他们之间的象征关系产生怀疑。我可能会想，这个梦表征的是我长期的财运，甚至可能表征的是我一生的命运，暂时的穷并不表示一辈子受穷。这样的解释可以说是永远正确的，因为人对发财的感受并没有一个统一的标准。对有些人来说，一个亿也算不上发财，而对有些人来说，三十五十就可以让他激动半天。但有一点可以肯定，任何人一生中都有过发财的感受，即使他是一个乞丐也不会例外。所以，把梦见大粪看成发财的象征，永远也不会错，迟早有一天会兑现，当然兑现的只是感觉而已。不过有感觉就足够了，人毕竟是通过感觉与这个世界发生关系的。感觉可以改变人对现实的解释，而现实恰恰是通过解释才进入人的感觉的。按照精神分析理论，这种解释过程大都是在无意识中进行的。一般人都愿意相信对现实的解释就是指向现实的，因为只有如此才会有动力采取行动，才会具体地改变或改善自己的感受。然而现实终归是现实，它不断地变化运动，并随时都在打破着、修改着对现实的解释。人们只有适时地调节自己的观念、信念、信仰，才会在行动上保持与现实的和谐。

※※

我还梦见过美国飞机在天空中飞过，我非常想知道这个意象象征了什么。于是对这个梦做了详细的分析，发现了许多有意思的结论，当然都是有关我的心理特征的，这也应当算作是自我发现或觉悟的过程吧。

梦中大杂院儿，一点都没变样。好像是站在自家门口，抬眼看到美国飞机从东面的上空飞来，将所有的房屋炸毁，大院儿变成一片废墟。我从废墟中死里逃生，身体拱一拱瓦砾，站起来，然后走了出来。院儿子里有美国兵在行走。据说残存的人打死了不少美国兵。当我想到美国正酝酿第二次打击时，就看到坦克炮将残垣断壁又轰炸了一次。我心里想着如何逃过新一次的轰炸。这个梦的象征意义很明显，是借对伊拉克战争的印象表达对自己命运的担忧。

在我 38 岁那年，突发腰椎间盘突出症，住院手术后，在医院做的这个梦。梦中的大杂院儿是我童年生活的地方，在那里，我的欲望结构建立起来。梦中美国飞机的轰炸，表达的是我过去形成的欲望结构和价值观正遭到一次浩劫。美国飞机是一种外来的突发力量，在梦里，很明显代表了我突然得的重病。之所以是美国飞机，是因为白天看电视新闻，伊拉克战争的报道占据了大量篇幅，也可能是小时候反美宣传在我脑子里留下的痕迹太深了。美国飞机摧毁了所有房屋，象征着这场大病摧毁了我过去的所有计划、想法和愿望。具体一点地说，就是打破了所有的我对女人、事业的种种幻想。这场飞来的横祸像一把菜刀，将我的人生一分为二。从梦境来看，我对过去还有留恋的情怀，但第二次打击彻底清洗了我原来的想法。这第二次打击代表的是漫长的康复期。康复期带给我的挫折感不亚于得病之初，医生说康复期至少半年到一年，后来又说二到三年。我听后几乎晕过去，与其让我在床上躺三年不如让我死！我刚来到一个新单位，正想大展身手干一番事业，可好，现在却住进了医院！天不如人愿！不过梦境倒也提示了我，不要再对过去的想法抱什么奢望，要重新筹划一下自己的未来，重打鼓另开张。必须从新的角度重估自己的生活能力，想一想自己还有能力干的事，而不要将希望建立在原来的生活基础之上。

※※※

差不多每个人都经历过学生时代，对中国人来说，学校考试绝对是心理建构的重要一环。对考试的不同态度，反映了每个人的心理特质。我曾梦到过在考试中抄袭，大多数中国学生想抄袭但是由于现实中的禁忌和制度约束，这一愿望在现实中却是很难实现的，因此，就在梦中来一次象征性的满足。这也是一种另类的成就感炫示。

梦中，好像在一间教室，黑板上用白粉笔写着“上课了”三个字，接着就听到了上课铃声。我一脚刚踏进教室门，就发现里面正在考试，于是想退出来，但却被教师一把抓住，好像我做了什么坏事似的。我赶紧说明，可是话没说出口就醒了。

我心里明镜似的，这梦是怎么回事。一向洒脱的我，平生第一次在考试中做手脚，就让教师抓了个正着。这样的经历怎能不印象深刻呢？怎么能不入梦呢？

备考那一阵子，我忙于网络事物，新当选了胡吹版的版主。实在不想让那些追随者和吹捧者失望，因此极力表现自己，好像自己是个大佬似的。在每天的胡吹中，感受到莫明其妙的快乐和满足。西方经济学考试的头一天，老胡提醒我明天就考试了，才如梦方醒。我灵机一动，打起打小抄的主意，我因为自己这一天才的想法激动了好一阵子。我想，我是班干部，和教师平时关系很好，只要不被当场抓住就不会有问题，况且我是班上有名的好学生，平时各科学习成绩一直名列前茅，别人检举，教师也不会相信的。我与同学相处得很融洽，自信不会有同学告发我。最重要的一点是，我相信聪明如我，绝不会被人抓住！那天晚上，我看了几眼教材，心想：“一晚上看一本书恐怕来不及了。管他呢，反正明天可以继续看！”想到这，我笑了一下。此时，虽然我看不到自己的脸，但在我的头脑中却浮现出那张坏笑的脸的影像。于是，将书丢在床头，爬上了我的“九天仙阁”，躺在床上，闭上双眼，准备养足精神明天开抄。我打定主意，明天考试带教材去。但仔细一想，又有点不放心，于是又穿了衣服，到隔壁老胡那里借了教师的讲课笔记。“现在看还来得急吗？”老胡笑着问我，神色间颇有些疑问。“急来抱佛脚，临阵磨枪”，我神秘地笑着说。监考教师宣布考试纪律时，我将我的两件秘密武器压在屁股底下，神态自若。我很奇怪，自己做这种事，竟然如此心如止水，我为自己过硬的心理素质暗自得意。

考试开始，我像往常一样，先将自己会做的做完，但这次有把握的题目实在有限。我抬眼向讲台望了一眼，用眼角的余光扫了一眼教室的整个空间，所有的同学都在低头紧张地答卷。一个教师站在讲台旁，无精打采地望着窗外的绿树。我很纳闷，开始时的两个教师现在就只剩一位，那一位去哪了？一定是出恭去了！开始时的严肃紧张气氛，被现在的一片寂静取代。我心里一乐，“此时不抄更待何时！”从屁股底下请出我的秘密武器，小心翼翼地翻了起来，接着就是一阵疯狂地抄。一时间，飞沙走石，笔走龙蛇。就在大功即将告成之时，一只手遮住了我的视线。我的书被慢慢地从压着书的左小臂下抽走。我心一惊，可怜巴巴地仰望着教师，脸一红，眼睛里挤出几滴眼泪。在回宿舍的路上，我以自嘲的口吻说：“那是悔恨的泪，伤心的泪，恐惧的泪，被污辱的泪。”老胡揶揄道：“你那是鳄鱼的泪。”季某说：“不，是充满化学物质的眼药水。”说着，我们几个哈哈大笑。那教师，男，50开外，白白胖胖的脸，带了一副亮边眼镜，是金丝镜架？还是镀金？反正是一脸慈善。我认识的，是教西方经济学的教授。出乎意料的是，我竟然没有被撵出教室，而是听见教授几近耳语地说：“继续答吧。”那意思是说，看你那可怜样子，我不追究你了。我一听，激动的眼泪一串一串地溢出双眼，挂上羞红的脸颊。这回可是“感动的泪，激动的泪，委屈的泪”。教授的眼光从我的泪水中移开的那一瞬，又将书又放回原处，摇了摇头，轻手轻脚地走开了。那意思分明又在说：“唉，抄就抄点吧，西方经济学本来就是胡说八道的学问。”有好几个同学目睹了这个惊险的一幕，都为我捏了一把汗。我的紧张心情现在跑到梦中表演来了，真的有些不好意思。

※※

现实生活中令人尴尬的场景会进入人的梦境，人性中优雅的一面也会以某种形式进入人的梦境。我曾梦到过自己变成一滴水，这个梦境可能显示，在我的性格中有谦虚的一面。在梦中，我变成了一滴水，融化进缓慢流动的河水，那感觉有点温暖，但是也有点被束缚的不自由感。我心里很清楚，这个梦的象征意义，梦境与我昨天参加金湘大学建校100年纪念大会有关。

从金湘大学通往五台山体育场的路上，涌动着一支人流。我知道人流中的人们是参加金湘大学百年华诞庆贺大会的。我就是那人流中的一分子，感觉就像是正在流动的一滴水。在十字路口，警察比往日多出几个，想必是为了疏导这支人流的，防止这人流漫过了车流，堵塞交通。人流漫漫汇到体育场门前的广场，分三个方向挤向那栋建筑物。在通向看台的台阶上，“我”慢慢地随着人流向上流淌。此时的我绝不是由我自己控制，我的一举一动都是由这支人流决定的。我想停下来，歇一会儿，不行，因为后面的人跟着你，稍慢一点，就被踩了脚后跟。我想快一点，也不行，前面的人，密密麻麻，没有穿插的空隙。此时有谁敢冒天下之大不韪，胆敢不走或走得快些，结果一定是要么被踩死，要么有要众人为你让出一条路来的勇气。这种人要么是意志超人，要么是精神有病。这时，我感觉到了作为一滴水的滋味。这滋味并非难受，也不是无奈，更不是不耐烦，这滋味是“无味”。在人流中，不允许有什么独特个性发挥的机会。也可以说，在人流中的人失去了任何个性化的色彩，已经找不到自己在哪里了。不过个性的我丢失了，却获得了众人的共同的感觉，感觉空前地宏大有力。我已经认同于这支水流了，我不用关心是不是能够达到目的地，因为这人流自然将我送到我要去的位置。我也不用发愁会做什么不会做什么，因为众人已经把我要做的事做好了，我只要做一个纯粹的材料去填充这个空壳的形式就行了。当我到了看台上为我们安排好的座位时，在我心里产生一种莫名的兴奋与轻松。

但随即我又觉得，这有什么值得兴奋的呢？有什么值得感动的呢？有一种感觉可以确定，在这种气氛中，我获得了一种安全感。不再惧怕黑夜，也不会惧怕任何平日里让我一见就心跳加速的怪物，如一只老鼠，一条小虫等。总之我在这人流中获得一种梦幻般的安慰。

在大会中途，体育场地上的方阵中，一个学生晕倒了，被抬了出去。我在看台上，远远望去，感觉似乎是个女生。几个医务人员迎上去，将她抬到场地的边缘的临时医务室。这一场景吸引了全场观众的目光。我敢说，在人们会后的记忆中，不会记得主持人说了什么话，但一定会记得这一场景。这一独特事件的意义与足球比赛时摔伤的运动员被抬出场外意义完全不同。我倒是觉得，与进球的瞬间给人的记忆冲击力差不多。人们观看球赛的兴奋点就在于进球的一刻。与球赛不同，周年大会是没有兴趣点的。组织者以为这是件意义重大的事件，因此安排了十多位领导、校友上台讲话，历数金湘大学的丰功伟业。然而，100周年大会只是一个纪念仪式。这个纪念仪式的意义不在于它所标志的内容，而在于这种仪式本身。这种仪式是让人们感受金湘大学辉煌历史的最好机会。然而不聪明的组织者没有充分利用好这个机会，把本应该让全体与会者充分感受金湘大学伟大的场所，演绎成了几个个人进行表演的舞台。不能责怪“水滴们”中途退场，他们被剥夺了感受宏大、崇高、神圣的权利，他们只能用这种方式来表达他们心中的抗议。联想到前面说的那个晕倒的女孩，我推想，她的晕倒可能有她身体上的自然原因，但，我要说的是，大会的无聊感也是她晕倒的不可推卸的罪魁。可怜的水滴们，包括我自己在内，对大会的记忆就只剩下那女孩被抬出场时的一景，还不得不强迫自己将这一景当作足球打门的那一刻送入我的记忆……

对那次校庆，我曾做过一首小诗，以示纪念。不过诗情与现实的真实感受已经相去甚远。

※※※

附 游学归来

渡洋西去，
一晃五十载。
回头时，
已不是青丝，
是白首。
常青藤攀满了沉香楼，
是藤呢，
还是离愁？
绸缪的思念，
爬满眼角的沟壑。
铁塔铜钟，
深沉得，

像是母亲的呼唤。
玄武潋滟，
紫金崔巍，
月季盛开，
风送清馨，
依旧满园青翠。
百年华诞，
却依旧风华正茂。
江水不回头，
恋情常在。
回家聚首，
共温慈爱。
不论你步履蹒跚，
还是华发斑白，
百年钟声一响，
我所有的孩子，
全回来！

※※※

现实中人们对金钱名利的追求，会以个性化的方式进入每个人的梦境。在下面记述的一个梦境中，畅销书成为我追求名望的符号。当一名自由作家是我从小的梦想。在那个梦中，我在宾馆的大厅，和两个西装革履的年轻人推开旋转玻璃门进来，坐在玻璃茶几旁的圆板凳上。我们似乎在谈一笔生意，好像准备出版一本特级畅销书，商量具体的出版事宜。

这个梦很简单，可以说是现实欲望的直接实现。做这个梦的时候我已经40岁。高中毕业后，先后在中学、宣传部、财政局等部门工作过。经历了娶妻生子、离婚、奔父丧、搬家、买房卖房等人生重大事件。35岁时，辞去财政局局长职务，远走他乡，攻读文学硕博学位，5年后取得博士文凭。博士毕业后来到研究单位从事文学研究工作。虽然学的是古典文学，但我现在的最大愿望却是利用文学赚钱。我很清楚，搞研究有出名的机会，而且出名有利于赚钱，但我认为这条路太遥远。在权衡了各项条件和自己的才能之后，得出结论：以我的年龄、经历和学识，要想发财，最快的捷径就是写畅销书。做这个梦时，我正筹划三本书的写作。我当然希望自己的书早日出版并能畅销。这个梦体现了日有所思夜有所梦的古老法则。

◎变形的记忆

梦是对现实经历的改编和重现。我做过的许多梦，其背景是我小时候的生活场景。之所以经常梦到小时候的生活场景，可能与我对现实的生活感觉不太如意，希望回到儿时的快乐时光有关。这也可以看成一种象征性补偿吧。

我家住的那个大杂院儿，感觉比老舍先生笔下那个大杂院儿还大。虽然是平房，但布局显然是传统的四合院儿风格的一种变体。分前后两院儿，前院儿住了6户人家，后院儿住了5户。据说新中国成立前，这是一家私营油厂。最前面一排临街5间门市房。前排的门统一开向北面，面南每间都有一个大窗口作为销售口。东侧一间是大门，大门有个小门楼。大门面北的房子，在四合院儿的布局中，称为倒座子。中间一排是主人和工人的起居室，有5间正房。主人的房间有卧室和客厅。通向后院儿的过道在东侧。每间正房的后山墙上部都开了一扇小窗户。后面一排5间造得比其他房子高大宽敞。其中西面2间是仓库，旁边有半间死胡同，堆放杂物。东面3间是原来油厂的车间。我家就住在仓库里。此外，前院儿有东厢房2间，西厢房2间，后院儿只有西厢房4间。新中国成立前夕，主人逃走，大院儿被公家没收。时间不长，油厂扩建，搬到大街对面，原来的厂址就改为住宅，陆续住进来十几户人家。后院儿的院子比前院儿宽敞许多。因此，后来人多了，就将中间一排正房靠西两间的后窗堵上了，又盖了两间倒座子。每户人家都在自家的家门前圈了一个小院子，大小不等，视各家所据位置的优劣而定。只有后院儿的老付家，因为大门被夹在墙角，门前没有任何地方可圈，后来经过协商，在对面的公厕旁圈了一小块院儿。有的还在自家的院子里压了一间小棚子。圈院儿所用材料大都是玉米秸秆儿或木条树枝之类。

大杂院儿里有许多孩子，每家差不多都有3～5个。不过年龄差距很大。与我年龄上下差1～2岁的孩子有10多个。在我的记忆中，印象最深的就是这些年龄相仿的伙伴们了，因为我们经常在一起玩。年龄太大或太小的孩子，我的印象就不太深。对上中学或上班工作的大哥哥大姐姐们，我不感兴趣，有的我见都没见过。只是长大以后才对他们的生活工作有所耳闻，谈不上了解，他们无法进入我的经验意识之中。

隔壁老林家的老小，长我两岁。因为他长得很白很胖，大家都叫他棉花包。棉花包在同龄的孩子中很有号召力。在一起玩的时候，他总是充当组织者。记得那时我们总是玩一种称为藏猫虎的游戏，现在想来这个游戏有点残忍和不道德。在游戏中，一个孩子被蒙上双眼，然后其他孩子藏在暗处不动（如墙角、柴火垛、围墙后、胡同里等）。然后大家用土块、树枝等杂物丢那个蒙了双眼的孩子。或在远处高叫着，喊一些带脏字的话吸引那个孩子去寻找。有的孩子在喊话中，将其他孩子的藏身之所告诉蒙眼人，这种冒坏行为不仅被允许，而且还得到鼓励。这时，那个被出卖的孩子就不得不另找藏身之所。扔的东西最多或叫声最响而不被捉住的孩子被认为是英雄。当蒙眼孩子找到其中一个藏着的孩子后，他就获得了解放，那个被捉到的孩子就又被蒙上双眼，游戏继续。谁第一个充当那个倒霉蛋由猜老头决定。猜老头就是布一剪子—锤的游戏。不过我们当时玩的时候不这么叫，而是大家一起喊“猜老头”——同时将手以包子（五指张开）、剪子（中指和食指伸出，其他三指卷起）、锤（五指握紧拳头）三种形状伸出。按规则，剪子剪布，布包锤子，锤子砸剪。胜出者成为头儿，输的人继续猜，一直到最后一个。如果大家出的形状都一样，就重新来过。猜老头的意思就是通过这种方式选出第一个倒霉蛋。因为运用这种方法，无论多少人，最后总会剩下一个人——这个人就是第一个蒙上双眼的蒙眼者。人数最多时，我们十几个人围成一圈儿，将头聚在一起，同时喊“猜老头”，然后查看谁胜谁负。十几个人同时叫喊的声音，震得空气都在抖动，全院儿人都能听到。虽然是童音，但其场面有相当大的气势。在这个游戏中，蒙眼者是被欺辱的对象，他的任务是寻找下一个替罪羊来代替自己。在游戏中，那个“棉花包”叫喊声最大，被捉住的次数最少，因而他渐渐地在孩子们当中树立了威信，成为孩子们的头儿。他有一个窍门，就是在游戏中不断地出卖其他人，将离蒙眼者最近的人所在的位置喊出来。由于天天在院儿子里玩，院子里的各处能藏身的地方，每个孩子都清清楚楚。因此，当得到情报后，蒙眼者会立刻到达那个位置，藏身者经常来不及寻找另外的藏身地方而被捉住。大多数情况下，蒙眼者只要摸了一下藏身者，就能辨认出是谁来。于是，他就立刻喊出被捉人的名字，宣示自己的胜利，并被允许取下自己的蒙眼布条，有时是一条红领巾之类的。但是，如果他猜错了，那个藏身者就又可以逃脱了，蒙眼者就不得不继续他的“事业”。出卖者也有一定的风险。按规则他只允许喊出藏身者藏身的位置而不允许喊出藏身者的名字。如果他不小心在喊出某位置时带出了相应的人名，他就会成为犯规者，下场就是立即成为蒙眼者。在这个游戏中，蒙眼者在寻找什么？是那个替罪羊吗？不，是在寻找逃生机会！从精神分析学的角度分析，这个游戏过程隐喻了二十世纪七十年代中国人的精神生活状态，从中或许可以看出我在早年性格形成的过程和特点。

通常我在游戏中是个沉默者。我不记得自己主动出卖过别人，也许这是我的大脑的无意识功能在故意遮蔽。在记忆中，我被出卖的次数也较少。出于报复，在自认为非常安全的情况下也出卖过人，这也许就是我的外表总是给人一种谨慎小心形象的开端。

我总是能找到一个别人意想不到的地方隐蔽起来。过道是蒙眼者的必经之路，但我只要在蒙眼者经过时，屏住呼吸贴着过道的山墙站着，就很容易逃过被捉的命运。有几次，我就站在前院儿过道墙角，也就是在蒙眼者刚进大门的地方。蒙眼者一般很少有人在刚进大门时就提高警惕。他们意识不到在这样显眼的地方竟然可以藏人。有时，当蒙眼者从身边过去，在一旁看热闹的大人们就窃窃发笑。

游戏开始时，蒙眼者在大门口外被一个孩子或一个大人用布蒙住双眼，并检查确认的确是看不见任何东西。检查的方法是蒙布人先将自己的双眼蒙上试一试，然而再用同样的方法给蒙眼者蒙上。于是，蒙眼者就开始了他的冒险旅程。一般情况下，蒙眼者是不敢用手将蒙布拉开一道缝的，因为他的一举一动都在大家的监视之下。除非蒙布人出于私心有意将蒙布系得很松，留出一道光线给他，这时他就可以轻而易举地发现替罪羊。或者他不断眨动眼皮将蒙布撼松。不过一旦他这样做，就很容易将蒙布弄到鼻梁上，作弊被揭穿。如果蒙眼者透过蒙布的确可以朦胧地看到外面的世界，他通常也会假装自己什么也看不见，否则大家就会对这个游戏失去兴趣。有时在前院儿门洞只有我一个人时，蒙眼者发现了我，他会不屑一顾地说，“你怎么藏在这里！”意思是说游戏还没开始呢。按游戏规则，只有蒙眼者进入大家的视线中，游戏才算正式开始。后来，在前院儿门洞藏身的人多了，这时，一旦被发现就不是一个，而是多个。蒙眼者就会在其中挑一个充当新的蒙眼者。大多数孩子喜欢藏在后院儿，一方面后院儿面积较大，可藏身的地方很多，另一方面后院儿逃过被捉的机会也较多，因为有时蒙眼者在前院儿就已经捉到了替罪羊。不过，我觉得还是藏身后院儿更有趣。有时在后院儿听到前院儿的喧闹声，就知道已经捉到了替罪羊。这时，就会觉得有些失落。最有趣的场面没看到，心里有点遗憾。蒙眼者进入后院儿，后面，蹑手蹑脚地、悄悄地跟了一大群已经摆脱被捉命运的孩子们。这时谁也不轻易发出声音，院子里一片安静，大家都担心被捉住。所有的目光都集中在蒙眼者身上，看着他像个盲人一样，一边用两只手在空中乱摸乱动，一边慢慢地移动脚步。这时，大家都忍不住心里要发笑，但谁也不愿发出声响，全部的乐趣就在此刻。也就是在这时，冒坏者表现自己的机会来了。他会用变了调的声音高喊一声“我在这！”或说“厕所有人”或用小土块朝蒙眼者扔过去。于是，蒙眼者就会沿着声音发出的方向或出卖者提示的方位摸索过去。当蒙眼者捉到被出卖者时，整个院子会爆发出一片欢呼，游戏结束。不过蒙眼者并不总是成功者，有时他会被土堆或障碍物绊倒，摔得脸上青一块紫一块的。蒙眼者掉到茅坑沾一身大粪的情境也时有发生，这时爆发的笑声比成功找到替罪羊引发的笑声更响，动静更大。而且这个事件会成为一段时间里大家谈论的话题，甚至会成为大人们发生争吵的导火线。

※※

我做过看自己小时候照片的梦，在梦中回忆自己的过去，这个梦很有意思。但是显然，梦中的我对现实的真实经历做了深度改编。在梦中，我翻看一张自己小时候的照片。端详着相片上的我：胖胖的，白白的，一脸憨态。我很喜欢照片上的我。这个感觉是不是象征了我有自恋情节？恐怕很难排除这种可能，而且程度很深，不然，怎么会在梦中独自欣赏起自己的照片来呢？

小时候的我非常可爱。我的这个自我认知，并非毫无依据。厚厚的嘴皮，白胖胖的脸蛋，大大的头——披了一头又厚又黑的毛发。听爸爸说，谁见了我都要摸一下我的大脑壳，并夸夸我的可爱与漂亮。我很愿意相信这种说法，因为一直到今天依然时常有人夸我长得帅气。小时候的长相与我长大之后所形成的性格之间是否有联系我还没仔细地研究过。尽管有些神秘的色彩，但是我相信两者之间还是有些联系的。我的基因并没有因为环境污染的影响而发生变异，因此没有理由变得更丑，招人喜欢也就是理所当然的啦。

我父母白天都上班。那时候没有保姆，因此，很多亲戚、父亲的朋友还有邻居都在不同的时间照看过我。大约是因为总是生活在不同的人中间吧，小时候，我的嘴巴非常甜，对谁都只说好听的话，我知道怎么去说话才能讨到大人们的喜欢。

在兄弟姐妹当中我是最受宠的一个。在一个以玉米面填肚皮的年代，儿童的营养问题普遍存在，面黄肌瘦是常见的现象，而我竟然在同样的条件下长得白白胖胖，这在当时的确少见。要么我的身体天然地发虚，就像发面馒头似的，不用多少发酵粉就能长得白白胖胖。要么天生的这路品种，不要多少草料就能发育得很好。同样的饮食，别人营养不良，而我却营养过剩。从我后来的表现判断，前一种情况的可能性较大。我不爱好体育运动，力量也不如同龄人，多种迹象都迫使我往前一种可能的方向上去想。不过，后一种情况也可能存在。因为我的个头后来蹿得很高，有 180 厘米，在同龄人中属高个，而且我没得过什么大病。现在想来，我的体质虽然不属强壮型，但应当属于那种低度平衡的健康型。

我的大脑壳和白白的胖脸成为我走入快乐童年生活的通行证。我的那张照片就是最好的证明。那年月，照相馆并不是为了人们审美需要或个人的日常消费而存在的，而是为了人们的社会生活而设的。比如，只有刚参加工作、结婚或举行重大活动时，或在节日中，人们才会去照相馆。照相是为了某种可以纪念的时刻。在那个政治化的年代，父母的注意力更多地投在社会，只有在有需要调剂自己精神生活，来减轻自己的精神压力时，才会将注意力转向他们的孩子，用孩子的纯真唤起他们内心深处美好的情感，减轻他们的社会压力。

因为脸胖，眼睛常常眯成一条缝。恰恰是这双肉眼泡儿，在大人看来是最好看的。那双眼睛给人的感觉好像是一直在笑，其实并不是总在笑，这一点大概骗了很多人。很遗憾，骗人并非我所愿。一张天真无邪的笑脸，任何大人都无法抗拒其诱惑。后来听爹妈讲，那张照片就是爸爸为了换工作证要去照相馆，当他出门见到我的一双可爱的小眼睛仰望着他时，格外开恩带我一起去照的。

那张相片当时洗了三张，一张夹在了父亲的工作证里。另外两张被父亲的好朋友要了去，成为他们家的珍藏。我现在这张照片就是在李大叔去世时，到他家吊唁时发现的，而我父亲工作证里的那张已经不知所踪。生活中，一闲下来，我就仔细端详这张发黄的标准照。发现在我的眼神中，在我的笑容里，透出一股灵气，还有一种深刻，一种我无法解释清楚的智慧。想到这儿，我浑身的血忽悠一下向脸部涌来，不知是害羞呢，还是在心理鼓胀。如果此时照一照镜子，我的脸红得肯定和要下蛋的母鸡似的。

孩子的笑容可以用单纯、灿烂和可爱来形容。但无论哪个词都无法表达笑容的全部意义。事实上，孩子的笑有时是无法用语言来形容的。欣赏者在孩子的笑容里看到的是自己情感中令人神往的东西。孩子笑容的魅力就在于它有唤起人们灵魂深处某些神秘情感的能力。

现在，我已经记不起照相时的感受。但从表情上判断，当时的感觉一定是得意而又自豪，或许还有几分腼腆和神秘。也许我性格中的自恋、敏感与神经质的气质，可以从这张照片上泄露出来的信息看出一些端倪。

我在家里排行老三，上面一哥一姐，下面一弟一妹。照理说，老三是最容易被父母忽视的。传统观念里，老大最重要，老大年龄大一些，遇到事情会让着弟妹。在一个大家庭中，老大立事早。因为老大在很小的时候就要帮助父母带孩子或帮助父母干家务，这样的经历会让他很早就体验到与大人一样的心情。如果老大是女孩儿，那么带孩子的事就更是义不容辞了。由于在家中的作用，因此老大的表现会受到父母重视一些。父母对老大的重视一方面出于传统的观念，另一方面也是出于理家的实际考虑。而老小年龄小，体力和智力不如哥姐，是弱者。因此，父母会给予特别的照顾。如果有哥姐欺负了弟妹，父母就会追究。一般说来，老小最容易得到父母的宠爱。而老三则是个上不上、下不下的角色，既不能向哥姐们和父母撒野撒娇，因为还有比他还小的弟妹，父母会说，“你弟都比你懂事”；也不能向弟弟指手画脚，因为没有哥姐们的权威，他会说，“我找大哥去”。据心理学家实验观察，人的记忆对一个过程的两端记得最牢，最容易忘的就是中间发生的事情。如对一串数字或一处景物的记忆。最先进入和最后进入视线的景物，大脑记得最清楚。这是大脑的自然记忆过程。我很不幸，就处在容易被父母忽视的位置。然而，因为我长了一颗聪明的大脑壳（大人们都这么说）和一张招人喜欢的胖脸蛋，吸引了父母的眼球，我的命运也由此而不同。虽然我的脑壳很大，但小时候并没有显示出多么的聪明。与众不同倒是不假，但显示的并不是机灵，而是有点木讷，甚至有点怪异。

行文至此，各位对一个人的自恋性格是如何炼成的，是不是有了些许领悟呢？

在对过去的经历进行改编的梦中，经常梦到的是小学同学。我记得在一个梦中，我和小学同学国威围坐在一个圆桌旁吃饭。他在我的左侧，另一个同学张参油在我的右侧。参油说想到国威的公司工作。国威没吱声，意思是不同意。酒至半酣，国威侃侃而谈起来，说起他公司改组的事，大意是公司调来一个新老总，没什么文化，但很有基层工作经验，和职工打成一片。这样一个老总有利于将产品向下推广，这是企业做大的一个先决条件。他又说起与苏联的一桩买卖，指了指张参油，像是安排工作似的说："你可以干这事。"我立即明白，他已经将张参油当成属下了。我给张参油使眼色，暗示他国威已经答应要他了。我将眼光投向张参油时，看到的却是刘贤进那张长脸。他的脸正面对着国威的脸。我半躺着，把腿伸到桌子底下，脚可以触到其他人的脚。见国威用手在桌子上空比画一下，指了指桌上的几个人，分配了他们的工作。可是却把我隔开了，我心里有点不自在。嘴里不断说着赞美国威的话，可是明明是恭维，听起来却像是讽刺。国威大谈他的经营之道，还指点墙上的规划图，说这个行业有前途可以做，那个行业没前途，头头是道，可就是没讲我所从事的文化行业。我说他像个设计师，他立刻领会我的意思是说他像邓大人。他低声嘀咕一下，似乎认同了这个说法。接着，从另一个桌子走来一个人，那人正是邓大人。看起来比现实中年轻，像是电影演员。

他走到我们这个桌上，给国威敬酒，说是给国威引荐了一个年轻厂长。那个人就坐在我们这个桌上。同学们见邓大人来了，纷纷起身回避，我见状也起来走进隔壁。我心想，国威暴露了他想当总设计师的想法，政治野心很大。之所以没像对待下属似的对待我，是因为他觉得我从事的行业与其他人不同。他说以后我可以制药、卖药。等企业做大后，他可以收买，进行平等交易。

国威似乎很看重我所从事的行业，但是我却有点看不起自己。物质上的贫困，导致人的精神也贫困起来。精神的贫困不是别的，正是不自信，这是一个人精神上的致命伤。世俗的成功才是医治不自信的良药，想象力是无能为力的。如果想象力能解决不自信，那么人还要物质生活干吗呢？梦中的我如是想。

这是一个复杂的梦。平常的梦以意象为主，而这个梦以意念为主，辅之以意象，其中包括了抽象心理和形象心理。

国威是我的小学同班同学，现为某著名大企业CEO。张参油是小学时的班长，现为某小厂工人。梦中张参油想到国威公司谋职，反映了我本人的想法。我的想法通过他人的嘴说出，表明我有害羞心理。可能是因为害怕遭到拒绝，因此在现实中一直没说出口。在梦中，我找到一个代言人。张参油是上小学时的班长，由他说话表示一种权威性。我的深层心理是：班长都说话了，这个忙你总得帮吧！

梦中，国威大谈其公司内部的人事与业务。表明我希望国威在公司是个说了算的角色，这样就可以顺利实现我自己的欲望。梦中所述有关国威及其公司有关想法，显得有点混乱。但大致还是可以看出我的思想倾向。我对国威抱有一种复杂的情感。一方面对国威的成功佩服有加，另一方面内心却有一种酸酸的感觉。如在梦中出现“明明是恭维，听起来却像是讽刺”的意念就是证明。这种态度是与众不同的，但这种不同是故意的，不过是引起国威注意的手段。一方面，希望国威能看重我，维护自己的自尊；另一方面希望在国威那里获得帮助和好处，这是一种矛盾心态。

我在梦中找到了一个确立自尊的行业——制药。这一行业可以和国威所从事的行业相媲美。现实中，我从事的是文化工作，梦中的我将自己的工作升华为精神产品的制造。这种意象反映了我对自己所从事职业的一种矛盾心态。一方面我将写作视为获得荣耀的职业，甚至希望通过创作活动争得与国威平起平坐的社会地位；另一方面，却认为写作只是一种谋生的手段，企图通过写作达及现实的成功是一种自欺欺人的想象。

※※

我还梦到过小学同学李A李B，与梦到国威的梦的隐义完全不同。梦中，我又回到儿童时代，我家所在的那条街道，名叫“西顺城”。从我家的院子沿街向西，路过几排老式平房，就到了大车店[1]。

大车店是沿用新中国成立前的名称，那时，交通工具主要

[1] 大车店：20世纪70年代，梦者所在的城镇，马车还是一种主要的运货工具。20世纪80年代以后，汽车才开始多了起来。

是马车，用来拉货。到了上世纪60年代，已经有了卡车，记得有解放牌的，但数量不多，只有两三辆，马车还在运营。大车店门口有一片宽敞的空地。想来是马车出车或收车时转弯回车的地方。沿街往东，经过电影院、法院可以通到菜市口。菜市口是老街名，街道两侧都是门市房，虽然门面很小，通常只有一两间平房的大小，但都是国营商店呢！改革开放后，沿街摆摊的小商贩才多了起来。菜市场地处三岔路口，往西通向我家的方向，向南走不远有一家旅店，通向铁路，向北转东通向车站到城南门的大道。梦中的我站在大车店附近，面西。小学同学李B的家紧邻大车店大门。我见李B和几个小伙伴欢快地向东，再向南，穿过几个胡同到田野去玩。他的哥哥李A从后面跟上来，我拦住他，和他开玩笑。将他扛起，放在肩上。我看见他的小眼睛不停地眨，胖胖的脸憋得发红。他问我，李B他们跑到哪里去玩了，我说没看见。我好像往东走，在回家的路上。快走到大杂院儿时，往北看。视线越过了大杂院儿那片房子，看到房后由东向西新铺的一条大马路。

在文化宫附近，有一条分界线。由分界线转向北是一条旧路，但也很宽敞。

这个梦很长，梦中遇见的两个人物李A李B是哥俩。弟弟李B是我小学时的同班同学。他的哥哥李A比我大一岁，感觉他有点鲁钝，也常和我们一起玩。李B是那时我最要好的朋友，他给我印象最深的是在二年级时，我俩每天打水洒地做卫生，竟然坚持了一年！当时的教室地面是土地，每次扫完之后都乌烟瘴气的。我俩手里拎着根木棍和一只半截长的水桶到校门口的自来水管处接水。水桶接满后，将木棍穿过水桶挂钩，俩人分别握住木棍两端，将水桶抬起。有时搭在肩上，有时提着。如果走到半路累了，就倒倒手或换换肩。对七八岁的小孩子来说，这是真正的体力劳动。没有人喜欢干这活儿，又脏又累。抬到教室里，还要在灰尘中，将水桶里的水一杯一杯舀出洒在地上。有时直接将手插入水中，将水掸出。掸一处，将桶拎起，向前挪几步，一直到将整个教室的地面洒遍。我似乎是为了在教师面前表现自己才主动承担起这个艰巨任务的。可怜李B个子那么的小，力量那么的弱，为了朋友的虚荣心竟然陪我干了一年的苦差。对他的奉献我是心存感激的，不过这种感激我自觉有点假。因为三年级后，我们就分班了，从那以后就很少联系。到成人后，竟然不知他的去向了。

现在想来，我那么积极地劳动是为了早日加入少先队组织。一年级时，在一次自习课上，我看到从窗外校园里的树上飞来几只鸟，颜色斑斓，落在窗棂上，叽叽喳喳叫个不停。我第一个站起来向外张望，接着好几个同学也站起来伸着脖子向外看。恰巧高教师从外面进来，见教室一片混乱很生气，追问谁带头站起来的。同学们一个都不吭声，我也没敢吱声。问班长，班长吭叽半天说出我的名字。于是，我被叫到办公室遭到教师的严厉批评。这件事影响了我第一批入队。小时候，我的脑袋奇大，样子憨头憨脑，但却聪明好学。班主任张教师，年轻漂亮的女教师，当时

30来岁，白白净净，特别喜欢我。但高教师将我在自习课上带头违反纪律的事告诉了张教师，她也不好偏袒我。但她鼓励我做好事，将功补过，争取第二批加入少先队。由于这个原因，才有了我坚持做一年值日的英雄壮举。

李A李B是哥俩，一高一矮，一胖一瘦，一壮一弱，脸色一红一黄，一个鲁钝，一个聪明些，形成鲜明对比，因此给我的印象较深。梦里李B离我而去，李A却被我扛在肩上，这到底意味着什么呢？是否意味着我希望自己笨一点？这似乎不合常理，但以我现在的病况，变得笨些对养病不无好处。常言说得好，聪明反被聪明误，傻人有傻福。这样的俗语形容我此时的心态很合适。这两句话中贯穿了一个观念就是顺其自然。什么是福？什么是祸？本来不用靠局外人来评判的，全在于当事人的具体感受。是福是祸不是人所能控制的。因此，对待福祸的最好态度就是顺其自然，任凭它的到来，任凭它的流走，不要妄想加以控制。聪明人不听这一套，总是想方设法加快和增大福的到来和数量，阻止祸的到来。然而任何福祸都有不测的性质，因此聪明人的努力到头来总不免失望。“傻人”在福祸面前是不作为的，无论遇到什么情况，他都安之若素。在聪明人看来是吃亏的地方，他却可以看成福的征兆。在聪明人看来是占便宜的地方，他却将之看成祸的征兆。“傻人”的心理方式与聪明人正好相反。在客观效果上，他们获得的福祸数量和质量是平等的。但由于聪明人付出了比“傻人”更多的心思和行动，因此他付出的成本远比“傻人”要高。

这样算来，“傻人”的“利润”比聪明人的“利润”要高许多。实际上，“傻人”的策略与《道德经》中的无为而无不为的思想达成默契，是大智若愚的一种形式。而聪明人的策略与《红楼梦》凤姐策略相似，其下场只能是“机关算尽太聪明，反误了卿卿性命”。这样说来，我在梦中将李A扛在肩上，想必是我在想打“傻”字招牌，做一个大智若愚的人？也别说，我的确有过装傻的时刻，不过我不敢说自己有“大智”，因为我“傻”得不到家。

梦见李A李B或许还有另一层意义，那就是满足自我成就感的愿望。在现实中，虽然我已经取得博士学位，但在研究院这个环境中，教授、博导大把抓，一个普通的国内毕业的博士生在这里根本找不到感觉。我来此之后，深深地体会到这一点。奋斗多年获得的社会身份符号在这里竟然一文不值，这多少让我有点失望。在我眼里，这里的大多数人都应当算是有成就的人了，虽然他们也分三六九等，但哪一等都是我不得不仰视的人。我几乎处在最底层。快四十岁的人，而且一直在努力中，处于这种位置当然心有不甘，所以我常常感到压力。这种压力是生活的动力，也是压抑的来源。

过去的经历曾给过我某种优越感。梦里的李A李B的出现，表达了我有重回过去，找回曾经有过的感觉的倾向。事实上，小学毕业后就和他俩没有了来往。曾在路上遇到过李A，向他打听过李B的情况。知道了李B小学毕业后就学了木匠。而我一直在上学，初中、高中、大学、研究生。后来在机关工作，感觉和他俩生活在不同的世界。受社会价值观的影响，在我的内心中，干部的社会地位高于木匠，基于这种想法，当时的我有一种优越感和成就感，与现在我的感受形成一种反差。也许这就是我能梦到李A李B的原因。我是企图通过梦境来寻找失落的成就感，以此来填补现实的失落感造成的成就感的缺失。

在这个梦中，最清晰的是方向感。东西南北四个方向都出现了，但很明显四个方向代表了不同的意义。南方一定代表了已逝的过去。因为梦中李B和儿时的小伙伴消逝在南方。这说明快乐的童年已不复存在，留下的是怀恋与惆怅。梦里，我将李A截下来，不让他走，表达了我想挽留住童年美好时光的愿望。即使童年中的笨拙与幼稚，在现在的我看来也是美好的。

面西，看见大车店门口的空地。这个意象意味深长。大车店是个人来人往、你来我去、车马会集的地方。许多地方与大车店这一特征相似。如医院、旅店、衙门、工作岗位等。对我来说，梦中的大车店代表了医院。医院的病人也是你来我去，人来人往的。面西，代表了告别之意。在中国人的观念中，与西方能联系到一起的意思是极乐世界，有死亡之意。说某人一命归西了，是某人已死的诙谐表达。由死亡延伸出分别之意，合在一起就是我要出院的意思，这当然是我求之不得的好事。将梦境做这种联想是顺理成章的。

东面代表了我回家的方向。梦里的我曾向东走，途经电影院、法院和菜市场。这几个场景都是过去大杂院附近的实际存在。家是每个人的情结，每个人都有回家的经历，但对回家的感受却表现出极大的不同。人在什么情况下会想到回家？当然是在外面漂泊不定时，现时的我恰巧处在这一时刻。来北京一年多了，还住在集体宿舍。快40岁的人和20几岁的年轻人住在一起，心里无论如何也找不到归属感。货款买了房子，还没来得及装修，却发现房子所在地遭受严重的高频辐射污染。和开发商约好谈退房的时间，却不幸突然得了重病住进了医院。老母亲一人在家盼望着儿子回家过年，老婆盼望着丈夫早点将温柔送给她，女儿盼望着远方的父亲给她带回新年礼物，可我却无法做我应当做的。回家的愿望对此时的我来说是如此的强烈，以至于梦里光着脚往家跑。跑的方向与现实中北京到家的方向是一致的。梦中之我真的以为回家了，可醒来时却发现，我还躺在病床上！

梦中看到了北面新铺的路，我猜想可能是我体内神经组织恢复的信号。被压迫的神经像破旧的道路，恢复交通需要铺设新路才行。医生说我必须卧床6～8周才能下地练习走路。其实不用他嘱咐，我也得躺着。因为两脚无力，加上伤口痛，只有躺着才好受些，康复道路将会是漫长的。为什么梦中的路是修在北面？这可能与我对北的知觉记忆有关。我出生在古城，古城往北不出2千米就是山，在我家的房顶上能看到北山。这里的山象征了艰险和神秘。梦中我看到旧路能通向北面的山，可能预示了我的康复道路的艰难。

北面的另一个隐义是代表了我的未来。从金大毕业到研究院工作之后，虽然心里对自己的未来做过各种设计，但我知道任何设想都是一场梦。现实中自己表现如何，必然要由现实回答。因此，有时我对未来怀有一种神秘感和好奇感。离退休还有20多年，对未来的路如何走，我抱有一种虔诚的心态。无论它将给我带来什么样的感觉、情绪和想法，我都得听从它的到来，接受它，享受它。现实中，我只有做我应当做的，能做的，想做的。但对我的行为能产生什么样的效果，只有未来来临时才能知晓。未来的效果往往是出人预料的，就像我得病，事先没有任何征兆一样。

小时候，古城的建筑物都是低矮的砖木结构，北面的山离城又近，所以在任何一条街道上都能看到绵延的青山。北山作为一种自然存在被嵌入我的童年记忆中，对山的感觉是复杂的。曾在《论语》中读过爱水者智，悦山者仁的句子；也曾对童话中生活在山林里的各种精灵发生过好奇和兴趣；水泊梁山好汉打家劫舍的故事更是耳熟能详……所有这些意象都可能成为我梦中的欲望所指。但在当下这个梦中，我敢肯定北山的象征意义是指未来的神秘。原因在于，北山的意象与我现实中对未来的担心产生了共鸣。而我对待未来的心态与对山怀有的神秘感与好奇心刚好一致。

※※※

在我做过的我能记得的并记录下来的梦中，大学教师是一组突出的意象，周教授就是很特别的一位。在梦中，好像是在周教授的课堂上，我坐在第一排，后排有几个女生。周教授在黑板上写了英文字CHRISTMAS，字有点下斜，是黄色粉笔写的，笔画很粗，是美术字。讲课时，回身在黑板上又写下几个英文单词，其中一个是riprisol。他写完还扭头检查了一遍拼写。他写英文大受台下女生的欢迎，因为她们的英语水平较高。更重要的是通过此举，可以将英文不好的学生赶出来，让他们知难而退。从教室外走来几个人，其中一个是孟翻书，他们要投考周教授的博士。孟翻书改名“企人”是企业界的代表的意思。我对他说，你一定受欢迎，因为你有钱。孟翻书的样子一点没变，还是大脑袋，小身子。有点像日本卡通片里的人物一休和尚，前后脑壳突起。我站在教室门内，透过窗户，看着他们从南面走来。

能梦到周教授是大有来由的。那天晚上打开收音机，一个记者正采访一个学者，内容是有关非典的社会学影响。那个学者的口才很好，声音很中听，口齿也利落，言之有物。谈及他在4月26日以来所做的5个城市的非典应急调查，并对非典时期各地的应对措施进行了评论，认为只有用政府行为才能巩固治理非典的效果。他还指出，非典暴露了中国人心理的不成熟和依赖性较强的特点，中国社会功能的不健全也有所暴露。他举了一个例子，说江苏1—4月车祸死亡2000多人，而非典死亡人数远不及这个数字，但却引起了社会的恐慌。他还说政府的措施对市民的影响很大。谈及南京市政府，在2例病人时就隔离数千人，而北京这方面远不及南京。这一方面说明有过头之嫌，另一方面也说明南京市的社会动员能力的强大。他说的话，每一个观点都有事实依据，并作了相应分析，感觉很到位。当接近尾声时，我猜出他就是金湘大学社会学系的周教授。这让我兴奋了好一阵子，和我一起听广播的还有同屋的老胡和涂同学。当我突然喊出那个学者名字“周××”时，他俩投来疑惑的目光。

我自己也有点奇怪，为什么我如此确信这人就是周教授？可工夫不大，记者在结束采访时报出周教授的名字，我的心忽悠一下，“哇！真准！我的第六感！”其实我与周教授只有一面之缘，他是我的博士论文评阅人，与我导师关系很要好，据说也是很用功的一个人。我在网上查过他的资料，他用英文写过很多文章。因为我对能用英文写作的中国人特别佩服，所以对他的这种能力印象特别深。我只是见过他一面，那是在博士论文答辩前，由于我的论文评议人有一位临时出国，导师就临时决定换了一位论文评阅人，这人就是周教授。那天早晨，我到社会学系找他送论文。他不在，我就将论文塞入他的信箱。信箱的入口刚好与论文的宽度相当，勉强塞了进去。然而我到东大给另一位评议人姚教授送论文时，在姚教授的办公室遇到了周教授。当然，不是周教授本人，是从姚教授打电话时的只言片语中猜出来的。本来我并不认识周教授，在网上也没见到过他的照片，但我从他俩的电话交谈中猜出电话的另一方就是周教授。我心一乐，心想我和这位周教授还是挺有缘的，虽然刚才专门找他时没见到，但在这里却相遇，虽然不见其人，只闻其声，但今天与周教授的见面看来是天定的。

不过，到这时我还没见到过周教授本尊呢。那天，我办完事，就先走了。如果事情到这里就结束还不算神奇，当我从办公室出来，在办公楼到校门路上的一个拐弯处，我在后面又看到了他，我猜的。当时，他正和一个女生在前边，一边走一边说，兴致很高。我不忍心打扰他，远远地，在路的另一边加快步伐，超了过去。我忍不住回头看了一眼……他其貌不扬，个子不高，戴一副黑色宽边眼镜，感觉好像在电视剧中经常露面的一个演员，不过不论是肤色，还是五官远不如那个演员。他的长相让我想起，在一间堆满书的房间里，色调很暗，几缕阳光从窗帘的夹缝中照过来，他坐在书堆里，抬脸享受着那几缕阳光。这副形象和他身旁的那一位青春女生相比，显得有些可怜。可是她却是他的女儿——这是我后来才知道的。

梦里我成了周老师的学生，显然，在我心里对他的学问人品很佩服。不过梦里出现的小学同学也要考他的博士的情境，让我有点不理解。也许在我的潜意识里也希望我的那个发了大财的发小也来报考周教授的博士吧。在现实中，我在那个发了大财的发小面前有点自卑，所以在梦里，让他也来报考博士，这样我就可以与他比个高下出来。以我之长比别人之短，这是找回自尊的小把戏。我这样解释我的梦，是不是很符合逻辑？不过，梦境的许多细节，我还是不理解其中隐含的意义。算了，不去想了。听从梦的逻辑的安排，不是也挺好的吗？

※※

我还梦见过大学的牛教师。好像是在金大的课堂上，讲台上的牛教师变老了，脸变长了，一脸沧桑，样子像相声演员高音贝。师弟在课上回答问题讲了很多，但牛教师觉得没谈到点子上。梦里感觉我是个沉默的人，可他一定让我站起来回答问题，我不得不站起来讲一些不着边际的话。

在梦中，之所以我将牛教师与相声演员高音贝联想在一起，是因为他们俩的声音。我看过高音贝的相声演出，给我印象最深的一点是他的声音特殊洪亮，而牛教师的声音也毫不逊色，而且更富有磁性，比高音贝的声音更有魅力。据说，牛教师年轻时当过播音员。经历过"文革"的人们，对从高音喇叭里传出的红卫兵小将的声音一定不会陌生，其清脆高昂足以让人热血沸腾。当然，在课堂上，牛教师的声音从来没到达过那个音量，但从音质上判断，完全可以想象得到，他可以达到那个高度。但我一时还不能确定，梦中的我、师弟和牛教师之间的关系象征了什么意义。好吧，让我想一想我现实中的经历与感受，或许对理解梦境有帮助。

现实中，我并不是梦中所自我感觉的那样——是个沉默的人。自我感觉我还是比较自信的人，说话比较爽快。一般来说，我做事比较重视自我的感受，对别人的评价不太在意，这应当看成有自信的表现。平时说话，有点儿没遮没拦。如果在别人眼里形成自高自大的印象也不奇怪。之所以有这种放肆的行为主要是因为环境中缺乏制约因素，或者说是环境的怂恿。也许还有另一个原因，那就是因为自己的修养不够深厚，缺乏自控能力。

当我不自信时，往往是我希望别人认同自己，但又感觉到没有办法让别人认同的时候。来自他者的认同不是由自己来控制的。这就是不自信的源泉。在博士论文写作过程中，我的心情就是如此。在写作中途及草稿出来之后，有几次真担心不被教师认可，心里一点底都没有。及至交上去之后，有点丑媳妇见公婆的感觉，不得不见，但又怕见，心里发虚。记得我在新年前加班加点，紧赶慢赶将论文写出来，期间的痛苦不亚于生孩子。当然，我没生过孩子，没有体验过生孩子的痛苦，但我听过女人生孩子时的呼天喊地声嘶力竭的刺耳声音，这些足以让我产生痛苦的联想。身体的痛苦是直接的，可以用语言描述出来。灵魂的痛苦是无形的，无法用语言描述。论文交上一个多月了，也不见动静，我的心开始发毛。牛教师对学生的严是出了名的，好几个师兄在他手里都是死去活来。上届一个师兄，他的论文改了又改，等到了论文答辩前几天，为了一条译文注释，牛教师一定要他核对外文原著，差点耽误了答辩时间。多花几百元重印十几册论文不说，主要是将时间的密度一下子加大了。在那几天，他几乎感觉不到时间的存在，一个字儿——忙。身体忙，心也忙。每每谈起那段时间的感受总是归咎于牛教师的“严”。这回轮到我过大堂了。

没有听到牛教师对论文的反馈消息，我心中的不安与日俱增。为了安慰自己，我心想，没消息也许就是好消息。不过这不能从根本上解决问题。从心里说，我有点怕他。他并没直接批评过我，而且好几次表示过对我的关心。但从同学们那里得到的信息及他那张永远严肃的脸，我感觉到的是紧张和恐惧。也许我并不是怕他而是怕自己——怕要面子的我，在他面前没面子。我内心的恐惧还源于我的论文的主题——我竟然选了柏拉图。丢开柏拉图这个人物的复杂性不说，单就说选一个教师正在感兴趣的题材本身就已经是个失策，这完全是自己给自己上套。虽然与教师同时做同一个题材可以从他那里得到更多的帮助和启示，但感受到的压力却是无以言表的。值得庆幸的是，虽然我们面对的是同一个研究对象，但我的选题只做柏拉图的一个侧面。而他恐怕是对柏拉图的全面研究，这样我们就不会在取材上发生太大的冲突。我打了几次电话征求意见，总体上，他采取了肯定的态度。这让我很欣慰。据说他是很不客气的人，如果对哪个学生的论文不满意，他会直接表达出来的，骂得你狗血喷头。因此，他没急着找我谈论文，我也就尝试着推算，他可能还算满意。后来我向师弟打听他对我论文的看法，师弟说："你脱生了，没问题了。牛教师觉得你的论文的逻辑架构很好，而且素材取舍也很恰当，不过在文字上可能还要修改。"我一听这话，心里就踏实了。师弟与教师的关系很好，经常在一起谈经论道，他的话应该是可信的。后来牛教师与我谈到论文的修改时，只是让我在文字上再认真斟酌斟酌，这让我暗自窃喜。一颗悬了近3个月的心终于落下。

我属于那种边缘人物，与教师总是保持一种若即若离的关系，不过我觉得这种关系容易产生美感。实在地说，我这也是一种酸溜溜说法。哪个学生不愿与教师套近乎？没有！起码我没见过这样的学生，当然我也不例外。不过，事实上，并不是每一个学生都能做到这一点。教师与学生的关系总是有亲有疏。这有许多原因。一般而言，学生表现出色，教师就会器重，双方的关系就会好一些，但也不尽然。有时时间接触的长短、生活背景的不同、彼此性格的融洽度等都可能成为影响两者关系的因素。唉！不管怎么说，我没能与教师建立起我羡慕的那种师生关系，这多少让我有点遗憾。我也只能用美感来平衡这种遗憾啦，呵呵。在这么严厉的教师面前，我最好的策略就是沉默，或假装沉默，以保持这种美感。可是在梦中，他却一定要我开口。看来我也只得发言了。从以上我的叙述中，读者大概可以理解到我为什么能做出这个梦了吧。

※※※

真实的经历对人的心理会产生影响，这是不言而喻的。对我个人而言，在我读硕士时经历的一件事，启发了我对梦与现实关系的理解。有一天，我的室友尹某夜里起来上厕所，回来时迷迷糊糊走错了房间。恰巧隔壁的门是虚掩着的，顺便就进去了，摸到与自家房间中自己位置相同的床，仰身倒下去……只听一声尖叫“啊啊啊”，持续有半分钟，估计整个楼的人都被惊醒。

自那以后，尹某变得有点神经质。他老怀疑自己有夜游的毛病，晚上躺下后总是想：千万不要说梦话，千万不要夜游等。同宿舍的季某、宫某也有点心里犯嘀咕，但并没在言语上表现出来。然而他们的交往不知不觉中发生了细微的变化。“他有夜游症”这个意象，经常在与之谈话中浮现。这种想法带来了态度上的变化，凡是涉及精神分析、疯狂、理性、非理性之类的话题，他们两人都特别慎重，生怕引起尹某的不快。隔壁的费某受到的刺激就更大了，每次见了尹某都用异样的目光看他，总是尽量避免与尹某接触。不过时间一长，人们慢慢地也就不以为意了。每当提起这件事，人们就拿尹某、费某开玩笑。学费某那一声声振长空的喊叫时，大家都哈哈大笑。

然而，就在夜游事件风平浪静不久，一个星期天的早晨，尹某醒来，述说自己夜里做的梦：“我感觉口渴，到西瓜地割西瓜但却无论如何用劲都拧不下来，于是又到另一块西瓜地去摘。连续去了三块西瓜地都没摘成。心里很后悔为什么不带上西瓜刀呢？醒了之后，喝了一杯水才算完事。”宫某听了，浑身的汗毛都竖起来了。他忆起夜里做的梦，竟然是有人摸自己的脑壳！在梦中，他以为那是一个女人，一个心爱的女人在抚摸他。梦里的他，心里还美滋滋的。现在听尹某这么一说，心里生出一种恐怖。他察看了一下季某，季某正躺在床上，戴着耳机听音乐，对他俩的对话没什么反映。于是他也没出声，只是表情怪怪的。起床后，他立即到隔壁找费某问他夜里做梦否。费某想了想：“好像没有。”“再想一想”，宫某不甘心。“嗯”，费某沉吟片刻说，“好像有人摸我的脑袋，是在小学里，教师夸我聪明，就摸了一下我脑壳。怎么了？你为什么这么紧张？”

宫某将嘴贴近费某的耳朵，讲述了刚才尹某的梦。费某浑身一哆嗦，摸一摸自己的脑壳，脸色瞬间有点发白。他俩赶紧来到解梦大师涂同学处，想寻求一种解释。

涂同学还没起床，准确地说，还没醒。费某也顾不得礼貌不礼貌，上去就拨弄涂同学的头。“大师，大师，别睡了，别睡了，快点起来吧。”涂同学带着梦中的表情，极不情愿地责问：“你俩有病是不是，把我的美梦都搅了，到底想干什么呀！”宫某和费某一听“梦”字，心里更是不安。费某坐在了涂同学的床沿上，说：“大师，快醒一醒，刚才险些出人命。”涂同学一听这话，立刻睁大了眼，问：“出了什么事？”费某、宫某这般述说一番。涂同学愣一下神儿，说：“我今晚也好像梦见有人摸我的头，不，好像是要扭我的头。开始好像我和人打架，那人就要扭我的头，后来感觉好像是我女朋友抱我的头，你们弄醒我时，我正在我女朋友的怀里呢！”

“这事的确有点怪，如果说，你们弄我的头是后来的梦境原因，那么先前梦境的感觉就难以解释了。也许真的他来过？”他一面寻思一面说。仨人讨论了一气，渐渐理出头绪，心里也越觉得不安。他们的结论是：尹某夜里的确来过，而且摸了他们三个人的头！

星期一早晨，宫某、季某到系里反映此事，要求调换宿舍。系里派人到宿舍做了调查，带尹某去校医院做了检查，确定尹某患有神经衰弱和夜游症，劝他休学了事。

现实中发生的一些社会事件，也会以某种形式进入个人的梦中，成为个人心理建构的一个素材。我曾做过一个有关“非典”的梦，梦中的意象堪称奇异。在梦中，我好像手上拿着一罐喷雾器，追赶一只苍蝇。那苍蝇在空中上下飞舞，怎么追也追不上。苍蝇身上挂了一张纸条，上写：非典。醒来，吓得我出了一身冷汗。

这个梦是对我的一段经历的变形编辑。非典那段日子，我经历了许多人间的世态炎凉。从梦中的情节可以看出，我希望那样的日子快点过去。非典那段日子给我的感受就像是一只苍蝇，在梦里，我在试图驱赶它，将它杀死。有时，我真的很佩服自己大脑的智慧，竟然发明出这种意象来解决我现实中的问题。看似有点搞笑，但却是我的真实欲望。如果不是本人，很难对这个意象做出合乎逻辑的解释。

在非典的报道充斥报纸电视头条的日子，有一天，我心里很郁闷，感觉吃饭都不香，心理埋怨：都是非典惹的祸！！！我去广州找工作，无果，只好又回到学校。工作没找到，本来心情就不好，可是我回到宿舍见涂同学、季某那副唯恐避之而不及的样子，心里更是郁闷。好像广州流行SARS,我也一定是非典病人一样。涂同学以及隔壁宿舍的几个人都纷纷搬到了别的地方，每人在门上贴了一张院里卡章的通知，让疫区归来的同学去做体检，合格后方可入内。我昨晚回来时没见到通知，没明白涂同学和季某的那副嘴脸的含义，现在我明白了，怕我传染给他们非典！真没劲，平常在一起玩得好好的，到了关键时刻连这点信任度都没有。我是那种损人不利己的人吗？学校这样做是不是小题大做？更可气的是，昨晚我到隔壁借开水，费某竟然连门都不给开，难道我们的同学之谊就真的薄如纸吗？罢了，没人理我也好，我正想休息一下呢！那天晚上 8 点钟我就上床了。

虽然累了一天，但想着最近以来的烦心事，翻来覆去怎么也睡不着。那晚我真觉得很无聊，想到出家当和尚，因为感觉到了世态炎凉，感觉到了人生意义的虚无。所幸的是，我这个人在想法与行动之间总有那么一段距离，在我想着出家当和尚的念头中，迷迷糊糊睡着了。等我醒来时，天已经发亮，我在床上想着昨天晚上出家的念头，禁不住一笑：本大爷好坏也是个博士，干什么和他们一般见识！不过，那个搪瓷军用水壶在书桌上似乎还在提示我，“出家当个行脚僧，可别忘记把我也带上啊！”。我心一乐，捞起水壶咕咚咕咚把里面的半壶温开水喝进肚，嘲笑昨天晚上的出家的念头。心想，“当个行脚僧也不错，可以云游四方，玩遍世界哈”。不待我的环游世界的梦想进一步展开，传来了一阵急促的敲门声。几个身着白大褂，头带白帽子，眼上还带了防护眼镜的人闯将进来。

一个声音不知从哪个天使的嘴中传出：“你是昨晚从广州回来的吗？”

“是。”

“你是尤天择吗？”

“是。”

“请你合作一下，和我们到校医院去一下。”

“哦……，嗯……，好吧。”我勉强地回答了一声。

很幸运，那天我的体温正常，身体各个零件运转正常，不然我非得被送到非典医院不可，但我还是被隔离观察了三天。现在想来那三天是我最幸福的三天。一人一间，长这么大我还是头一回一个人住一个房间！这还不说，而且每天还有人按时送饭，按时量体温，按时请安，真的是老太爷的待遇！当我接到出院的通知，有点舍不得走，更不愿回到那狗窝一般的宿舍！

回到宿舍，那几个势利小人，满脸谄媚地笑。明摆着他们做贼心虚，他们告发我，现在又来讨好我。真让人恶心！我平时不抽烟，但从医院出来我就去小卖部买了包红塔山。此时我捏着一根，让烟雾在我眼前弥漫开来，眯着眼，做出一副思想者的样子。平时没有烟的时候，我没看清他们的真面目，现在隔了薄薄的一层烟雾，倒让我看清了他们的灵魂！啊，原来这几个灵魂是这样的丑陋、虚伪！

现实经历中有美感，也会在梦中再现。我曾就读的大学校门口一景就曾清晰地在我的梦中再现，不过，其象征意义已经被深度改编。在梦中，我看见学校大门外开了一家大饭店。开张大吉，免费供应午餐。一大群学生将学校大门的门槛踏破了。

做出这样的梦，不用多想就理解了梦的意义。梦境几乎是我在金湘大学生活的再现。在金湘大学门口，有一排小饭店。近三年的早餐，基本上都是在那里解决的，对那里的熟悉与感情是不言而喻的。更重要的是在那里还发生过一些难忘的经历。虽然离开了很久，但那些经历已经深深刻地入我的记忆当中，梦中重游故地也是自然而然的事情。

记得有一天早晨，想着像往常一样到校门口买小包子，然后到教学楼上课。可是到了校门口，卖包子的小贩却不知去向了。一打听，才知道学校要治理校门口的秩序，将所有的小贩都赶跑了。那天，我只得空着肚子去上课。

回想从前的校门口早晨一景，总有些让人怀恋。每天的一大清早，都会有一拨拨的学生从南园涌出，汇聚在卖包子的地方。然后就见一个个拎着小塑料袋的学生急匆匆地往北园赶。虽然有些散乱，但聚了又散去的人们的匆忙的脚步声，那蒸笼里冒出来的热气，还有伴着路边的法国梧桐树肥大的绿叶，与清晨的阳光构成一道美丽的画面，空气中充满温馨、和谐的气氛。一元钱六个的小包子，有时再加上一瓶牛奶，那就是我的近两年的早餐。可是现在……我不得不盘算以后的早餐到哪儿去吃。若放在从前，没有人会想到这些，虽然那的确构成了金湘大学学生生活独特的一景。

说起来，这些不正规的小摊小店很不卫生，也确实阻碍交通，有损市容。那些做“煎饼”的小车，还有卖豆浆的，卖小馄饨的……常常把清晨的汉口路挤得水泄不通。校庆时，被那些老校友看见了也很丢面子，但是全都赶走了，也实在不方便。我之所以怀恋，完全是因为小笼包子和我的肚皮之间有很深厚的私交；我之所以抱怨，也完全是因为我的肚皮一不小心受到了委屈！我不得不为它申冤。白天为它主持“正义”还不够，夜里在梦中还在报怨。不过有趣的是，我把早餐改成了午餐，付费改成了免费。这说明了什么？说明了当时我的经济状况有点困窘，因此才有主张免费的诉求。显然，这个诉求在现实中是不合理的，因此也只有在梦中表达出来。

※※※

在现实中，我曾结识过一些有趣的人，他们曾让我感动过，感受过人间的温情和友谊。无疑，梦境将这种美好的情感升华了，成为终生难忘的记忆。

梦中，好像一个白胡子老道，往我嘴里灌药。我不愿喝，于是换了一个黑大汉按住我的头硬往我嘴里灌。我感觉到脖子的不舒服，想挣扎时，醒了。

做这个梦，大概与我大学时生的一次病有关。大学里的生活很自由，但有一宗不好，就是生活上没人照顾。在家时有母亲，在外却要靠自己。我想起过去上京赶考的富家子弟，在路上都要带一个书童来照顾生活，想来也是有一定道理的。没人照顾的生活实在不成样子。无奈，本人又实在懒得掉渣渣，所以一直与汽水和饼干为伍，日子就这么一天天扛过去了，可是这个胃和肚子却开始闹罢工，而且战斗异常激烈，每天疼得我夜不能寐。但是，我就是讨厌吃药，尤其是中药。所以一直忍着，没去医院也没跟同学们说。那天，实在疼得受不了了，在床上辗转反侧，才被老胡看出破绽。他拖我到医院去看了中医，说中药讲究经络调理，副作用小。犯在他手里，我也就不挣扎了，痛苦！

老胡下午走之前把熬药的细枝末节交代好了，最后叮咛了一句：不要上网，守在电炉子旁边！！我一会儿打电话检查！老胡像个婆娘。看着炉子就行了呗，还不准上网！手痒得很，没办法只得违背一次老胡的命令。上网一看，呵呵，这回心痒得难忍。于是，每隔5分钟跑去看炉子一次。在网上最想看到的是女朋友的信息，可是，我失望了。

对那个中药我是深恶痛绝的，不仅味道难闻，而且难咽。味道钻入我的鼻孔，让我联想起鲁迅笔下林家店铺的味道。我很奇怪，我怎么将这种味道与林家铺子的味道联系起来了呢？生活中，我并不知道林家铺子是什么味道，林家铺子有味道吗？也是小说中文字的描述曾刺激过我的哪根神经吧，让我想到了某种味道？啊，管他什么味道，反正当下的我一点办法也没有，为了治病我只得忍受。

终于熬好了，正在寻思想个什么办法无痛苦地将药喝下去，门铃响了。楼上的好朋友下来找我玩儿啊！开门让他进来，他在惊讶满屋的药味儿时，老胡也下课回来。他见我药还没喝，就催我，快喝啊！凉了就不好了。我一咧嘴苦笑着说："得，得，得，今天我算是栽在你们手里了，赶明儿了，你们要得了病，看我怎么收拾你们！"

算了，喝就喝吧，让几个大男人为我操心，也不是个滋味儿，我心里盼望着有女人能来关心我。咕嘟，咕嘟……，好难喝啊！又苦，又酸，又涩，又有奇怪的味道，但是……我还是喝了。

药味还没有完全从嘴里退去，电话铃响了。“一个女的。”老胡冲我挤了一下眼小声说，然后将电话递给了我。我兴奋地接过电话，心想终于有女人来关心我了，可是一听——原来是我老妈！她问我喝药是不是很苦，“是的。”我答。她接着说：“加点冰糖味道会好一些，也不会影响药性。”我一听立即晕了过去——怎么不早点打电话过来呀！

◎爱好与审美

梦就是先验意识对理性审美意识和爱好的修正、强化和升华。这个判断是我通过对以下梦境的分析中得出的结论。

中国书法其美学意义不言自明，我是书法爱好者，在梦中曾出现过字帖意象。记得在梦中，我看到一家小书店，里面有两个玻璃柜台一顺一横摆着。柜台上面，零星放着几本旧字帖。但是，我一眼看出，那些字帖都不是真迹，是仿制品。虽然是赝品，但却是当成珍贵的古董来卖的。一本是王羲之的十七帖，上面盖了一层包装纸。我掀开包装纸，清晰地看到封面上有一行题字。封底部有花纹，呈现灰白色。里面是黑底白字的王羲之小草。再看另一处，柜台里的架子上放两本字帖。其中一本是苏轼的大字行书，同样是仿制品。封皮已破损，边角有点卷儿。旁边的另一册似乎是张旭的狂草。其境如真。

做这个梦的前一天，一个高中同学到医院来看我，坐在我的病床边。他曾聊起他的新爱好——对考古书籍的兴趣。说起古楼兰遗迹、长沙马王堆的出土文物。印象最深刻的是他说起一具女尸浸在药液里，千年不朽。1972年被发掘后，将尸体从液体中取出，改用现代医学手段保存，不久，就出现风化腐烂的迹象。他惊叹于古代的尸体保存技术。现在有关部门想研究那药液，可惜当初却没有想到要保留下来。那药液标识了古代保鲜技术的水平，恐怕今天也没有技术可与之相比。据说古墓中还有水果，保存了1000年，照样新鲜。他说的趣事，我以前从来没关注过，也没听说过，于是触发了思古之幽情，给了我强烈的印象，以至于在当天夜里的梦中还在寻求类似事物的意象。对我来说，与这类意象最相像的莫过于书法了。小时候，我自学过书法。读过、临摹过一些名帖。梦中出现的字帖我都有收藏。前些日子公民选举，选民榜上的字就是我用毛笔写在红纸上的。选民榜贴在单位大门外的墙上，路过的人偶有停下来看一眼的，有的离开时会带着审美的眼光欣赏一下毛笔字，小声夸一句："嘿，字写得真是不错！"有好几个人夸选民榜上的字，他们会惊讶地说，那字是你写的啊！真没想到！我嘴上谦虚，但心里还是美美的，有点得意，以至于在梦里还想起字帖！当然我知道，梦中的字帖被赋予了更多的意义，它所表达的情绪也是复杂的。中国书法历史悠久，许多著名字帖同时也是有名的古董。字帖、古董与考古联系在一起实不为怪。由考古中的奇闻，到与考古有类似意义的字帖形成了梦中的逻辑。梦中的字帖为什么是王羲之、苏轼和张旭呢？这个问题好解释。因为这几人是书法界泰斗，同时又都是我所喜爱的书法家，我曾临摹过他们的帖。小时候我舍不得花钱买零食，但我却舍得花2元买王羲之的《十七帖》。对那时的我来说，2元钱可是个不小的数字，我差不多花了半年功夫才攒足的。在梦中，《十七帖》后面标写价格的位置被挖去一个洞。虽然不见了数字，但我能清晰地感觉得出字帖的价格应在0.5~0.8元之间。也许我不愿看到我喜欢的字帖竟然这么便宜，即使是仿制品也不该这么轻慢它。于是我在梦里就玩了个花招，将标价挖去，将字帖变成无价的东西。就字帖本身的价值而言，它本来就应当是无价之宝！

※※

我还是围棋爱好者，在梦中也梦到过玩棋牌。记得有一个梦境，有人出老千，情急之下与人争吵起来……醒了。

就在做这个梦的前一天，我坐在电脑前下围棋。很不巧，我连输三盘。网上玩的都是超快棋，大约20分钟一盘。费某看着心急，不断地指手画脚，我行棋也不多加思考。有时听他的，有时我行我素。在形势不好时，我就后悔听费某的，并不断地说："看，听你的臭棋，变成这样。"费某反唇相讥："拉不下来屎还怪地球没吸引力！"结果争吵起来，差一点动手打起来，弄得我们俩心里都不愉快。我心里发誓以后再也不理他，想必他也有这个打算。从那儿以后，我俩竟然三天没说话。不过时间不长，我心里就回过劲来了，觉得为这点小事翻脸，实在不值，但一时还是掰不开面子。一天早晨，在洗手间，我俩撞个对脸，还是我先开了口，冲着费某，“你早”。费某也回一句，“你早”。我俩算是言归于好。但从此之后，我俩的交往却真的疏远起来。在我心里，我还是很珍惜我们俩人之间的友谊的。也正是由于这一点，在与他交流时，心里老是想着说话要小心，避免伤害对方，防止再次引起不愉快。然而，这样的交往方式只能让我俩更加礼貌客气，却无法消除各自心中的阴影。现在梦里还在继续我们的争吵，虽然梦境中费某并没出现，但我敢肯定这与我们的争吵有关，真后悔当初发那么大的火。

※※

在我做过的并没记录下来的梦境中，有相当一部分涉及现实生活中的各类人物，这大概反映了我在人际交往方面存在的某种不适应和某种焦虑情绪。而梦到自然景物，在很多情况下是现实中的某种愉悦情绪的一种延伸。世间美景何其多，只有雪景让我最难忘。我家住北方，见识过大雪封门的天气。对雪的美，有一种特殊的感受，雪的洁白拨动过我敏感的神经。我曾作过一首小诗吟诵过雪的美丽。

这是我在南方上大学时做的一个梦。我记得很清楚，那是一场罕见的大雪之后的第二天夜里。梦中我向东望，因为那是我的家乡的方向。家乡的雪，比梦境发生地的雪要大得多，频繁得多。南方的雪特别地稀有，因而也特别地珍贵。每次下雪都会给我无限的感慨。那一年冬天，下了一场罕见的大雪。望着窗外的雪，感觉有点晕。雪花自由地飘落，视线一会儿追随此一些雪花，一会儿追随另一些雪花，不断地游动，于是就产生一种晕感。好像天地都在围着我在转。我的身直挺挺地站着，眼球在转动，思绪在飞舞。我在想，闲人才能看出雪景的闲适，纯洁的人才会看出雪的洁白，思念的人才能看出雪在思念，旋转的人才能看出雪在旋转，晕的人才能看到雪的晕。

诗人说，燕山雪花大如席，这话虽然夸张，但却表达了一种真实的感受。如果生活在北方，感受过北方的雪，如在雪中沐浴或在雪中嬉戏，就会觉得这话说到心里头了。迎面飘来的雪花降落在眼睫毛上，让眼睁不开，只有不断地眨，来回抽动上下眼皮，视线才能探测到外面的世界。这时内心深处就会发出一声感慨：雪花真大呀！如果是个诗人，就会顺势想到家中的炕席在天空中飞舞所能造成的效果也不过如此。燕山雪花大如席，雪花是一片一片的，我们只知道它来自无垠的天空，但我们却不知它具体形成于何时何处。它的外形是洁白的，在自己的天空中漫舞，但它的内心总是包裹着一些尘埃和污垢。它上下穿梭，似乎很自由，但它却无时无刻不在下坠沉沦。它留恋天空，因为那是它生命的舞台，但它最终却不得不归于泥土，这是它的命运。

仔细想了一想，最幸运的雪花莫过于魂归雪山或冰川的了。雪山和冰川是雪花的家，是雪花自己造成的家，是自己真正的归宿。然而并不是所有的雪花都这样幸运，在城市的泥泞的马路上，可以看到无数的雪花，刚一触地，就化成泥水。如果在夜晚，漫天的雪花会将大地包裹在一片洁白里，但这是以无数片雪花的生命为代价换来的。

雪花有一种理想和愿望，它希望将世界变为冰清玉洁的世界，而且总是努力地去实现自己的理想，但在第二天清晨，当车水马龙的人流从洁白的雪地上撵过时，车辙和脚印让雪花的理想化为泡影。雪山和冰川是思想的世界，一个思想者就是一片雪花。只有将自己的思想汇入自己的家，它的生命才会永恒。

我曾作诗吟诵雪花的美：

似满天飞花，飘飘洒洒，晶莹闪烁，洁白无瑕。看得久了，感觉天旋地转，白茫茫一片，不见其他。

都说她藏污纳垢，在外表之下，实乃凡尘的天使，魂归大地，保暖冬芽。

都说她自由散漫，随风天涯，实乃舞动的嫦娥，将她的美丽播撒，枯枝结出冰花。

都说她冷若冰霜，寒气逼人，实乃温柔的极致，其心似水，其形如画。

世间美景何其多，面对飞雪，全都变得羞答答。藏身在她身下，等待她的心情，变暖，融化……

※※

野性源自人的动物属性。人刚一出生，其实就是一个小动物，野性十足。然而，野性十足的儿童时代却是最快乐的。随着年龄的增长，社会性会越来越多，快乐也会越来越少。小时候的各种游戏和玩法，都会给人留下深刻印象。到了成年，现实中遇到难以排解的难题，就会自然在梦中回到儿童时代，寻找象征性的心理补偿。

在我的儿童时代，玩具是很罕见的，室外游戏倒是五花八门，但并不知道各种玩法是如何在孩子们中间流传开来的。手工制作的玩具大多是古代流传下来的，如九连环、七巧板等，因为少见，所以印象深刻，以至于七巧板成为我的梦境素材。记得在一次梦中，我看到在电脑上的七巧板，块儿块儿都活了一样，在电脑桌上跳舞，然后散落一地。七个不同形状的木板块儿，像人一样围坐在圆桌旁，似乎在开会，商量着如何重新拼在一起。

梦醒之后，我立即领会了梦的意义。七巧板在我的生活中有特殊的意义。硕士毕业时，我们班上七君子的老小——阿柏，买了七巧板，每人发了一块。我们互相签了名，约定5年过后的元旦在北京相见。这个建议最初是老二大吹提出的，可他说10年后见，大家觉得时间太长了，于是，就改为5年。定在元旦是考虑到有两位出国的。老三去美国，老四去英国，他们两位可以趁圣诞放假回来。那时，我们七人都坚信这个愿望一定能实现。然而，事实证明我们的这个想法太 naive 了。七君子是我们自己封的雅号。与当年受老蒋迫害的七君子不搭界，甚至没有一个和七君子重姓的。我们其实是七个老乡，不过我们一致认为叫老乡有点俗，遂称“七君子”。不过要论“风骨”我们还是有点渊源的。我们是班上有名的“硬骨头”，大有燕赵古风。七贤中的大君子，胡爵，30 出头，为了考研，丢了工作，丢了老婆，但他矢志不改，终于在第 5 个年头如愿以偿。他的硬体现在“执着”二字上面，绝大多数走过考研这条路的人，都不得不承认考研是一个痛苦的经历，考一次如剥一层皮。他考了 5 次，已经剥了 5 层皮了。他现在整个一个没脸没皮！二君子，费大新，肥头大耳，憨头憨脑，但这只是他的外表，他的心细非一般人能比。他的硬体现在“细”字上面。一般说来，石头最硬，可为什么石头硬？分子结构使然。这“细”字恰恰说明他的心思的密度超过了他人。在研究生入学考试的考场上，谁还有心思东张西望关注他人呢？不，我们这位二先生，好像后脑勺长出第三只眼一般，后面的一个小姐，呃，女生，用求助的眼光扫了一下他的后脑壳，他就有了感应，于是他就将自己做的答案写在一张小纸条上，搓成一团，神不知鬼不觉地献到那个女生手上，而那个女生只是在第一场考试下来后才认识的。他在后来炫耀自己的“光荣义举”时评论说，这叫“胆大心细”，我给出的评价则是“色胆包天”。三君子雷中光，浓眉大眼，气宇轩昂。他的硬体现在一个“正”字上。我们那会儿考试打小抄成风。在英语结业考试时，大概有六成的学生做了手脚。那些英语高手本来不需要做手脚，但他们被“需求方”的旺盛需求所诱惑，不得不成为“供货方”。我们这位三君子，本来英语不是他的强项，考试时恰好坐在二君子后面。二君子毫不含糊，每做一题，将身子偏向一边，为他提供方便。可三君子不领情，坚决不抬头。二君子本来也做了纸团，但他没敢塞过去，怕伤了三君子的自尊。宣布分数时，三君子以60分——实际上是59.5擦上去的——通过。够险的吧！可在这之后不久的学位考试上，他依然有胆量严防死守他的“坚决不抄”的老教条，最终以61——实际上是60.5的成绩通过。我们都为他捏了一把汗。他心中的一团正气着实让我感动了。

一想起我们七君子的英雄壮举，七天七夜也说不完。有时真的想弟兄几个在一起聚一次。可是天各一方，难啊。人在江湖真的是身不由己啊！

前些日子我去了一趟深圳，事先也没打电话给老七，想着给他个惊喜。可是到了那里一联系，他公司的同事说他去了新疆。在国内的三人，三年都没见上一面，别说与国外的相见了。到国外的已经增至四人。老五打电话过来说，要不改在加州聚吧。这不是说梦话吗！

五年之约将至，心中的焦虑反映到梦中也就不足为奇了。行文至此，读者也明白为什么我会做出这样的梦来了吧。

※※※

在今天，游泳被视为一项体育运动，但在20世纪六七十年代，在当时的人们心目中，游泳就是一项游戏。不过，游泳对我来说，却是一种心理伤痛。我长在海边，却不会游泳，总不免让我耿耿于怀。有此心病，梦中学游泳也就顺理成章了。

在梦中，我好像是在海里游泳。一个教练要帮我，我拼命将他推开。心想，我自己会游！可是教练刚走开，我就开始往下沉，于是拼命喊救命……嘴里品出了海水的浑汤味。

醒后，还在品口中的味道。起来令人难以置信，我生在海边，长在海边，竟然不会水。小时父亲管得严，从不让我下水。回想起来，下水的机会很多。我家离海不远，骑自行车10分钟的路程，而且离大石河更近，走路10分钟也能到了。关键是我儿时胆子小，父母说什么就是什么。虽然心里不服，但在行动上却不敢越雷池半步。与我一般大小的孩子大部分都会水，我却不敢和他们一起到海边河边去玩。到了10岁头上，才第一次见到海。那还是爸爸因为从挨批斗的状态中解放了出来，心情格外高兴，带着他的三个作品骑上一辆自行车到了海边。那镜头真的和演车技一般，老大坐在后车架上，老二坐在前梁，我则坐在老爸的肩头，两手抱着他的脑门，一路晃晃悠悠骑到海边。我很惊奇他竟然有如此好的车技！更让我惊奇的是他竟然也有很好的水性！他会浮水，可以站在水里，半个身子露出水面游动。你说神不神。可惜，他的水性一点也没遗传给我，至今我还是旱鸭子。

盛夏时节，同室的“犹太人”建新要到体育馆学游泳。我一听来了神儿，看来不会游泳的不只我一人。于是我响应他的征召，甘愿自掏学费奉陪。临开班好几天，我就将泳具备足。一条专业泳裤，还有一副无敌泳镜。我记得很清楚，那天中午12:30出发，顶着火红的太阳，骑自行车到离学校有10千米远的体育馆。到达那里时，我俩已是满头大汗。当时我那个后悔呀，简直无以复加。在海边生活20多年，竟然沦落到花钱到游泳场学游泳的地步！耻辱啊，耻辱！然而更令我难堪的是灌汤。

据说在海里学游泳容易些，原因在于海水的浮力比游泳池里的水的浮力大，这其中的科学道理我也不甚了解。是咸淡之分造成的？不管我是否明白这道理，总之我今天要面对的是游泳池而不是海水。还没下水，心里先生出悲哀的感觉，这真是太不幸了。

不会游泳的，先下到水里，手拉着护栏，不断地将头浸到水里，然后再抬出水面，练习憋气换气。半会不会的，分布在泳池的各处，在里面瞎折腾。教练在水池边来回巡视。我站在池沿上，面对着水面犯犹豫：是先练习换气，还是到水里瞎折腾？教练见我一身专业运动员的装束，问我：“你怎么不下水呀？”“啊？马上！”“马上？马上还在这儿犹豫什么呢？”他的意思很明显，先下了水再说，学游泳只有在水里才能学会。我没吱声——没好意思说不会水。他见我还不做决定，于是说：“我来帮你一把。”话音没落，上来推了我一把……

我落水的地方恰巧是水池较深的一侧，我努力伸腿，想在水里站起来，可每次伸出去都见不到底。我慌了神，在水里瞎扑腾。当我的嘴露出水面时，就高喊“救命”。此时我已浮在水面上了，可是我还没回过神儿来，还在不住地喊“救命”。我听到教练也在喊：“别喊了，没……”他的话音还没完全传入我的耳朵，一股池水塞住我的嘴，不让我喊出“救命”……在拼命的挣扎中，我的头又浮出水面，不过这回我不再喊了，而是呛了一下，于是不由自主地又沉入水里……

当我不断乱舞的双手捞到教练的双手时，像是捞到了救命的稻草，死命握着不放，可每次教练又将我的手掰开。教练抱着我的双腿将我举出水面时，我的两只手还在空中乱抓……

上到岸来，我的肚皮鼓鼓的。心里暗自盘算了一下一共喝了几口浑汤。那浑汤的味道，许久留在我的嘴里，无论如何吐、吐、吐，也不愿离去。这不，过了这么多年，在梦里还在回味那浑水的味道！

※※

几乎每个人都有一个爱玩的童年，对玩的记忆深刻也就不足为奇了。我的童年时代，玩扑克牌已经很流行。记得在我家院子的大门口，每到夏天的夜晚降临，就有几个大人把自家的小饭桌搬出来放在电线杆的脚下，四人一桌打升级。有许多人围观，我也经常出现在围观的人群中。打升级是需要点技巧的，虽然很小就有接触，但牌技始终处于菜鸟阶段。及至长大一点儿后，对“抓娘娘”的玩法倒很熟悉，这是一种相对比较简单的玩法，也很流行。在我记得的梦境中，有过一次玩“抓娘娘”的梦。记得在梦中，火炕上放着一张矮脚的吃饭方桌，我和三个老头玩扑克——抓娘娘。刘富才和我父亲分坐两边，我打横。我抓了一副好牌，捏在手里摆不开。合在一起，放下，蹲齐。左手再将牌举起，右手大拇指和食指捻。捻出四个王，三个小王，一个大王。我心一喜，将牌合上。一巡牌过后，我心里犯犹豫，是控制下家？还是不顾一切出手？如果控制下家可以保证不当娘娘，但当皇上的机会就会减少。如果顺其自然、听天由命，当皇上的机会增多，但也有可能被抓当娘娘。两种方案对出牌顺序的要求不同，处理手中小牌的方式也不同。控制下家，就要留最小，出次大的一张牌，最小的牌最后出。最后出又分两种情况，要么自己打出大牌取得主动权，紧跟着放出小牌；要么借上家的光，在其他人管不上或不愿管的情况下，轮自己出牌时，将小牌放出。但此时，由于是借上家的光，只能是跟从，就失去了当皇上的可能。因为考虑过多，出牌慢了。两个老头儿等得不耐烦，将牌反扣在桌上，起身喝茶去了。我还在思考，我的脑子似乎有点运转不灵。担心记不清别人已出的牌，还担心几个老头将出过的好牌再换回去。在犹豫不决时，醒了。

梦中出现的刘富才，是我父亲的牌友、酒友。他们经常在一起玩麻将。人手不够时，我偶尔也凑把手。几个老头玩牌都很精明。刘富才说话总是阴阳怪气，但却足志多谋。别人出牌慢时，他总是连讽带刺，故意刺激对手，让对手心里发急，乱了章程，胡乱出牌，这是他玩牌的策略。有一次，遇到一位急脾气的牌友，对他的话忍无可忍，情急之下将麻将桌掀翻了。

梦中显示，我的运气、天分还算不错，但性格优柔寡断。看来我要将自己的天分发挥出来，还要锻炼果断决策的本领。我很多疑，对他人缺乏信任，梦中担心别人换底牌就是一个证据。还有一点值得注意，就是梦中我一直关注自己的牌，两只手不断地把玩手中的牌，这个意象表明，我有自恋倾向。

在我做过的美梦中，有一个梦，经过了许多年还记得。在那个梦境中，我看到了佛像，我断定那是大吉大利的象征。

梦中，我好像置身野外。我走近一块突起的巨大岩石上，感觉质料似土，险如悬崖，形如张开的贝壳。在贝壳的内侧有天然的岩石纹路，图案是一个若隐如现的巨幅佛像。佛像只有在适当的角度才能看到。我走到岩石下，选一处能看到佛像的位置，站在那里，面向东。此时能看到早晨的阳光。我心想，这是个了不起的发现，因为只有角度和位置站对才能看到佛像，不过在稍远的地方，已经有人找到另一个位置，也能看到佛像。那个人是个和尚，光头还穿一件袈裟。他看出我找到了能看到佛像的位置，认为这是一件幸运的事。于是，走过来围观。

通常认为，梦见佛是吉祥之兆，但我不知道梦见佛像算不算吉兆。佛是精神实体，有具体的活动形象，佛像是佛的表征物。想来两者还是有点关联的。从这一观点出发，梦见佛像是吉梦的判断，应当不会差的。中国人对神灵一向怀有敬畏，包括对佛。中国人最早敬神是从敬祖先开始的。对中国人来说，做子女的对父母的养育之恩心存感激是自然而然的。从这种朴素的情感出发，逐渐形成将祖先奉为神明的民族习俗。这当然与中国人相信人死后灵魂不死的信念有关。不死的灵魂具有人们意想不到的许多属性。用这种观念可以解释许多不能理解的事物。在一定意义上是对人类理解力的一种补充。之所以有这种现象，一种解释就是人有追求圆满的天性。人类不能忍受对某物的不理解。人类对某物发生疑惑，就一定会想方设法找出个答案加以说明，以满足好奇心。在人类早期，科学尚不发达。人类只能求助于观念上的解决，于是神的观念产生了。人用神这个观念满足了“想明白”的欲望，虽然，这只是在意识内部的虚幻的满足。

“神”的另一个功能就是虚幻地满足人们的现实欲望。人类将自己的欲望投射到神的身上，神的属性也就日益丰满起来。在西方，发展出一个全知全能的上帝。在中国由于神的观念是从身边人发展起来的，具有一种生活化的色彩，它不如西方上帝那样法力无边。中国人讲阴阳，阴界是阳界的对立面，但在内容上，阴界不过是阳界的缩影。神只是现实中的人的一种神化。所以中国的神明不具有西方文明中神的那种崇高意义。也正是由于这一点，在中国人的精神结构中具有一种潜在的追求崇高的倾向，这叫缺啥补啥。也是心理补偿原理的一种衍生现象。

中国人本来有自己的神明，但却轻易接受了外来的神——佛。为什么会这样？原因当然很多，但我想其中一个内在原因就是佛具有中国神明不具有的属性——法力无边。在《西游记》的神仙系谱中，佛与玉皇大帝的关系可以证明这一点。神明具有保护人们日常生活安全和满足人们现实欲望的功能，但中国的神明明显地不如佛。所以当佛教传入时，受到统治者的欢迎。统治者看中的是佛的法力，希望佛法能为统治者服务。在统治者的倡导下，老百姓也逐渐认同了佛。不同的是，老百姓希望佛法能保佑自己的生活。如此说来，佛教的流行也就成为顺理成章的事了。不过中国的本土神明有自己的生活基础，不会在中国人的心目中轻易消失。以我对中国文化的理解，中国人心目中最常见的神明的形象有两类：第一类是白胡子老头，如太上老君、月下老等；第二类就是佛，如佛祖释迦牟尼、弥勒佛之类。前者显然是中国祖先的化身，后者是外传佛教深入中国人心灵结构后产生的关于神明的意象。

在梦中出现了佛像，隐含的意义可能是我的思想受外来文化影响较多。或许可以做如下理解，佛祖通过梦告诉我，我与佛有缘。梦中，我可以找到一个普通人难以发现的位置看到佛，看到日出，或许神性在我的梦中发挥了作用？[1]

※※

附　阳春播种

爱，

是那么虚无缥缈不可琢磨。

追求的人们，

却如狼似虎如饥似渴。

仿佛就在眼前，

伸手可及。

可是，

刚一出手，

它就跑得无影无踪。

爱情的羊肠小道，

曲曲折折。

秘密森林的爱河，

波澜壮阔。

路上，

布满荆棘与坎坷。

[1] 这本书涉及的现实生活中的人名均为虚构。

每过一道坎儿，
就像上了一个台阶，
向着心目中的珠穆朗玛，
高歌猛进。
道路平坦，
到达不了山顶。
十全十美，
不是骗人，
就一定是空中楼阁。
玫瑰带刺，
能看不能摸。
摘花，
就不要怕把手扎破。
要过有爱的生活，
就不要想着逃脱。
勇敢面对，
才能将刺头剥落。
阳光雨露，
也离不开辛苦劳作。
额头的汗珠，
抹一把，
挥落在脚窝。

爱，

还没着落？

那就，

阳春播种，

金秋收获！